代序：

传承“援藏良驹”荣光　推动立德树人创新

——岭南师范学院[①] 32 年援藏工作的实践与探索

岭南师范学院地处祖国大陆最南端的南海之滨，却与雪域高原有着千丝万缕的联系。虽然两地相距数千里，海拔相差数千米，却一直是“海内存知己，天涯若比邻”，结下的情缘可谓山高水长、源远流长。从 1987 年首位援藏毕业生龙家玘进藏工作以来，我校援藏工作已走过 32 个春秋。在 32 年的时光中，我校与林芝的情谊又是最为深厚。

回顾 32 年来的援藏历程，我校一直牢牢抓住立德树人的根本任务，按照广东省“坚定不移做好对口援藏”的任务要求，对接西藏林芝基础教育的需求，通过毕业生扎根奉献、共建基地、大学生实习支教、培训帮扶等形式，发扬和传承“援藏良驹”精神，开启教育援藏新模式、打造实践育人新载体、创造民族团结教育新形式、探索人才培养新机制，在广东援藏模式中突显了岭师特色，初步形成了立德树人的“四新”效应。

一、把教育的火种送到雪域高原，开启教育援藏新模式

我校教育援藏工作立足藏地需求，结合学校实际，找准教育援藏的对接点，提升教育援藏的实效性，输送大批“援藏良驹”，推动援藏格局逐步升级，努力解决林芝基础教育师资不足和教育理念更新慢等问题，探索教育援藏新模式。

1. **发挥榜样的示范作用**。1987 年，我校毕业生龙家玘志愿申请进藏工作，拉开了我校援藏工作的序幕。在那个大学生还非常稀缺的年代，龙家玘作为一个从农村走出来的大学生，毅然选择到祖国最需要、最艰苦的地方去实现自己的人生价值。学校党委将此作为理想信念教育的典型，号召全校师生向龙家玘学习。一届届援藏榜样感召，一代代援藏精神传承。至今为止，已有 53 名在校生赴藏支教实习，35 位毕业生、校友援藏，目前仍有 26 人在西藏工作。在 2017 年的国庆迎新晚会上，7 000 多名大一新生与千里之外的援藏学生、校友视频连线，共同唱响《歌唱祖国》，成为最感动人的一刻，更是让援藏精神深深植根岭师人心中。

---

① 岭南师范学院办学历史可追溯到 1636 年创办的雷阳书院，1903 年，学校改建为雷阳中学堂，1904 年始设师范科教育，1935 年改名为广东省立雷州师范学校，1978 年正式改建为雷州师范专科学校，1991 年升格并更名为湛江师范学院，2014 年更名为岭南师范学院。本书校名的表述均与对应语境实际时间段的校名一致，不做一一说明。

2．**形成常态的人才输送**。2002 年，当大部分广东大学生都涌向珠江三角洲就业的时候，我校杨楚洵、钟戊华等 5 名毕业生，志愿申请援藏，在社会上引起了巨大的关注。2003 年初，西藏林芝教育局不远千里来我校访寻“良驹”，招聘优秀毕业生，最终古桂云、冯敏芝等 6 名毕业生通过考核赴藏任教；2004 年，学校再有谢秀梅、黎锦波等 4 名毕业生签约到西藏任教。3 年间，我校 15 名毕业生赴藏支教，占了广东高校援藏毕业生的 70%，成为广东高校援藏大户。毕业生援藏事迹受《人民日报》《南方日报》等媒体关注和报道，我校毕业生被誉为“援藏良驹”。此后，毕业生志愿申请援藏便成了一种常态化的就业选择。

3．**建立稳定的援藏机制**。为了进一步提升学校援藏帮扶的层次，学校领导牵头挂帅，加强与西藏地区教育部门的联系，建立了定期互访制度，先后与林芝广东实验学校签订了对口帮扶协议书，与林芝教体局签订合作协议书，又与波密县、工布江达县教育部门签订了建立教育实习基地协议。2017 年 7 月，我们与林芝共同探索的援藏模式升级为省教育厅主导、全省 13 所高校参与的政府援藏项目。我校还受省教育厅委托起草制订了全省援藏支教大学生的选拔指南。同年，工布江达县又与我们签订了暑期社会实践基地的共建协议，开启援藏工作的新项目与新征程。不断升级加码的援藏举措，是对我校开展援藏工作 32 周年的最好纪念，更是我校教育援藏工作的重要里程碑和华丽升华。

二、把教育实习基地建到雪域高原，打造实践育人新载体

我校在援藏工作中打造了实践育人的新载体，以“知行合一”的行为养成、四位一体的成长循环，促进大学生的成长。我校 2016 年援藏支教的 20 名师范生中，有 10 人回校后明确表达希望毕业后到西藏就业，其中 6 人在 2017 年 7 月成功通过竞聘签约到西藏工作。

1．**“知行合一”的行为养成，以“中国梦”激扬青春梦**。

援藏支教实习在“知行合一”的行为养成中，引导大学生把人生理想融入国家和民族的事业中，真正做到“到基层和人民中去建功立业，让青春之花绽放在祖国最需要的地方，在实现中国梦的伟大实践中书写别样精彩的人生”。2017 年赴藏就业的吴芬香，被问到为什么这样选择时，她的回答是：“我并没有大家所想的那么伟大。我只是觉得西藏是实现人生价值更好的地方！这是我的向往，也是我的梦想！”这就是“中国梦”激扬的青春梦！

2．**四位一体的成长循环，让受教育激活自成长**。

援藏支教，促成了大学生知、情、意、行“四位一体”的成长循环。在半年到一年的实践中，支教学生直面西藏基础教育现状，真正认识了我国国情、认识了教学。他们在鲜活的教学、生活实践中，感悟教育的真谛，体验教育的情感，滋养了根植于内心的教育之爱、民族之爱、祖国之爱，增强了使命感与责任感。他们在与当地师生同甘共苦、克服困难的过程中锤炼了意志，完成了人格的砥砺。他们经历了地震、泥

记录岭南师范学院32年教育援藏足迹
讲述岭师人雪域高原支教故事

援藏弦歌

YUANZANG XIANGE

主编 黄达海
副主编 关天冲 邓倩文

广东高等教育出版社
Guangdong Higher Education Press
·广州·

图书在版编目（CIP）数据

援藏弦歌／黄达海主编．—广州：广东高等教育出版社，2021.8

ISBN 978－7－5361－7067－4

Ⅰ.①援… Ⅱ.①黄… Ⅲ.①不发达地区－教育工作－概况－西藏－文集 Ⅳ.①G527.75－53

中国版本图书馆CIP数据核字（2021）第137612号

出版发行	广东高等教育出版社 地址：广州市天河区林和西横路 邮政编码：510500　电话：（020）38493773 http://www.gdgjs.com.cn
印　　刷	广东鹏腾宇文化创新有限公司
开　　本	787毫米×1 092毫米　1/16
印　　张	18.5
字　　数	405千
版　　次	2021年8月第1版
印　　次	2021年8月第1次印刷
定　　价	48.00元

教育部高校思想政治工作精品项目“传承三十一载‘援藏良驹’的荣光——教育援藏的实践与探索”成果

广东省学校德育科研课题“三十二载援藏实践与师范生教育情怀培养”成果

石流、疫情和野兽的袭击，他们又通过现实的行动，完成了个人价值的再认识、价值实现的再体验和个人意志的再坚定，形成了相互增益、不断进步的自成长循环。我校学生七成是女生，援藏支教大学生也是以女生居多，柔弱的她们在援藏支教最艰苦的环境成长了最强健的精神。2017 年支教的曾晓嘉、陆加敏等同学双手的冻疮溃烂也依然坚持不离岗，诠释了真正的“艰苦不怕吃苦、缺氧不缺精神”。

三、把党的温暖撒播到雪域高原，创造民族团结教育新形式

我校在援藏中，通过师生相亲铸师魂、惠民实事创奇迹、跨越“天路”播真经的新形式，广泛开展爱国主义教育和民族团结教育，搭建了汉藏文化交流的友谊之桥，打造了“以文载道、成风化人”的心灵之舟。

1. **毕业生扎根西藏铸师魂**。我校援藏的毕业生，大部分来自广东，但他们都无怨无悔地坚守在雪域高原的教坛上，成为林芝一线的骨干教师。2003 年进藏的古桂云现为西藏自治区学科带头人；2003 年进藏的冯敏芝现为林芝第二小学副校长，同时也是市级骨干教师、优秀基层党务工作者；2004 年进藏的谢秀梅的教学论文获全国奖；2016 年作为广东省第八批援藏干部的杨家平校友在林芝一中担任副校长，获评西藏自治区教育系统优秀党员。他们正以出色的业绩诠释了自己对高原教育事业的坚守和奉献。

2. **校友“高原孤岛”创奇迹**。西藏林芝流传这样一句话：“一个援藏干部，只要进入墨脱，人待在那里什么也不干就是奉献了！”2002 年 7 月，我校陈观如校友作为广东省第三批援藏干部进藏工作，志愿申请到全国唯一不通公路、被称为“高原孤岛”墨脱县担任县委书记。在他援藏的两年多时间里，无数次行走在“生死墨脱路”上，跨越终年积雪、海拔 5 300 米的多雄拉山，穿过 500 米长宽仅 1 米的“老虎嘴”，历经过在“蚂蟥区”被蚂蟥吸血、走得脚趾甲全脱光、同伴被雪崩埋没的痛苦和惊险。就是在这样恶劣的环境下，陈观如说的一句话让所有的墨脱人动容：“墨脱无论有多遥远，道路无论有多艰险，我都要把党实行全国援藏政策所表达的对西藏各族百姓的关怀带到那里，与当地的百姓携手共建，早日使墨脱实现现代化。”陈观如在援藏期间，带领墨脱县创造了 9 个“第一”，将只有 85 间铁皮屋的县城建设一新。援藏期满离别的那一天，成千群众自发会聚在县城唯一的水泥大街上为陈观如献上送别的哈达，场面感人。

3. **校地跨越“天路”播真经**。我校主动寻求与西藏林芝的交流和合作，把先进的教育理念送到雪域高原。校领导先后率队进藏调研，选派专家团队进藏开展免费的教育培训，邀请西藏林芝教育考察团来校考察和开展业务培训，学校培训学院组队前往西藏开展培训需求调研。近十年来，我校通过各种形式培训林芝中小学教师、教研员、校长和局长 400 余人次，承担了绝大部分批次到我校培训教师的培训费、食宿费等费用，还提供了教育理论研讨、捐资助教助学和奖教奖学等方面的支持。曾是广东省援藏干部、林芝教体局副书记的吴珍珠称赞我校用“真心”“善心”和“丹心”在做教育援藏。

四、把家国情怀熔铸在雪域高原，探索人才培养新机制

我校通过援藏工作，遵循思想政治工作规律、教书育人规律和学生成长规律，把理想信念、价值理念、道德观念教育融贯到知识传授、能力培养的过程之中，探索了人才培养的新机制，着力培养担当民族复兴大任的时代新人。

1. **在最艰苦的地方坚守信仰**。龙家玘工作在海拔 4 500 米“种不活一棵树”的那曲，本来援藏期为 8 年，却坚持了 10 年，在雪域高原传播党的方针政策和民族宗教政策。陈观如在援藏期间，落下了左心房增大、主动脉增宽的永久病根。但是他们谈起在援藏期间度过的艰苦岁月却无怨无悔，热情勉励师弟师妹们要坚守信念、保重身体、实现价值。在援藏的岭师人当中，他们大都经历过高原反应，经历过地震、雪崩、泥石流、风沙等自然灾害，但是他们没有退缩，选择了坚守，即使服务期满也大都自愿继续留在西藏工作，在西藏结婚生子、安家置业，如俗话所说“献完青春献子孙”，就是为了履行当初的诺言：“到祖国最需要的地方去建功立业。”

2. **在最需要的地方锤炼师能**。支教不只是“教人”也“育己”，选派在校生赴西藏实习支教半年或者一年，从宏观上看，构建了师范院校与基础教育一线的协同育人机制，增强了师范院校人才培养的针对性和适应性，为人才培养模式的改革与创新奠定了基础。从微观上看，为每一位援藏师范生提供了所需的真实教育场域，解决了师范生强烈的实践学习需求与短缺的实践机会之间的矛盾。波密县、工布江达县教体局领导都曾向我校反馈：支教队员给全县的中小学带来了全新的教学理念和教学模式，所带班级成绩在各乡镇中大多排名前列，希望我校能够选派更多的师范生来实习支教。

3. **在最纯洁的高原构筑梦想**。2017 年，我校再有 7 名毕业生选择了赴藏工作。其中 6 名同学曾于 2016 年在藏实习支教过一年时间，他们不但没有被高原艰苦的环境吓住，而且还继续用实际的行动走进西藏、走向基层，到祖国最需要的地方去实现梦想。看着一批批师弟师妹们志愿援藏，陈观如用“三为”和“三乐”与大家共勉，认为“人生的追求就是为了理想和党的事业、为了国家利益、为人民服务，做到知足常乐、自得其乐、助人为乐。”2017 年援藏支教的同学们纪念援藏 30 年，开展了“进村到户牵手成长”“粤藏颂歌献祖国，同心共筑中国梦”等相关活动，构筑新的青春梦想。

三十而立，走过而立之年的援藏工作将迈向新时代。习近平总书记在党的十九大报告中强调，要“实施区域协调发展战略。加大力度支持革命老区、民族地区、边疆地区、贫困地区加快发展”“加快边疆发展，确保边疆巩固、边境安全教育”。做好援藏工作正是实施区域协调发展战略的重要举措之一。我校作为一所具有百年师范历史的高等院校，更要发挥自身优势，以高度的政治自觉，把援藏工作作为一项崇高的政治责任担当在肩，进一步传承“援藏良驹”荣光，推动立德树人创新，倾心尽力做好教育援藏工作。为做好新时代的援藏工作，我们将在三个方面做努力。

一是努力构建全时段覆盖的教育援藏体系。我们将暑期社会实践基地建到雪域高原。据了解，这是全省乃至全国内地高校中第一个在西藏建立的大学生社会实践基地。依托教育实习基地、大学生思想政治教育实践基地和暑期社会实践基地三大基地的建设，进一步整合资源，丰富服务内容，创新服务形式，努力构建起短时支教与长时支教相衔接、全时段覆盖的教育援藏体系，保障联系不断线、支援不掉线。

二是努力提供全方位支撑的教育精准援助。党的十九大报告强调要“努力让每个孩子都能享有公平而有质量的教育”。教育援藏既要保量，也要保质，要努力提供全方位支撑的教育精准援助。首先，建立超前衔接“按需点单”的援助输送机制，每年11月启动援藏宣传选拔，以充足的时间、充分的动员保障精准选拔，选派出专业对口的优秀师范生援藏支教。其次，建立多向衔接“量身定做”的供需对接机制，在每年12月确定次年援藏支教学生的服务学校、任教学科和年级，由支教学校为支教学生选配实践导师，由相应二级学院根据岗位需要安排实习导师、论文导师和思政导师。一位支教学生和四位导师结成支教共同体，通过网络建群实现供需对接，深入了解支教学校的教情、学情，“量身定做”精准的岗前培训。最后，建立前后衔接“有求必应”的教研支援体系，在援藏支教过程中，处于后方的实习导师、论文导师和思政导师要实时为前方的支教学生提供教研支援，实现“有求必应”的精准指导，让先进教学理念、理论和方法在支教学校落地生根、开花结果。

三是努力发掘全要素的援藏工作品牌塑造。32年的援藏历程，代代岭师人慷慨赴藏，书写了雪域的教育荣光，塑造了援藏的精神丰碑，留下了宝贵的精神财富。我们要继往开来，全面发掘援藏工作的育人要素，塑造我校援藏品牌，在全省、全国援藏工作中发出岭师声音，讲好岭师故事。编撰出版《援藏弦歌》一书，全面梳理我校援藏的工作经验与成效，凝练岭师援藏精神。探索制定更加灵活的实习支教学分认定机制，完善支教实习指导机制，打造师范生支教实习品牌。建强实践基地，整合实践资源，拓展实践平台，引导师生在援藏实践中增强实践能力，树立家国情怀，打造实践育人品牌。推进师资培训和教育信息化工作，输送优质教育资源，打造全面融合的援藏培训品牌。两地合作、师生协同，共同开展援藏工作、西藏教育研究，培育和推送相关作品参加“挑战杯”竞赛，打造援藏研究品牌。

黄达海
2019年12月

目录

·第一章　援藏接力32载·

·第二章　良驹驰骋在高原·

·第三章　青春支教鸿鹄志·

·第四章　立德树人援藏情·

第一章　援藏接力32载

《来自西藏的报告》感动龙家玘成援藏第一人[①]

1987 年，雷州师专政史系八四级学生龙家玘面临毕业分配，被一份《来自西藏的报告》感动，毅然决定到祖国最需要的地方去。当年 5 月 10 日的《雷州师专》报第一版刊载了龙家玘向学校领导递交的《申请书》，全文如下：

敬爱的学校领导：

几个月来，我对我的选择进行了全面思考。现在，我发现，任何力量也无法改变我的抉择，我决心支援边疆建设，为发展西藏的文化教育事业而献身。

有人曾问我，为什么要选择一条曲折、崎岖而又冒险的道路？并劝告我“要现实点，当个教师，得过且过，不要走错这一步”。确实，人生中关键的就是那么几步，特别是年轻的时候。但是，当我看到《来自西藏的报告》写道：“高山严重缺氧的恶劣气候、交通闭塞的环境，还有那千百万处于半文明半愚昧状态的劳苦大众，贫困落后的教育面貌……”我的心像被吞噬一样。西藏那异乎寻常的教育状态引起我的同情、共鸣，拨动着我的强烈责任感的琴弦，改变了我的天真而自私的“自我设计”的蓝图。我深深地体会到：是人民给予我机会、知识，当人民需要知识和科学去战胜贫穷和落后的时候，我却“自我设计”，躲进风平浪静的安乐窝。这是逃避主义者，这是对人民不负责任的表现，这不是一个把祖国、人民的命运和自己的命运联系起来的青年。

如果组织上批准我，我决心以李国桥、梁启圣等先模为榜样，认真学习马列主义、毛泽东思想，服从党的领导，起到一个团干部和对党坚定执着追求者的应有作用，和西藏人民同甘共苦，为改变西藏的落后面貌而献身。

此致

敬礼

政史系八四级　龙家玘

一九八七年四月七日

1987 年 7 月 11 日下午，学校在第一号大教室隆重举行欢送会，热烈欢送龙家玘同学赴西藏工作。参加欢送会的有学校党政领导，各教学系、科室主要负责人，政史系全体师生，各班学生代表。欢送会由袁伯强副校长主持，党委书记朱谦智亲自给龙家玘同学佩戴大红花并赠送书籍和礼物，政史系领导、学生代表及龙家玘同学都在会上发了言。梁劲校长代表全校师生祝愿龙家玘同学到西藏以后，像一颗种子一样，在那

① 资料来源：《雷州师专》报（1987. 5. 10，1 版；1987. 11. 5，1 版；1987. 12. 1，1 版；1988. 4. 15，1 版），整理：关天冲。

里发芽、开花、结果，为西藏人民做出应有的贡献，为母校争光。

中共雷州师范专科学校委员会做出了向龙家玘同学学习的决定，1987年11月5日《雷州师专》报第一版刊载了《决定》全文：

龙家玘同学是政史系87届毕业生，中共预备党员。他在毕业分配时，抉择了一条到祖国最需要、最艰苦的地方去，以实现最有意义的人生价值的道路，志愿到西藏去工作。他的这一行动，反映了我国青年大学生振兴中华、建设四个现代化的理想和心愿，体现了当代大学生敢于探索、勇于献身的精神风貌，展现了新时期大学生成长的正确道路。龙家玘同学志在四方，志愿到祖国最艰苦的地方去锻炼成长的实际行动值得全体师生学习。为此，学校党委决定在全体学生中开展向龙家玘同学学习的活动，全体学生要以龙家玘同学为榜样，努力学习，积极进取，争当一个有理想、有道德、有文化、有纪律的合格人才。

一、学习龙家玘同学，坚定对共产主义的信仰。龙家玘同学中学时代就注意从革命书籍中学习英雄人物的事迹，自觉接受共产主义思想的熏陶。进入大学后，他认真地系统学习马列主义理论和党的基本知识，深入理解共产主义的含义。他热爱中国共产党，自觉以党员的标准严格要求自己，积极创造条件加入党组织。在大学一年级就向党组织递交了入党申请书。在反对资产阶级自由化斗争中，他旗帜鲜明地参加了批判违反四项基本原则的资产阶级自由化言论等各种活动，进一步提高了政治觉悟。在毕业分配时，他决心把自己交给党安排，自觉服从党中央“全国支援西藏”的号召，到党最需要、最艰苦的地方去工作。

二、学习龙家玘同学，努力探索人生价值，选择正确的人生道路。人生价值是什么？什么是当代大学生成长的正确道路？这是当代大学生最热切关注的问题。他用“学习——思考——实践”的公式认真分析、回答这些问题。他十分珍惜大学的学习机会，在学好本专业知识的同时，努力学习伦理学、社会学、美学等与人生问题有关的科学。三年中，他积累、摘录的伦理学资料及所做的读书笔记30多万字。他对人生价值、人生道路问题进行深入的思考和探讨。他写出《商品经济与当代伦理观》《人生价值层次性初探》与有关学者进行探讨。他还带着实际问题深入工厂、农村进行调查，所写的《湛江市第三产业初探》一文获学校优秀论文奖。通过细致的分析和归纳，他信奉“人生价值在于为社会做出贡献，而不在于索取”。他多次向党组织表达自己的愿望，强烈要求献身于西藏的文化教育事业，走人生最有意义的道路。有人问他，你选择如此曲折、崎岖而艰苦的道路，后悔吗？他坚决地回答：“生活的路一旦选定，就要勇敢地走下去，决不回头”。毕业分配时，他豪迈地踏上了去西藏工作的征途，以自己的实际行动勇敢地实践自己选择的人生道路。

三、学习龙家玘同学，热爱教育工作，坚持德、智、体的全面发展。龙家玘同学不但思想上要求进步，而且学习和工作上也做出好成绩。他热爱人民教师职业、热爱自己所学的专业，勤奋学习、刻苦钻研，努力掌握科学文化知识。在一二年级时曾获学校三等奖学金。他还积极参加社团活动和各种课外活动，不断拓宽自己的知识面。在校学习的三年里，他担任班团支部干部，工作任劳任怨，肯开动脑筋，干得有特色，他所在团支部1986年被评为“学校先进团支部”，所在班级被命名为“学校标兵班”。他本人1986年被评为“优秀团干”。

校党委要求，各系党总支（支部）要联系实际，结合学生学年总结、鉴定，“双改双整”等各项工作，认真抓好这一学习活动。我们相信，在全体师生的努力下，通过开展向龙家玘同学学习的活动，进一步加强思想政治工作和各项管理，“重教、勤奋、求实、开拓”的良好校风必将逐步形成。

我们从雷州师专报刊载的《西藏来鸿——龙家玘校友来信摘抄》中可以了解当时龙家玘在藏工作的一些情况。

1987年12月5日《雷州师专》报第一版刊载龙家玘写回母校的书信：

雷师学生科负责同志：

你们好，首先让我握握你们的手吧，久违了，亲爱的老师和朋友。

和我一起进藏的就有三四百人，而90%以上的是师范院校毕业生，我一个专科的大学生简直有点“自惭形秽”。不过，我很自信，我并不比他们差。

那曲，在西藏来说是一个最艰苦的地方之一，这里有半年是千里冰封，万里雪飘，风沙弥漫。海拔4 700多米，比拉萨还高1 000米左右。我在这里的工作比较繁重，除业务外还要下乡，到各县去听汇报、检查工作等。不过有时间进行自学。我准备抓紧一点，认真学习。不然，搞这方面的工作，没有一点理论水平不行……既然来就干吧，我还是比较喜欢到这个部门工作。我这个部的汉族同志比较多，人际关系比较融洽。

多谢你们的热情关心，代我向其他同志们问好，我以后再写信给学校。

顺祝　工作顺利

龙家玘

九月二十二日

《雷州师专》报1988年4月15日第四版再一次刊载了龙家玘写回母校的书信：

尊敬的遥远的校领导、老师、同学们：

你们好！在你们的帮助与支持下，四个月前，我一个应届毕业生，也和全国的大学生一样履行了自己的义务，离开了你们，跨越了六个省区，来到自己希望到的地方——神秘的海拔5 000米左右的大草原，初步按照自己的志愿去干。

本来，我想让校友们尽快地忘记我一个普普通通的跋涉者，因此，到此地也就没有公开给大家写信了。可是，到了地委后，校领导、老师、同学和朋友，有的甚至是我不认识的同学，给我一封封热情洋溢的信，予我鼓励和关怀。也可以设想，有些校友虽未有向我来信，但他们和来信的校友一样，同样在关心着我的工作、生活和身体状况，使我感到异常激动。特别是最近学校又号召同学们向我学习，使我的心里更有一种从未有过的难受之感，自觉担当不起，所以，在此，基于对校友们给我的关怀鼓励的感谢、敬意及思念，我想写几个字。不知，我此目的是否达到。

从 1987 年 7 月 14 日离开母校到 9 月下旬，组织上分配我到那曲地委工作，历时两个多月。在这两个多月的跋涉中，恐惧、寂寞、思念、饥饿时常袭击我。记得在成都至拉萨的航班中，我曾闹出笑话。那时由于受部分人对西藏描述的影响，走出机舱后怕因缺氧把身体挤垮，当飞机降落于贡嘎机场时，我先从机舱伸出头去看是否适应，然后再把身子挪出去。此时，机舱上的旅客看到我这滑稽的样子，也就笑了起来，说真的，虽然那些描述有些夸大，但到西藏后恶心、头晕、气喘，甚至得感冒（高原性）的高山反应是常有的，特别是老年人。但只要适应一段时间就会好的，当然根本没有那回事的人也有。加上我到西藏时，和别人一起进餐，由于一般人都吃辣的（因为我所遇大部分是湖南、湖北、四川人），所以，当咽下那些掺有辣味的菜，眼睛也动起感情来，非常难受，所以说受饥饿袭击也就是这个意思。

到了西藏，所见所闻，都会使你耳目一新。从自然到社会，从生产方式到生活方式，还有那世界屋脊上挺立的山峰，那广袤的大草原，就连高原的天，高原的风也是那样的神秘与离奇，但又是那样的富有诗意。只要你躺于草原上，你就感到被一个博大的胸怀拥抱着一样，顷刻，你的整个身心都会融化，此时，若没有草原上的牦牛群羊群给你做伴，你会感到你是那样的渺小与孤独。

……

我所在之地，如果和同时代人比，从物质和享受层次看，有人把它叫作艰苦，但是既然是自己所选择的，那么就没有什么遗憾。美国心理学家马斯洛在分析心理结构时把人的自尊心即尊严排于比较高的层次，也是这一缘故吧！人，一旦根据对自己所处的自然条件及社会条件（接近正确）的认识，而选择自己的路，那失败与成功无所谓，因为过程比结果有时显得更重要。

当一个人离开他所熟悉的环境，到陌生的地方，特别是到那些他的心理还没有体验过的地方，有时会出现失去平衡之状，比如，思乡之情，特别强烈；寂寞，即使有时钻进书库里，也无可奈何。说真的，每当我听到《故乡的云》《十五的月亮》和《月亮之歌》等歌曲，一阵难忍的思念之情就压迫着我，我多么思念故乡、母校、校友们，然而遥遥万里，我又有什么办法？有时，我也曾从“漂流文学”的主人公的奋斗去找寻自己的价值坐标。

有些校友来信，问我以后有何打算？对此我不知怎样回答，不过，我住处的北面有一座叫念青唐古拉山的山峰，离我这有几十千米，远眺到它那白雪皑皑的山顶，其海拔超过 5 000 米。据说 5 000 米是地理学上的生命危险区，不过几天前，我已登上 4 900 多米的一座山峰，我正准备到唐古拉山山峰去试一试，我喜欢，险峻、崎岖、艰巨正等待着我，可是我喜欢这样做，因为我很自信……

顺祝　母校年年桃李，岁岁芬芳

您的校友：龙家玘

一九八七年十一月二十五日

湛江首位援藏干部陈观如校友高原“孤岛”创奇迹[①]

学校前身雷州师专89届校友、现湛江经济技术开发区党委副书记陈观如，于2002年7月受省委组织部委派，赴西藏林芝被称为高原“孤岛”的墨脱县任县委书记。他在任职期间带领墨脱县创造了九个“第一”，使该县的财政收入翻了一番，荣立三等功四次。现在，他作为湛江市“保持共产党员先进性”教育活动的典型，在湛江各地作巡回事迹报告。为此，记者专门采访了他。

面对困难　满腔热血洒西藏

陈观如介绍说，墨脱县是个极度艰苦的地方，位于西藏的东南部，地处雅鲁藏布江下游，总面积3.4万平方千米，是一个以门巴族、珞巴族为主的多民族居住地，也有少数藏族和汉族居民。全县下辖7个乡、1个镇、60多个行政村，总人口10 108人(不包括外来人口)。墨脱县是一块宝地，举世闻名的雅鲁藏布大峡谷纵贯全境，集中了地球一半以上的生物物种。据科学家测算，大峡谷地区至少有5 000亿静态价值没有开发利用。墨脱县是当时全国唯一不通公路的县，信息闭塞，与世隔绝，被人们称为高原“孤岛”。

选拔到墨脱县工作前，陈观如遇到了三个困难：一是年龄已经48岁，担心不能适应西藏高原的气候；二是独生女刚毕业，工作还没有着落，不赞成他去西藏；三是母亲年迈多病，岳母已经动了三次手术，她们都担心陈观如在援藏期间发生意外，反对他进藏。面对困难，陈观如想到自己作为一名共产党员，在部队锻炼了30年，是党培养了他，出钱让他上了炮兵学院、湛江师范学院、中央党校，就耐心说服了亲人，并最终取得了她们的理解和支持，坚定地向上级表达了援藏的决心。

直面死亡　奉献墨脱

西藏林芝流传这样一句话：“一个援藏干部，只要进入墨脱，人待在那里什么也不干，就是奉献了，就是牺牲了，就是非常了不起了！”

陈观如担任县长期间，带领当地人民创造了九个“第一”：建成了第一所正规医院，建成了第一条商业街，第一次建造了县完全小学500平方米的教学楼和标准大门，

---

① 资料来源：湛江师院报（2005.5，4版），原题：险路百战死不惧　奉献墨脱人已还——记我校校友、赴藏干部陈观如。

修建了第一条水泥路和环城2.4公里的简易公路并安装路灯，建成了2 000平方米的第一座中心广场，兴建了第一幢360平方米的干部、职工休闲中心和文化楼，兴建了第一个“八一办事处”办公楼，建成了第一个2 500平方米的农贸市场和1 060平方米的商铺，启动了第一个热带经济果林工程。此外，他还筹措资金，为县机关购买了办公设备，为当地驻军、农牧民区改善办公、生活条件，还先后选派24名干部到广东、福建学习考察、培训、挂职锻炼，提高干部综合素质。

陈观如坚持深入实际、联系群众的工作方法，有时甚至置个人安危于不顾，曾来回六次走过了“生死墨脱路”。他告诉记者，他第一次是从米林县走去墨脱县，那段路要跨越终年积雪海拔5 300米的多雄拉山，忍受强烈的高原反应；要穿过500米长，宽仅1米的“老虎嘴”，一边是悬崖，一边是深渊，极度危险；还要穿越蚂蟥区，“被蚂蟥吸血，走得脚趾甲全脱光”。另外一次是从波密县返回墨脱县，沿路泥石流较多，雪崩更为危险。“我在爬越海拔4 400米的嘎隆拉山时，地面积雪2米厚，从半夜三点钟打电筒开始爬山，因为太阳一出，雪一融化就会发生雪崩，六次中两次我遇上过雪崩。”陈观如感叹地说，“走过了生死墨脱路，我真正理解了摸、爬、滚、打的真正含义，品尝了‘两万里长征’的味道。”

情撼西藏　与人民同甘共苦

在陈观如心目中，亲情与民情相比，民情更重。有一对来自青海的年轻夫妇，妻子患上急性疾病，发高烧、全身浮肿，因为没钱而没有住院医治。陈观如得知后就亲自交代医院免费帮她治疗，由于病情加重，他后来又送去2 000元，安排民工将她抬到外县抢救。她的丈夫在医院里激动地哭着说：“陈书记是好人，天下有好人！共产党好！”

陈观如说墨脱县农牧民生活质量差。他下乡时就看见过这样的场景：一家特困户四口住在一间破烂不堪的木板房里，没有床，四人各裹着一张破烂被子分睡在四个角落。“那里生活是极为艰苦的，归纳起来就是地方财政收入少和人民贫穷，生活、工作艰苦，思想观念落后，生产方式原始，路途艰险，发展缓慢。”陈观如深沉地说，“看着人民如此艰难地生活，我一直挂在心上。”由此，他和墨脱的人民打成了一片，建立了深厚的感情。

他的援藏期结束了，要离开墨脱县，为他的送行群众队伍长达两公里，有机关、学校、部队、老百姓、商店的个体户等。80多岁的政协副主席抱着他哭着说：“陈书记一路平安，好人一生平安。”

当记者最后问及为何如此辛苦地工作的时候，陈观如回答说：“我一个人辛苦，能让当地农牧民的生活有所提高，很值得。党组织把一个县交给了我，我应该对全县工作负责，对全县人民负责。”

热血儿女志四方：5名毕业生“走进西藏”[①]

2002年7月，正当众多高校的毕业生“孔雀东南飞”，纷纷涌向深圳、广州等珠江三角洲地区求职就业时，我校的5位毕业生做出了一个令人惊讶与钦佩的决定——“走进西藏”。这5位同学分别是教育系的杨楚洵、钟戊华，历史系的李再超，生物系的屠艳荣和英语系的刘秀政。8月起，他们将奔赴广东省对口扶助地区——西藏林芝，支持当地的基础教育事业。

用心灵感受西藏的美丽

志愿援藏的5位学生都是我校的优秀毕业生，其中的李再超还是中共预备党员。他们无论专业知识、教学技能，还是社会阅历、身体素质等各方面都很好，曾经担任班、系、学院的学生干部，有的擅长运用计算机，有的在校运会中获得长跑第二名。以他们的条件，完全可以在经济发达的珠江三角洲找一份好工作。他们为何放弃了优越的环境跑到与广东就业条件相差甚远的西藏呢？他们的回答是：“到西藏去，用心灵感受西藏的美丽。”

杨楚洵家境富裕，家乡是经济发达的顺德容桂。按理说，即便他不去找工作，也能够在家乡谋到一份不错的职业。但他从小就有一颗很“野”的心，大二那年暑假，他与两位同学到新疆等地区旅游，第一次体验到西部人民的生活，第一次感受到那里的发展很缺乏人才，为西部开发做贡献的念头油然而生。他对记者说：“读万卷书不如行万里路，趁着我们还年轻，多吃点苦，少享些福，对锻炼一个人的心境是很有帮助的。”

李再超、刘秀政、屠艳荣三人来自贵州省。由于在云贵高原长大，他们进藏会容易适应一点；他们自幼深知贫穷的窘困与尴尬，幼小的心灵便种下了这样的种子——长大了要用自己的青春与知识去服务落后的地区、帮助贫困的人们。选择西藏便是他们对这一承诺的实践。

到西藏去，到林芝去

“到西藏去，到林芝去。”毕业前夕，5位学生做出了这一惊人的决定。他们首先从学校学生处和省教育厅了解到一些有关西藏支教的政策办法。学校对他们的援藏意

---

① 资料来源：湛江师院报（2002.7，3版），原题：我校五名毕业生“走进西藏”。

图给予充分肯定，并告诉他们，早在20世纪80年代，该校已有两位男同学分赴西藏、新疆支教。他们又与西藏方面取得了联系，了解了西藏方面对于支教人员的安排、相关政策以及工作环境等。

经过了解，他们认为，西藏的工作环境虽然比较艰苦，但可以接受。

于是，5位学生初步向西藏方面表示了去西藏工作的意愿。西藏方面对于他们的支教行为表现出极大的热情，耐心询问了他们的一些基本情况。同时也明确告诉他们：这里条件与广东相差甚远，要5位学生考虑清楚了，他们才可以接收。

对于这些直言相告，5位学生心怀感激。他们立即向学校递交了援藏申请书，并很快得到了批准；在学校的帮助下，西藏方面正式与他们签了约。

我们是援藏女生

援藏的5位学生中有两名清秀的女生格外引人注目。相比之下，她们更觉自豪：“我们是援藏女生。”与钟戊华接触，记者觉得她是一位非常健谈的女孩子。问她为何选择去西藏，她说：“我知道那里的孩子对知识的渴望。每次看到有志青年在西部创业的报道，我全身的血液也随之沸腾，我渴望成为其中的一员。”

钟戊华是广东河源人，在大学期间一直努力刻苦学习。虽为专科生，但她已扎实地掌握了专业知识，并提前通过了大学英语、计算机等级考试。不仅如此，她还积极参加各种社会实践活动，组织协调能力得到了锻炼。

即将毕业了，舒适的南方和艰苦的西部，亲友的劝告与对事业的执着，熟悉的家乡与陌生的异乡……这一切曾经令她犹豫和彷徨。“当打电话与西藏林芝教委联系时，对方的热情深深地感染了我，我觉得自己应该为这个淳朴好客的地方做点什么。”

生物系的屠艳荣曾担任班上的生活委员，是系篮球队的主力。大学期间，她曾多次给希望工程捐款捐物，并帮助贫困地区同学。当问及如何面对困难时，她一把温柔恬静的声音：“我一心只想着到那边做老师，生活上的困难肯定是要经历的，当然需要时间去克服。不过，我一定行。”

热血儿女志在四方

做出援藏的选择不仅要战胜自我，还得化解来自家庭、朋友等的压力。得知要去西藏，杨楚洵的朋友同学们都投来各种各样的目光，有些人甚至认为他是怪物：为什么要放弃顺德优越的环境，放弃教育局安排好的学校，而孤身一人跑去一个荒芜的地方？经过一番“斡旋”，开明的家长终于表达了“不反对”的态度；身边一位挚友还发给他这样一条短信息：“刚听到你的决定后，我最大的体会是佩服，无论现不现实，你用勇气去实现自己的理想对我来说是一个鼓舞……”

5位学生援藏得到广东省教育厅等单位大力支持，高校毕业生就业指导中心按照

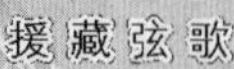

《中华人民共和国高等教育法》等的有关规定，给予他们共 5 万元的奖励；8 月份，学校为 5 人赴藏进行精心安排。根据协议，5 位学生由林芝教委安排，投身当地的基础教育工作。

这几天，同窗多年的好友各奔前程了。5 位学生除了与同学老师互相话别，还要做心理、身体等方面必要的准备，同时还要不断上网搜集资料、阅读书籍、观看电影，以此了解西藏。

林芝教委千里寻“良驹”　湛师6名毕业生签约[①]

我校5名毕业生去年成功援藏后（广东省共6名），2003年3月，在广东省毕业生就业指导中心领导的陪同下，西藏林芝教育局党委副书记、副局长连向伟不远千里来到我校招聘优秀毕业生，并在紫荆楼二楼会议室召开了“西藏林芝教育情况介绍会”。

会上，省毕业生就业指导中心李科长，林芝教委林书记，林芝教育局党委副书记、副局长连向伟在介绍了林芝的教育情况和我校5名援藏毕业生的工作情况后，表示急需广大优秀大学生参与和支持该地区的教育事业。他对我校为该地区的教育事业提供的支持表示感谢，高度赞扬了我校去年援藏的5名毕业生的奉献精神，肯定了他们出色的工作，表示欢迎我校更多的毕业生投身到西藏的教育事业中去。

广东省高校毕业就业指导中心李科长介绍了省的鼓励援藏政策。为鼓励更多的毕业生支援西藏的教育事业，广东省对援藏学生一次性奖励1.1万元。本科毕业生到当地工作的工资收入约2 000元/月，专科生约1 800元/月。援藏时间为5年，期满后各援藏教师可重新谋职。

我校本届毕业生对援藏也表现出极大的热情，有分别来自生化学院、中文系、历史系的20多位毕业生提出申请，最终6名毕业生与西藏林芝教育局签约，并上报广东省教育部门审批。这6名毕业生是教科院的古桂云（女），信科院的冯敏芝（女）、郭振，历史系的王春霞（女），生化院的张恩以及中文系的林涯。其中古桂云和冯敏芝为中共党员。

古桂云，祖籍广东梅州，在学校学的是心理学。“既然选择了远方，便只顾风雨兼程”。她无论在工作、学习和生活方面都时刻以一名共产党员的标准严格要求自己，不断努力，成绩斐然。带着“做一名最优秀的师范生，做一名最优秀的人民教师”的理想，她连续多次获得一等奖学金，大一提前通过了英语四级考试，获得2000年全国大学生英语竞赛三等奖，并在“纪念建党八十周年”征文比赛中受到省级、校级表彰。

冯敏芝，广东云浮人，机电技术教育专业毕业，给人的第一感觉是聪明伶俐、活泼乖巧。她是一名中共党员，人缘好，工作能力强；学习勤奋，成绩名列前茅；能歌善舞，参加过各种社会实践活动，曾为信息科技学院声乐队成员，还参加过校运会长跑比赛。据说林芝的学校暑假只放假一个月，寒假却放假两个月，冬天冷起来达到零下十几度。冯敏芝认为这些都不是主要的，她考虑得最多的是能不能在那里全力做好自己的工作。

---

① 资料来源：湛江师院报（2003.3，2版），原题：“粤西过江龙”西藏受青睐　林芝教委千里寻“良驹”。

而她们的师兄，2002 年毕业援藏的李再超也是一名党员。李再超是贵州人，虽然自小在云贵高原长大，但进藏对于他来说也不是那么容易的一件事。刚开始时他还是有点不习惯，晚上总是翻来覆去睡不着，剧烈运动会气喘好一段时间。家庭条件不是很好的李再超从小就有这样的抱负——长大了要用自己的青春与知识去服务落后的地区、帮助贫困的人们，去西藏便是他的理想。在林芝一中担任高中部班主任的李再超，教学任务相当艰巨，当地的基础教育不完善，需要耐心和毅力才能完成教学工作。在他不懈努力下，学生们的成绩有了提高，自己的工作也得到了学校领导的赞许。

无论是已在西藏的李再超，还是收拾好行囊准备上路的冯敏芝和古桂云，他们在鲜红的党旗下做出了这样令人钦佩的决定，他们选择了在那美丽的高原留下一段无怨无悔的青春。

踏上西行的列车，4名毕业生到西藏支教去[①]

2004年7月，我校4位毕业生，沿着师兄师姐走过的足迹，选择到广东省对口支援地区——西藏林芝从事基础教育工作。这是继我校近两年来11名毕业生援藏后又一批到西部支教的队伍。到目前为止，全省共有7名毕业生援藏，我校就占了4名。

西藏召唤着他们

早在20世纪80年代，我校就有2位男毕业生分赴西藏、新疆支教，开创了我校毕业生援藏的先河。为此，我校专门在“学生信息在线”网站开设与林芝校友联通的栏目，校友们纷纷发送相关的图文信息进行交流。今年共有15位毕业生递交了援藏申请书，经过一系列的选拔后，有4人与西藏林芝签订6年的教书协议。

两年来，我校已有11名毕业生赴藏支教。今年即将起程的是人文学院的李霞（女）、外国语学院的谢秀梅（女）、数学与计算科学学院的黎锦波、生命科学与化学学院的巫绍明。李霞是广东廉江人，汉语言文学专业，曾参加湛江市工博志愿服务队，多次参与“三下乡”等社会实践调查；谢秀梅，祖籍广东郁南，英语教育专业，通过国家英语专业四级考试，三年综合测评名列前茅，曾担任班长、体育委员，多次获得跨栏、长跑的奖牌；黎锦波，广东高州人，数学教育专业，擅长计算机操作；巫绍明，广东肇庆人，生物学教育专业，中共预备党员，曾是工博会、九运会、大运会志愿者。

4位即将援藏的毕业生已整装待发，做好了充分的准备，宏伟的布达拉宫、朴素的藏族人民、辽阔的高原与天空都在召唤着他们。

无悔的人生选择

“从小我就觉得西藏很神秘。现在大学毕业终于有机会、也有能力出去闯了。”有着西藏情结已久的李霞很清楚西藏落后的教育现状。她认为，到哪都是工作，到基层去，到祖国需要的地方去，真正实现自我价值，便是无悔的人生。

人们常说成功人士背后总有默默的支持者。4位毕业生做出这种决定，离不开父母的支持。他们父母虽在农村，思想却十分开通，他们没有因为心疼儿女将远离自己而加以阻拦，有的更是百分之百的支持。

黎景波的父母在电话中说：“一个人走向社会，能有这样一段到贫穷地区工作和生

① 资料来源：湛江师院报（2004.8，4版），原题：踏上西行的列车，到西藏支教去。

活的经历，对今后的人生一定有意义。”黎景波为让自己尽快适应西藏的环境，一方面不断扩大对西藏环境、文化背景等的了解；另一方面自我调整，克服与亲人和朋友的距离感，加强心理、身体素质的锻炼。他的一位申请去西藏支教不幸落选的朋友说：“我去不了西藏，以后你们要把我那份工作都要做好，把学生教好。”

他们有个梦

以4位毕业生的条件，在发达的沿海地区找一份理想的工作不算什么困难，他们为何要到基层去，到西藏去呢？

李霞说：“只有追求自己真正想的，才能真正地快乐起来。作为时代培养的师范教育者，虽然面临着艰苦锻炼的环境，但是能够有机会亲身在西藏施展才华，乃是人生的一大幸事。因此我要用心血、汗水和辛苦为西藏的教育事业播下希望的种子：因为这个选择，西藏的明天会更加美好；因为这个选择青春会更添壮丽……”

黎锦波说：“我本已与珠江三角洲地区的一所学校达成了签约的意向，但为了锻炼自己，决定放弃这份拟定的工作。如果没有人去开垦‘戈壁’就永远不会有‘绿洲’，西部学生需要教育，我也喜欢西部，这是实现我个人理想和自我价值的好机会。”

巫绍明认为，到西藏支教是一份特殊的工作，传授知识只是工作的一部分，重要的是给贫困地区的学生传播文化观念，建立起学生所尊重、钦佩的形象。他说要努力弘扬崇德厚道的校训精神，用宽容、乐观的人文关怀感化当地学生并引起他们的学习和生活的兴趣，从被动变主动，为他们的梦想插上希望的翅膀。他说希望把在学校所学的发酵奶的制作技术推广到西藏地区。

“那里是一方神圣的国土，谁都希望她能更快发展，爱她就要守护她，爱她就要建设她，我已抱定接受锻炼的心思，肩负起基础教育的重任，愿教育事业能在西藏早日腾飞。同时，我要充分利用这漫长而又短暂的6年来‘充电’，实现考研的理想。In this way，it will be wonderful in my life.（这样的话，我的生活就会很精彩。）”谢秀梅自信地说。

毕业生到西藏就业　占广东高校援藏毕业生70%[①]

2005年4月18日上午，来湛江巡演的西藏林芝民族艺术团到访湛江师范学院，该场演出的反响十分强烈，而且具有非常特殊的意义。因为从20世纪80年代至今，湛师已经相继有18名毕业生到西藏就业，占广东省高校援藏毕业生总数的70%。

与青藏高原的缘分

1983年，数科院毕业生陈炜廉申请到新疆工作，成为湛师支边第一人；1987年，法政学院毕业生龙家玘奔赴西藏工作，成为我校援藏第一人……2003年和2004年，湛师又分别各有6位和4位毕业生到西藏支援教育事业。

陈观如校友（左一）在墨脱县深入基层经历生死考验

湛师前身——雷州师专的89届校友、现湛江经济技术开发区党委副书记陈观如，也曾于2002年远赴被称为高原“孤岛”的西藏林芝墨脱县任县委书记。在当时信息闭塞、生产生活方式落后的县里连创九个“第一”，使该县的财政翻了一番。

① 资料来源：湛江晚报（2005.4.18），原题：湛师毕业生到西藏就业　占广东省高校援藏毕业生70%。

富家子弟主动援藏

西藏方面对于湛师学子们的支教行为表现出极大的热情，同时也明确告诉学子们，当地条件与广东相差太远，而且一待就是好几年，中间不能毁约，要他们考虑清楚。

这 18 人中，优秀毕业生大有人在，其中有中共党员，有学生干部，有电脑、英语高手……以他们的条件，完全可以在经济发达地区找一份好工作。然而，这 18 位湛师学子还是毅然选择了那片高原，他们中有一句话很有代表性——“到西藏去，为西藏的建设贡献自己的力量，用心灵感受西藏的美丽。”

2002 年援藏的杨楚洵是其中的典型。小杨家乡是经济发达的顺德容桂，自小家境富裕，即便他不去找工作，也能够在家乡谋得一份不错的职业。但他从小就有一颗奔放的心，大二那年暑假，他与两位同学到新疆等西部地区旅游，第一次体验到西部人民的生活，第一次感觉到那里的发展很缺乏人才，为西部开发做贡献的念头油然而生。他说：“趁着我们还年轻，多吃一点苦，少享一些福，对修炼一个人的意志和心境是很有帮助的。”

“四海为家”的新就业观

湛江师院校领导认为，现在教育面临的最大挑战之一是来自毕业生就业的竞争，近几年来我国高等教育规模快速扩大，毕业生越来越多，因此必须让学生及时转变就业观念。

近年来，湛江师范学院大力开展“认清国情，自主创业，到基层去，到艰苦的地方去，到教学第一线去，为祖国教育事业做贡献”为主题的毕业生教育，培养他们的创业精神和艰苦奋斗精神，让毕业生“下得去，用得上，留得住。”

“迈珠江、过长江、跨黄河、上高原、走出境”……敢于同名牌大学毕业生竞争，跻身到北京、上海等大城市就业自然令人倾慕；走进西藏，在广阔的西部天空书写青春的华章同样也是一种极大的勇气。

功名抖擞似灰尘　雪域高原写传奇[①]

“呀拉索／走进雪山／呀拉哩索／走进高原／呀拉索／走向阳光／呀拉哩索／走向阳光……”著名歌手李娜的颤音九曲回环中有一种震撼人心的力量，豪迈中又透出进入西藏的艰难，荡涤出对幸福生活的诠释。一代代湛师人带着青春与激情，陆续走进西藏，在这片神圣的土地上谱写了生命的华美乐章。

莽莽西藏千里雪　殷殷湛师学子情

我爱西藏／爱它的险峻／爱它的纯净／爱它的虔诚……

诗人这样写道。

没有见过万马奔腾就不知道草原是多么的辽阔，没有到过黄河壶口就不知道什么叫悲壮，没有到过西藏，就不知道什么才是真正的天空，什么才叫真正的雪峰，什么才叫真正的虔诚。

如果人的感情真有一种叫作情结的东西的话，那么，对于大多数现代人来说，西藏，无疑是心中最难舍的情结。白雪皑皑的念青唐古拉山，奔腾的雅鲁藏布江，飘扬的五彩经幡，雄伟的布达拉宫，虔诚的朝圣者……西藏，一个幽深神秘而又魅力十足的地方。

我国西藏风景冠绝世界，但西藏的教育却非常落后。俗语有云：“教育兴则国家兴”。带着振兴西藏教育的梦想，一拨又一拨的人走进了西藏，在西藏的各地从事基础教育工作……在这浩浩荡荡的进藏大军中，湛师学子的身影尤为密集。

忽如一夜春风来　千树万树梨花开

1987 年，法政学院毕业生龙家玘奔赴西藏，成为我校援藏第一人。

2002 年 6 月，杨楚洵、钟戊华、李再超、屠艳荣和刘秀政等 5 位应届毕业生决定赴藏支教，是当年广东省援藏 8 人大军中的主力成员。

2004 年，李霞、谢秀梅、黎锦波、巫绍明选择西藏作为人生旅途的首站。至此，我校已相继有 15 名毕业生到西藏支教，占广东省高校援藏毕业生的 70%。

陈观如，2002 年奔赴西藏工作，任林芝墨脱县委书记，在信息闭塞、生产生活方式落后的县里，他创造了九个“第一”，使该县的财政收入翻了一番，荣立三等功四

---

① 资料来源：湛江师院报（2005. 5，4 版），原题：功名抖擞似灰尘　雪域高原写传奇。

次。在他2004年任满离开县城那天，欢送的人群队伍达2公里长，人们流着眼泪高喊："陈书记一路平安，好人一生平安"，该县80多岁的政协副主席抱着他捂着眼睛流出了老泪。陈书记的事迹，不仅感动了墨脱县的父老乡亲，在湛江也引起了巨大反响，他现被选为湛江市"保持共产党员先进性"的典型，在湛江市做巡回报告。

"青年人／珍重地描写吧／时间正翻着书页／请你着笔！"

怀着一个共同的梦想，湛师毕业生们义无反顾地选择了西藏，选择了受苦，选择了锻炼，在西藏湛蓝的天空下，他们用虔诚的心灵哺育梦想之花，用知识的力量去灌溉教育之树，用如椽大笔书写奉献之诗！

青青林芝树　悠悠红土情

一批又一批的湛师毕业生涌进了西藏，是什么动力让他们远离故土、远离亲人，到西藏这一片热土上奉献火热的青春呢？是湛师毕业生奉献祖国教育事业的决心，是湛江师院"立足湛江、服务广东、面向全国、走向世界"办学定位的激励。因为奉献，是我们湛师学生的"人生姿态"。

"从小我就觉得西藏很神秘，现在大学毕业，终于有机会也有能力出去闯闯了，虽然有些冲动。"缔结西藏情结已久的李霞很清楚西藏落后的教育现状，她认为到哪都是工作，到基层去，到祖国需要的地方去，真正实现自我价值，便是无悔的人生。

黎锦波说："我本已与珠三角地区的一所学校达成了签约的意向，但为了锻炼自己，决定放弃这份'拟定'的工作。如果没有人去开垦'戈壁'，就永远不会有'绿洲'，西部学生需要教育，我也喜欢西部，这是实现我个人理想和提升自我价值的好机会。"

巫绍明认为，到西藏支教是一份特殊的工作，首先要从做人开始，传授知识只是工作的一部分，重要的是给贫穷地区的学生传播文化观念，建立起学生所尊重、钦佩的形象。他说要努力弘扬"崇德厚道，宽容乐观"的人文关怀思想，感化并引起当地学生的学习和生活的兴趣，从"被动"向"主动"转移，为他们的梦想插上希望的翅膀。他说希望把在学校所学的发酵酸奶的制作技术推广到西藏地区。

"那里是一方神圣的国土，谁都希望她能更快发展。爱她就要守护她，爱她就要建设她。我已抱定接受锻炼的信念，肩负起基础教育的重任，愿西藏的教育事业能早日腾飞。同时，我要充分利用这漫长而又短暂的6年来'充电'，实现考研的理想。In this way it will be wonderful in my life."谢秀梅自信地说。他们的话语里，透出了一种坚定，透出了一种对理想的坚贞不渝。

我校毕业生踊跃到西藏就业，学校领导大力支持学生们的选择。2002年7月，校学生处陈文处长和校团委书记黄达海在校领导的嘱托下，带领我校首批毕业生奔赴西藏。黄书记说，"那是我们第一批到西藏去的学生，总得实地去了解地区情况，这样才放心让我们的毕业生留在西藏。"随后，学校原学生处副处长李爱群，就业指导中心副主任李博分别率队走进西藏，带去学校对援藏支教毕业生的关怀和慰问，体现了我校领导对援藏支教工作的高度重视。

东坡先生杖履登临江南，可以写山水田园诗；江湖侠士挎剑闯荡江湖，可以做志士梦；湛江师院的毕业生携笔奔赴西藏，一定也能为西藏的基础教育事业添枝加叶。

相关链接：

用爱在艰苦中体验快乐——毕业生在西藏的点点滴滴

编者按：2002年来，我校先后有15名毕业生到西藏林芝等边陲地区支教。本报记者一直热切关注他们的生活，并通过电话、QQ、E－mail、学校BBS等方法，与他们取得联系，现与读者一同分享他们生活中的点点滴滴。

西藏的生存环境是艰苦的，但西藏的生活却并不是只有贫乏，从西藏的校友给我们传回来的信息中，我们可以看出，西藏的生活有苦更有乐。

初次印象

对于充满神秘色彩的西藏，校友李霞是如此评价的：“西藏原来只是被现代文明的喧哗蒙上了一层朦胧的面纱，它实际上还是亘古不变矗立在这世界的屋脊上，并且展现其独特个性。”

在西藏林芝，最令校友古桂云望而生畏的莫过于冬天肆虐的风沙了。古桂云到西藏后的第一个冬天，就感受到了满鼻子是沙尘的滋味，她感叹地说：“我在湛江就算是在‘非典’最严重的时候都没有戴过口罩，现在是非戴不可了。”

艰苦并不可怕

神秘的西藏，对于想成就一番事业的湛师学子来说，风沙只不过是苦难的一部分，生活条件的艰苦却是每天所要面对的问题，然而我校援藏的毕业生都敢于向困难挑战，勇于扎根西藏。

李霞所在学校，房子奇缺。起初住的是腾出来的教室，里面没有水，也没有洗手间。为了不麻烦男同事帮她提水，她每次洗澡都只用一小半桶水，站在从市集里买回的大盆里洗澡。后来，李霞搬到了实验室里。“新家”有了水，虽然流水槽的瓷砖已经剥落，但比以前好多了。上洗手间仍是李霞遇到的最棘手的问题，她为了得到学校教学楼教师专用洗手间的钥匙，在别人的办公室里乖乖地呆了四小时。终于，洗手间的问题也解决了。

施展才华真快乐

在西藏的日子也并不是找不到甜蜜与欢乐的，只要真正投入到事业当中，就会真

正爱上这一片热土……

校友杨楚洵爱上了西藏，也在西藏找到了爱人。笔者在学校 BBS 中得知他和他的爱人肖莉于 3 月 26 日在西藏林芝八一镇举行了婚宴。现在，他们结婚的相片已经发到学校的 BBS 上了。

杨楚洵在西藏的苦中找到了自己的甜蜜，同样，苦也并不能减退湛师学子们对教学的热情。相反，他们站在三尺讲台上更尽情地挥洒着自己的汗水，传播着知识的种子。

刚开课不久，李霞就听到驻藏的校友给她的警告：这里的学生不像我们那边的学生那样容易教，如果处理不好，很容易会被学生欺负的。她当时很担心，心里直嘀咕：要是给学生欺负怎么办呢？怎样才能不给学生欺负呢？实际上，经过一个多月的接触，李霞觉得那些学生可爱得很。李霞高兴地说："我会在这里过得如鱼得水的，我希望我能在这里做到桃李满天下。"

杨楚洵晚上睡觉前有时也会想：今天我最起劲的事就是在课堂上挥舞粉笔的 45 分钟！他说："选择西藏，当时也不能说是'爱'，只是觉得比起其他选择要好一些，于是我就来了西藏。我选择了西藏，现在也爱上了西藏。"

西藏的生活是熬人的，然而他们选择了到艰苦的地方去传播知识的种子，他们的选择让我们肃然起敬。对于未来，李霞很自豪地说："作为新时代培养的教育者，虽然面临着艰苦的环境，但能在西藏施展才华，是人生的一大幸事。因此，我要用心血、汗水和辛劳为西藏的教育事业播下希望的种子……"

赴藏签订对口帮扶协议　建立首个教育实践基地①

为了贯彻落实党中央、国务院历次西藏工作会议精神，加快西部大开发，维护民族团结，促进西藏的发展，国家确定18个省市对口支援西藏建设，在党和国家的重视、关怀下，西藏的各项事业有了很大的发展。广东省对口支援西藏林芝，截至2009年已选派了5批干部进藏服务，每年援藏资金达9 000万元。从2002年起，我校毕业生就积极响应教育部、广东省教育厅关于教育支援西藏的号召，踊跃报名参加援藏支教工作，共有15名毕业生被挑选奔赴西藏林芝中小学任教。

赴藏慰问校友，签订对口帮扶协议

应西藏林芝教育局的邀请，2009年7月27日—8月1日，在校党委梁英书记的带领下，我校党委张兰英副书记、党委办彭权群主任、团委李粤书记、学生处钟莉萍副处长、招生与就业处李博副处长一行6人，前往西藏林芝，慰问在林芝任教的我校历届毕业生，考察当地基础教育，与林芝广东实验学校签订对口帮扶协议书，建立我校在西藏的教育实践基地。

在林芝机场，我校慰问人员甫下飞机，就受到了林芝教育局党委洛桑书记、郑剑辉副书记副局长，以及我校在西藏林芝任教的校友代表的热情迎接，洛桑书记和校友代表分别给我们慰问人员献上洁白的哈达，欢迎远道而来的学校领导和老师。

在西藏林芝任教的校友们获知母校的领导千里迢迢进藏慰问他们时，纷纷奔走相告。有些外出休假的校友赶回来了，有些在县城中学任教的校友提前一周就赶到林芝八一镇等候了。

我校慰问人员到达林芝的当天下午，举行了慰问校友座谈会。校友们个个精神饱满、满怀喜悦地等候在座谈会场，列队欢迎着母校领导和老师。梁英书记、张兰英副书记等一一与校友们握手问好。座谈会由张兰英副书记主持。张兰英副书记说，我们慰问人员受学校党政领导的委托，带着全校师生的嘱托，来看望你们，你们远离家乡，支援西藏教育，为母校争得了荣誉，母校感谢你们！张兰英副书记还向校友们介绍了母校近几年的发展变化情况。

接着，在林芝任教的13位校友，分别向母校领导汇报了自己在林芝任教的工作磨炼和取得的荣誉，回忆起在母校学习生活美好的点点滴滴。他们衷心感谢母校对自己

① 资料来源：湛师新闻网，原题：学校党委梁英书记带队赴藏慰问考察　建立我校在藏教育实践基地慰问扶持校友（2009－08－29）；李江凌副院长率队赴西藏林芝开展教育教学活动（2009－11－04）。

的培养，感谢母校领导和师生对他们的支持和鼓励，表示今后要更加努力工作，为母校争光。校友们也向母校提出了在专业技能培训、素质拓展等方面的一些建议和意见，祝福母校越办越好！

在听完校友们的汇报后，梁英书记代表学校向在林芝任教的校友们表示慰问，对校友的辛勤工作所取得的成绩表示祝贺，对校友在工作中表现出来的坚强意志和顽强作风表示赞赏。鼓励校友要战胜种种困难，为西藏的教育事业再创佳绩。希望校友们与母校加强联系，母校将一如既往做好校友们的坚强后盾。最后，梁英书记、张兰英副书记向每位校友送上了慰问金和慰问品。校友们也向母校赠送了纪念品。

赴藏开展教育教学活动，举行实习基地揭牌

2009 年 10 月 28—31 日，我校李江凌副院长、教务处朱城处长、实验教学管理部黄光芳老师、生命科学与技术学院孙余丹老师一行 4 人，前往西藏林芝开展了一系列教育教学活动。

28 日下午，李江凌副院长一行参加了“林芝广东实验学校湛江师范学院教育教学基地”的挂牌仪式。该基地于今年 7 月由我校党委梁英书记代表学校与林芝教育局协商建立，旨在发挥我校在学校管理和师范教育方面的资源优势，帮助林芝广东实验学校提高管理水平和教育教学质量，为西藏林芝培养更多的合格建设者和接班人。在挂牌仪式上，李江凌副院长代表学校祝贺基地的建立，肯定了基地建立的重要意义，表达了今后搞好基地建设的意愿，并感谢林芝党政部门及教育局对此举的鼎力支持。

林芝党政领导及教育局领导高度重视基地的建立。中共林芝地委刘毅副书记、林芝行署扎西平措副专员、林芝教育局党委洛桑书记、林芝教育局曲绍东局长、林芝教育局党委郑建辉副书记等参加了挂牌仪式。刘毅副书记为仪式剪彩，曲绍东局长发表了讲话。西藏日报、广东电视台、林芝电视台对活动进行了报道。

挂牌仪式结束后，李江凌副院长一行与林芝广东实验学校领导和教师代表进行了座谈。座谈会上，李江凌副院长介绍了此行的目的，详细询问了实验学校的建设情况及存在的困难。林芝广东实验学校劳校长对李江凌副院长一行的到来表示热烈的欢迎，并感谢湛江师范学院对实验学校建设的大力支持和帮助，还提出了两校今后进一步合作的意向和主要内容。

在林芝期间，李江凌副院长一行赴林芝一中进行了考察。生命科学与技术学院孙余丹老师对林芝一中的校园绿化工作进行了现场指导，并承接了林芝一中的生物园及教职工宿舍小游园的绿化规划设计任务。实验教学管理部黄光芳老师为林芝广东实验学校和林芝一中的骨干教师进行了多媒体教学的培训。

在林芝期间，李江凌副院长一行还与在林芝从事基础教育工作的我校校友进行了座谈。李江凌副院长代表学校对在林芝工作的校友表示慰问，对校友的辛勤工作所取得的成绩表示祝贺，对校友在工作中表现出来的坚强意志和顽强作风表示赞赏，并鼓励校友要战胜各种困难，为林芝的基础教育事业发展做出更大的贡献。

西藏林芝，湛师人永远的牵挂①

“蓝蓝的天上白云朵朵，美丽河水泛清波，雄鹰在这里展翅飞过，留下那段动人的歌……”韩红的《家乡》把雪域高原唱得那么充满遐想，令人神往。

从1987年起，美丽而神秘的世界屋脊——西藏，因为龙家玘那简单的行囊，让湛师人有着不尽的牵挂和满怀的向往。更因为西藏林芝是广东省的对口扶持地区，自2002年以来，湛师人援藏的热情十分高涨，相继有15名毕业生豪情万丈地志愿入藏从教，献身基础教育，播撒爱的种子与希望；有1名校友被广东省委组织部选拔到林芝墨脱工作。至此，西藏林芝就与湛江师范学院结下了不解的情缘。

如今，我校援藏校友扎根林芝，在艰苦的条件下，在平凡的岗位上，奉献青春，培育桃李，创造业绩，成就事业。

林芝在召唤！湛师人前赴后继！

西藏自治区地处我国西南，矗立在世界屋脊——青藏高原上。

林芝下辖林芝县、米林县、工布江达县、墨脱县、波密县、察隅县、朗县7个县，总面积约11.7万平方公里，人口17万多。林芝地处雅鲁布江下游，平均海拔3 000米左右，海拔最低的地方仅仅900米，气候湿润，景色宜人。其主要城镇和景区有尼洋河谷经济区、八一镇、雅鲁藏布江景区。其中八一镇位于尼洋河畔，是该地区政治经济及文化中心。

受地理环境和自然条件的影响，林芝交通十分落后，人们的整体生活仍处于较为封闭状态，与外界交流较少。因而导致其经济和教育发展落后，学校办学条件简陋，教育信息闭塞，师资队伍人才缺乏，教育教学资源严重不足。很多小孩没有上学，也有很多小孩渴望上学。

西藏在召唤！林芝在召唤！

2002年的夏天，在南海之滨雷州半岛的湛江师范学院，有5名即将毕业的大学生做出了一个惊人的决定：“到西藏去，到林芝去。”他们是杨楚洵、钟戊华、李再超、屠艳荣、刘秀政。他们决定要用自己的所学到西藏支教，奉献青春，建功立业。为了实现这一人生梦想，他们从学校和广东省教育厅了解一些有关支教的政策办法，并与

① 资料来源：湛江师院报（2009.11，3版），原题：西藏林芝，湛师人永远的牵挂。

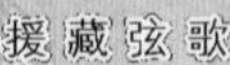

西藏有关部门取得联系，在了解了西藏的工作环境和对支教人员的安排及相关政策后，他们正式向学校提出了援藏的申请书。在学校的帮助下，西藏有关部门批准了他们的申请，并与他们签约。他们援藏的愿望实现了，这拉开了湛江师院新世纪援藏工作的大幕。

杨楚洵等同学放弃优越的环境选择到艰苦西藏工作的援藏壮举，在林芝、在广东，甚至在全国都引起了巨大的关注。2003 年初，林芝教育局党委副书记、副局长连向伟不远千里来到我校举行“西藏林芝教育情况介绍会”，招聘优秀毕业生。2003 年 6 月，我校古桂云、冯敏芝、郭振、王春霞、张恩、林涯 6 名毕业生选择到西藏林芝任教；2004 年 5 月，我校李霞、谢秀梅、黎锦波、巫绍明 4 名毕业生签约到西藏任教。三年来，我校共有 15 名毕业生到西藏林芝从事基础教育事业，占广东高校援藏毕业生的 70%，成为广东高校援藏大户。

另一方面，2002 年 7 月，我校 89 届原雷州师专校友陈观如受广东省委组织部的委派，从湛江赴西藏林芝的墨脱县任县委书记，参加西藏林芝的建设事业，在任期间带领墨脱县创造九个“第一”，使该县的财政收入翻了一番，荣立三等功四次。

你在林芝还好吗?

我校援藏的校友先后共有 17 人，目前已有龙家玘、陈观如因服务到期调离西藏到新的工作岗位，李霞因攻读硕士研究生离开西藏，两位校友因身体不适憾别西藏。在坚守林芝基础教育第一线的 12 人中，杨楚洵、刘秀政、李再超、屠艳荣、张恩在林芝

援藏校友及家属合影

一中任教，冯敏芝、王春霞、谢秀梅在波密县中学任教，黎锦波、郭振人在工布江达县中学任教，古桂云在巴宜区中学任教，钟戊华在林芝二小任教。

想要找你不容易

采访援藏校友十分不容易，记者几经周折，在学院招生就业处李博副处长的帮助下，好不容易才拿到了校友们的联系电话和部分校友的QQ号码，并加入了援藏校友的QQ群。原以为这样就能很顺利地开展采访了，但结果并不如愿。记者拨打了每个校友的电话，不是打不通就是号码已经过期，能打通的也是多数时间没人接听；QQ联系也很不理想，没多少时间见到我们的校友在线。

一个星期六上午，记者给钟戊华校友打电话想了解一些事情，电话接通了，可接电话的却是与钟戊华同坐一个办公室的同事。他说：钟戊华老师还在上课。星期六还要上课？记者有点诧异，后来才了解到，担任主要科目的老师在周末仍然要在教学岗位上尽心尽力。为了进一步了解情况，记者另选了时间拨通了两次电话，都没有人接听，于是又发短信过去，可也没有收到回复。会不会出什么状况了？记者着急了，担心远方的她。第二天再拨电话，终于有人接听了，原来是信号传输出了问题，远方一切安好。

学校梁英书记（左二）、张兰英副书记（右二）慰问校友

因为时空的障碍，我们对校友们的了解不是很多，但我们通过和能联系得上的校友的交流，能真切地感受到他们的工作和生活状态。

“那里实在太缺老师了”

我们的援藏校友总是秉着“认认真真做事，踏踏实实做人”的原则来开展工作。在工作条件本来就很艰苦、学生的基础很差的环境里，授课教学、做班主任、开展课外学习辅导活动，无不尽心尽力，兢兢业业，也取得了很多的成绩。他们积极创造条件开展教学研究和教学改革工作，努力推进多媒体教学和实验教学，培养学生的实践能力和动手能力。

张恩 2003 年毕业后，到林芝第一中学，曾任宿管干事、团委主要负责人、教研组长等。“这一生中曾为墨脱的教育贡献，百年后，我死而无憾。”这句话来自张恩的日志，显示着他贡献墨脱教育的决心。墨脱县是我国唯一不通公路的县，条件很差，生活很苦。2004 年，张恩毅然选择到林芝最穷的地方——墨脱县支教，他告诉我们，“那里实在太缺老师了。”之后，张恩曾多次申请再到墨脱县支教，但林芝因他的身体不好而不批准。在墨脱县，张恩尽管已被评为“优秀支教教师”，他还是尽最大的努力去帮助那些穷苦的孩子们，他曾帮助过 5 名学生寻求到资助。他的奉献、他所做的远远超过了一位老师应有的责任。

李再超到西藏至今四度担任班主任工作。虽然第一次担任班主任时不太顺利，但他坚持了下来，后来他带的高三一个班级在高考中取得了较好的成绩。虽然班里面的学生比较顽皮，但他为了实现自己在西藏做好教学工作的梦想，无论在什么情况下都不放弃课堂，始终坚守在自己的岗位上，毫无怨言。

屠艳荣一开始就在林芝一中担任生物老师，在这个学期休产假回来得知学校缺地理老师，于是她便开始了地理科教学。尽管地理科的教学任务相对来说不是很重，但屠艳荣还是高度重视自己的教学，尽量花多点时间和学生们一起学习和巩固知识点。

“生活的苦不是真的苦”

西藏地区文化、娱乐设施比较贫乏，生活单调无色，人与人之间的来往也比较少，有时生病了都无人得知，处处只能自理。据屠艳荣回忆，有一次钟戊华卧病在床，无法上课，直至晚上一位同事发现她没去晚自习才得知她生病在床。

“这儿冬天太冷了，晚上会到零下好几度。”屠艳荣介绍说，“冬天风沙肆虐，走路睁不开眼睛，天气干燥，一个星期左右窗台上就有很厚的沙尘，所以只好整天开着加湿器，否则早上起来鼻子里往往会有血块。”面对这样的环境，她说自己从来没有后悔。“生活上的苦不是真的苦，精神上的苦才是真正的苦。”这么一句简单的话，诠释着屠艳荣坚守林芝的决心。

张恩在墨脱县支教的一年里常遇既缺电又断水的情况。其间，他在睡觉的时候被老鼠咬过，还要亲自去砍柴，大米里面还会混着黑虫子。但他没有被这样的困难所吓倒。学校里没有任何娱乐活动，他就经常给学生组织一些有益活动来充实自己。张恩个人身体不是很好，在西藏进行了三次手术，现在基本上都好了，即便如此，他还是坚守在那个需要他的贫困地区。

未来：生活充满希望

六七年过去了，校友们大多已成家立室、结婚生子，有了自己的家庭。

屠艳荣在林芝组织了一个幸福的家，在记者联系到她的时候，她正和孩子在外面散步呢。通过屠艳荣的QQ空间，我们可以看到许多她为孩子拍的照片，记录着孩子成长的每个阶段。

杨楚洵结婚时，在八一镇福建大酒店广州厅举行婚宴，现在他一家三口已有了自己的房子、车子等，幸福其实就是在艰苦中悄悄地来到了身边。

李再超、古桂云等人都已经在林芝播下了爱情的种子。

生活在实实在在地延伸，我们的援藏校友在林芝这块美丽的土地上，让生活扎下了深根，播下了希望的种子，播下了对未来的承诺。

西藏林芝，湛师人永远的牵挂！

林芝民族艺术团莅校演出

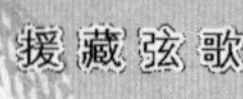

在2005年4月，西藏林芝民族艺术团亲临我校演出的时候，我校学子打出了“西藏，我爱你”标语。一句“西藏，我爱你”，表达的是怎么样的浓情厚意呀！2009年7月，我校党委书记梁英率队踏上林芝这片土地开展慰问和考察活动，与林芝教育局签订建立“林芝广东实验学校湛江师范学院教育教学基地”的协议，拉开了我校新一轮援藏行动的序幕。2009年10月，李江凌副院长率队赴林芝举行“林芝广东实验学校湛江师范学院教育教学基地”挂牌仪式，并开展教育教学活动。

从此，我校的援藏工作由人才输入向师资培训和教育服务转变，开创援藏工作的新天地。

西藏林芝，是湛师人永远的牵挂！

情系林芝，共圆雪域高原教育梦①

为了积极响应落实援藏号召，2013年8月15日，湛江师范学院罗海鸥院长率院长办公室邓逢光主任、党委宣传部陈恕平部长、继续教育学院张剑伟院长一行4人，来到西藏林芝开展进一步合作的签约、捐资助教助学和义务培训师资等活动。

罗海鸥一行，受到林芝地委副书记、行署常务副专员、广东省第七批援藏工作队领队蔡家华，林芝行署副专员王耕耘，林芝教育局（体育局）党委书记李斌和边巴卓玛局长等领导的热情接见，大家就林芝的教育发展前景、师资短缺困难和粤藏合作促发展等方面进行深入交流。

真诚合作 共圆教育梦想

8月16日上午，湛江师范学院与林芝教育局合作签约暨教师培训开班仪式在林芝广东实验学校举行。林芝教育（体育）局党委副书记、副局长、广东省第七批援藏干部吴珍珠主持仪式，湛江师范学院罗海鸥院长和边巴卓玛局长分别代表湛江师范学院和林芝教育局签订了《湛江师范学院与林芝教育局（体育局）合作协议书》，并向对口帮扶单位——林芝广东实验学校捐助10万元奖教奖学金。

李斌书记代表林芝教育局向罗海鸥院长一行不辞万里来到林芝进行援藏送教表示热烈的欢迎，并向大家介绍湛江师范学院历年来对林芝教育援助情况。他说，早在2009年，湛江师范学院党委梁英书记就前来林芝，与林芝教育局签订过对口帮扶林芝广东实验学校的协议，在林芝广东实验学校成立了教育教学实践基地，同时给林芝广东实验学校捐赠了价值7万元的硬件设备；至今，湛江师范学院共有17名优秀毕业生先后在林芝各校任教；连续4年坚持每年派名师专家来林芝做教师专业发展的相关培训，而且每次都带有个人专著赠送给林芝广东实验学校；林芝连续3年共派出48名教师赴湛江师范学院进行专业培训，湛江师范学院承担了培训期间的所有费用，还为每年去湛江做“影子教师”培训的教师提供住宿。

李斌书记代表林芝教育局向湛江师范学院为林芝教育发展所做出的巨大贡献和无私捐助表示衷心感谢，并希望湛江师范学院继续关心和支持林芝教育，充分发挥教育援藏优势，推动林芝教育更好地向前发展。李斌书记对来自9所地直的学校和部分县的学校共100多名教师提出要求，要求教师认真聆听、深刻领会、更新观念、学以致用，为促进林芝教育又好又快发展，为早日实现林芝的教育梦做出积极的贡献。

---

① 资料来源：广东省教育厅－广东教育（2013.8.28），原题：情系林芝，共圆雪域高原教育梦。

罗海鸥院长代表湛江师范学院对林芝地委、行署、教育局和林芝广东实验学校的热情接待表示感谢。罗海鸥院长为大家介绍了湛江师范学院的办学理念、发展前景，并热情邀请大家到湛江师范学院学习与交流。同时，他回顾湛江师范学院与林芝教育局以及林芝广东实验学校合作的渊源、历程和成果，表示今后将继续大力支持林芝教育事业的建设和发展，并希望以此签约为契机，加大与林芝的技术交流，开展更多形式、更深内涵的交流与合作，切实推动双方友好合作关系向前发展。

张耕耘副专员代表林芝行署，向湛江师范学院长期以来对林芝教育的大力支持和无私援助表示衷心感谢。张耕耘说，湛江师范学院主动参与援藏工作，在教师培训、教育实习帮教、远程教育资源共享、奖教奖学资金等方面进行援助，以实际行动推动了林芝教育的不断发展，对进一步加强林芝教师队伍建设，提高林芝教师队伍整体素质和教育教学质量意义重大。他希望，参训教师要充分利用好这次学习机会，以高度自觉的态度、良好的精神状态、务实的学习精神参加此次培训，通过培训进一步增加新知识、开阔新眼界、提炼新思想、拓宽新思路，令知识素养更全面、理论视野更开阔、师德形象更庄重，转变教育观念，改进教学行为，全面提升自身素质，提高教育教学质量，努力办好让人民满意的教育，尽早实现林芝教育梦。

培训师资　夯实教育之本

在林芝教师职业发展培训班上，湛江师范学院罗海鸥院长率先作了《全球化和信息化时代的师德建设》的专题报告。罗海鸥院长立足我国、放眼全球，以全球各国的教育实例，阐释为什么要重视和加强师德建设、全球化和信息化时代的国际师德规范和本土师德规范、师德的还原与提升等问题。罗海鸥院长的讲座，对进一步提高林芝教师的师德师风建设具有重要意义，通过培训学习，教师们深深体会到抓师资队伍的根本是师德建设，而师德建设的根本是要对学生充满爱心。

湛江师范学院院长办公室邓逢光主任作了《“礼”出师表　言传身教——教师礼仪与素养》的专题报告。邓逢光主任从一些“看不见的伤痕”的社会负面报道实例入手，图文并茂地展示了礼仪的重要性，阐述礼仪从古到今的概念，重点而详细地介绍了教师形象礼仪和教师交往礼仪，并希望通过培训学习，教师们更能注重自己的良好形象，努力使自己成为学识渊博、心灵美好、语言文明、仪态优雅、举止端庄的优秀教师。

湛江师范学院党委宣传部陈恕平部长做了《学校文化与教师发展》的专题报告。陈恕平部长主要阐述学校文化、教师发展以及两者之间关系，指出专业建构与文化创生是教师发展的两条道路，精神成长是教师人格发展的理想性，校本行动是教师全面发展的现实性。通过培训，教师们真实体会到学生是教师发展的活水源头、学校是教师专业发展的摇篮、学校是师生成长的共同体，学生发展、教师发展和学校发展是互动生成、协调统一的。

湛江师范学院继续教育学院张剑伟院长作了《心性完善与高品质沟通》的专题报

告。张剑伟院长以传统文化为支点，重点揭示心性完善在高品质沟通中的作用，指出提升道德修养是心性完善的必由之路，并详细地介绍高品质沟通的形式、内容、方法及意义。通过培训，教师们明白到作为一名教育工作者，爱和责任是教师职业道德的基本要求，身教重于言教、感化重于教化。

爱心接力 共话教育情怀

这次西藏林芝送教活动的培训内容丰富，效果明显。罗海鸥院长等专家的精彩讲座深受欢迎，会上参训教师认真听课、做笔记，会后他们陆续提交了有关师德师风、为人师表、打造校园文化、个人成长等参训心得和学习后感，可见教师们听而有所学、学而有所思，培训触动了他们的思想，继而推动他们的实践。

罗海鸥一行不仅关心和重视林芝的教师发展，也牵挂着在林芝工作的湛江师范学院校友们。8 月 15 日，他们到林芝入住宾馆后就立马召集湛江师范学院校友召开座谈会，与校友们亲切交谈，了解湛江师范学院西藏校友会的运作情况和校友们在林芝的工作、生活现状，并通告母校的改革现状和发展情况，给校友们送上中秋礼物，送上母校对他们的关心、问候和祝福。罗海鸥院长还对湛江师范学院西藏校友们提出了殷切希望，希望他们加强学习，注重个人素质和能力提升，努力将自己打造为西藏名师，为母校增添光彩。

精准的教育扶贫，一次次千里送教到高原[①]

（一）刘海涛副书记率队赴西藏林芝培训当地教师

2010 年 10 月 11—15 日，应西藏林芝教育局邀请，我校党委副书记、中国写作学会副会长、湛江市作家协会主席刘海涛教授，带领教科院党委书记王列盈博士、副院长许占权教授、人文学院周立群副教授赴西藏林芝，对当地教师进行为期 5 天的培训，受到当地教育部门和广大受训教师的好评。林芝共 150 位教师参加了培训学习。

林芝地委常务副书记、广东第 6 批援藏工作队领队李雅林会见了专家组一行。刘海涛副书记，林芝教育局党委书记洛桑，省教育厅援藏干部、林芝教育局党委副书记、副局长周鹏程等参加了培训开班仪式。

培训分为 5 个专题讲座：《提高课堂教学效率的显性措施》《提高课堂教学效率的隐性关键》《教师专业成长》《学校管理与学生个性发展》和《一切为了学生的发展》。讲座结合学校教学、管理实际，内容翔实，针对性强，对实际工作有较强的指导意义，对受训教师有较大的启发作用。

（二）我校三位教授圆满完成西藏林芝实验学校教师的培训工作

2011 年 10 月 23 日，应林芝广东实验学校的邀请，我校教务处处长程可拉、科技处处长金义富、教科院范兆雄等三位教授抵达西藏林芝，在林芝广东实验学校开展了为期 4 天的教师培训。

到达林芝后，他们克服头痛、气喘等高原反应，不辞辛劳，按计划开展工作。首先，听取了林芝广东实验学校领导对学校的管理和教学情况的介绍，解答他们提出的问题，并就学校办学理念、教学管理、教研工作、教学改革等问题进行了深入研讨。还就如何持续开展教师培训和指导，建立长效援助机制，迅速提升实验学校教师的教学水平，推动学校教学改革，培养专家型小学教师等进行了广泛的交流和协商。

随后几天，又开展听课和课堂教学诊断分析，听了英语、语文、数学课 12 堂次，

---

① 资料来源：岭南师范学院 - 新闻文化网：原题：刘海涛副书记率队赴西藏林芝培训当地教师，2010 - 10 - 20；我校三位教授圆满完成西藏林芝实验学校教师的培训工作，2011 - 11 - 07；李永全副院长率队赴西藏林芝考察支教情况，2012 - 12 - 03；培训学院前往西藏工布江达县进行培训需求调研，2016 - 03 - 25。

并与这些课的上课老师和教研组老师一道，就课堂教学中存在的问题和课堂教学改革等进行了分析，研讨了改进课堂教学的策略。

培训期间，程可拉处长做了《教师的学习与教师的专业发展》的学术报告，引导实验学校教师学习国内外有关课程、教学、学习学的新理论。报告以丰富的信息、深入浅出的讲解，深受好评。金义富处长介绍他和他的团队正在开发的“移动网真课堂”，展示了我校与林芝广东实验学校未来超时空教师专业发展研究和培训合作的美好前景。范兆雄教授以“教师如何开展教育行动研究”为主题，引领激发实验学校教师以校为本，以常规课堂教学和学生为研究对象，使研究寓于日常教学活动之中，以研究提升日常教学水平。

广东省援藏工作队和林芝教育局给予我校援藏工作以极大关注，林芝地委常务副书记、广东省第六批援藏工作队领队李雅林和林芝教育局党委书记洛桑分别会见了我校专家并设宴招待。援藏干部、林芝教育局副书记兼副局长周鹏程同志在培训开班仪式上致辞，充分肯定我校与林芝广东实验学校的合作，并多次陪同我校专家开展研讨。

程可拉处长还代表我校将他本人撰写、翻译、主编的 25 部图书赠送林芝广东实验学校。这些图书都是有关国内外教育教学、教师发展、课程开发等方面的新著作，对促进教师专业提升具有很高价值，受到实验学校教师们的欢迎。

（三）李永全副院长率队赴西藏林芝考察支教情况

2012 年 11 月 22—26 日，李永全副院长应邀率队赴西藏林芝广东实验学校开展支教交流和调研考察，院长办公室刘坤章副主任、教育科学学院教育系王林发主任和湛师附中林文良校长陪同前往。

李永全副院长一行的到来，受到林芝行署赵树明副专员、林芝教育局边巴卓玛局长等领导的热情接见，他们对我校送教上门服务表示感谢。双方还就林芝教育发展、广东实验学校建设、合作共建成果及发展展望等进行了友好交流。

在 23 日上午举行的开班典礼仪式上，林芝教育局周鹏程副书记兼副局长、林芝广东实验学校劳明宇校长做了热情洋溢的讲话，对李永全副院长一行克服路途遥远和高原反应前来指导考察表示欢迎和感谢，同时要求老师们珍惜机会，认真参与专家讲座和交流研讨，切实提高课堂教学水平和教育教学研究能力，促进自身的专业化发展。

李永全副院长代表学校对林芝教育局、林芝广东实验学校的热情邀请和接待表示感谢。李院长表示，我校此行是为了巩固并落实与林芝广东实验学校签订的合作协议，发挥我校教育管理、教学研究、师资力量等方面的优势，支持林芝特别是林芝广东实验学校的建设发展。李院长回顾了我校与林芝教育局及林芝广东实验学校合作的渊源和成果，表示今后将一如既往地支持林芝广东实验学校的建设发展。

在随后举行的专家讲座上，我校教育科学学院王林发副教授做了《教学名师专业成长：特质、规律与路径》的专题报告，并向该校赠送了所编著作。教育需要教学名师，教学名师需要具备崇高的精神力量、精深的专业知识、扎实的教学功底、精湛的研究水平等特质。王教授以教学名师为例，结合自身的成长经历和研究心得，介绍了名师成长的特质、规律和路径，获得学员的热烈回应。王教授的讲座为该校教师的专业成长指明了方向，让该校进一步认识到名师培养对学校发展的重要意义。

我校附中林文良校长做了《教与研同行，做实践着的思考者》的专题讲座，并向该校赠送了所编著作。林校长以林芝实验学校的办学目标和教师培训感悟为切入点，从教师为何而研、如何研究、什么是校本研究、如何做好校本教研等几个方面作阐述，让学员们感悟到教师应该在教学过程中以研究者的心态置身于教学情境之中，以研究者的眼光审视和分析教学理论和实践中的各种问题，对自身的行为进行反思，对出现的问题进行探究，对积累的经验进行总结，使其形成规律性的认识，让教师们努力成为充满智慧的教师专业人才。

在接下来的三四天里，李永全副院长一行不顾旅途劳顿，分别与林芝广东实验学校领导和骨干教师进行了三次座谈，双方围绕基础教育改革与发展、办学理念与发展策略、校本研修与教学研究、教师名师打造与队伍建设、校园环境与文化建设等方面进行了深入交流探讨。培训结束后，该校表示，学校将安排专人修改我校拟定的《教师专业成长规划》和《名师工程的设想与实践》两个工作方案，同时拟定《聆听湛江师院领导专家学术讲座后教研活动讨论提纲》，要求各教研组利用三周的教研活动时间来进行讨论反思，并交将学习交流成果运用到实践中去。

（四）培训学院前往西藏工布江达县进行培训需求调研

为更好完成西藏林芝工布江达县教育局的委托培训，2016 年 3 月 14—19 日，培训学院许占权副院长带领徐洁老师、张妙龄老师和湛江市十八小学谭永焕校长到林芝进行中小学教师培训需求调研。

年初，西藏林芝教育（体育）局组织工布江达县和波密县中小学校长和局长来我校参加教育管理者培训。我校深厚的文化底蕴、先进的培训理念和模式给参训学员留下了深刻的印象。当时，作为学员的工布江达县教体局王静局长产生委托我校对其全县校长和教师进行培训的想法，并与培训学院进行了初步的商讨。

学校分管领导黄崴副校长非常重视该培训项目，亲自主持召开专题研讨会，与培训学院一起研究制定工作方案、调研方案，并指出该培训项目对于提高我校的社会影响，提升服务地方中小学教师专业发展能力，具有十分重要意义，因此要高质量地完成该项培训工作。为提高培训的针对性和实效性，培训学院组建由我校教师和小学特级教师组成的调研专家组，前往西藏进行训前调研。

调研组受到林芝教体局和工布江达县教体局的热情接待和支持。调研组到达林芝的当天，在林芝教体局进行了座谈会，边巴卓玛书记、吴珍珠副书记兼副局长、巴桑次仁副局长以及各科室负责人参加了座谈会。边巴卓玛书记介绍了我校援藏情况、林芝教育的基本情况和师资队伍建设存在的问题，对我校长期的支持表示感谢，同时也希望我校今后在教师培训、大学生支教、师资队伍建设等方面加强支持力度。许占权副院长受黄崴副校长委托，表达了我校希望在教师培训、地方课程和校本课程开发、教研等方面进一步加强合作。

在接下来的几天时间里，调研组克服高原反应，通过座谈会、访谈、问卷调查、听课、教学材料分析等方式开展调研工作。先后召开了由县教体局领导、中小学校长和教研员参加的座谈会，深入到工布江达县中学、加兴乡中心小学等6所学校进行深度调研。

调研期间，谭永焕校长先后在林芝广东实验学校和工布江达县小学为当地小学语文教师上了两节示范课，并结合示范课进行了语文教学艺术讲座。

在调研结束前，许占权副院长与王静局长进一步商谈了培训项目的相关事宜，就具体培训项目、培训模式等达成初步协议。

这次调研，为接下来即将开展的西藏工布江达县校长和教师培训奠定了良好基础。

从雪域高原到南海之滨："天路"来客取教育真经[①]

（一）西藏林芝广东实验学校教师培训班开班

2010年1月2日，在燕雷楼学术报告厅举行了西藏林芝广东实验学校赴我校培训班开班典礼。校领导梁英、刘海涛、李江凌与西藏林芝教育局郑健辉副局长、西藏林芝广东实验学校劳明宇校长等参加了典礼。

典礼上校党委梁英书记发表了讲话。他首先代表我校对前来交流学习的西藏林芝广东实验学校的领导和老师们表示热烈的欢迎，并对今年我校能和林芝学校举办首期师资培训班感到高兴。梁书记结合我校的师范办学历史，阐述了我校作为有较长师范教育历史的四大特质："大师、大楼、大树、大气"。他还向西藏的老师们介绍了我校古榕广场、流芳亭、新区椰林等具有特色的地方。对于本次培训班的安排，梁书记简要归纳为"听、研、看"三大环节。听，指安排西藏的老师们去听课；研，指师生互动交流、共同探讨研究；看，指带老师们到相关的中小学参观学习。他希望把这三者结合起来，共同搞好这个培训班，达到相互促进的目的。

西藏林芝教育局副局长郑健辉典礼上发表讲话时对我校积极参与西藏教育事业的改革和发展，并在这过程中建立的深厚情谊表示衷心的感谢。他说，这是林芝广东实验学校第一次组织外出学习，非常感谢湛江师范学院热情的接待以及给予林芝广东实验学校的一系列帮助，感谢湛江师范学院为西藏林芝的教育事业，尤其是对新办的林芝广东实验学校所输送的优秀教师，以及签订的"对口帮扶"合约，给学校配备了一些教学设备，对教师们进行定向培训等。

开班的第一课，由我校党委副书记刘海涛教授主讲"新技术背景下的青少年写作教学的新模式"。刘海涛教授给大家阐述了在网教时代下教师与课程的新概念，并和教师们探讨了在网教时代下语文教师的专业发展，深入探讨了网教时代培养语文教师"教研创"专业能力的可能性，写作教师开展教改、科研的新技术和新工具，"新写作"理论与实践的"新亮点"。

---

① 资料来源：岭南师范学院－新闻文化网，原题：西藏林芝广东实验学校赴我校培训班开班，2010－01－03；我校举办西藏林芝地区教育考察团学习培训班，2012－01－04；西藏林芝教育管理者和校长培训在我校开班，2016－01－05；西藏林芝教研员业务能力培训在我校开班，2017－01－06；工布江达县骨干教师教育研究能力和英语教师教学能力提升培训在我校举行，2017－08－23。

（二）西藏林芝教育考察团来校学习培训

2012年2月27－31日，西藏林芝教育考察团一行17人在林芝教育局周鹏程副书记、副局长的带领下，圆满结束了在我校为期5天的学习培训及教育考察活动。

在培训开班典礼上，李江凌副院长代表我校向考察团一行表示热烈的欢迎，并介绍我校办学的基本情况及近几年取得的成绩。同时，我校也积极响应广东省委省政府号召，与西藏林芝广东实验学校签订对口帮扶协议书，共建“林芝广东实验学校湛江师范学院教育教学基地”，为西藏林芝输送更多更优秀的毕业生，并加强双方交流，推动双方合作发展。

西藏林芝教育局周鹏程副书记、副局长在讲话中表示感谢我校对西藏特别是林芝教育发展的支持和援助，同时他赞扬我校为林芝输送的一批非常优秀的毕业生，他说，湛师输送的毕业生工作上进、踏实肯干，适应能力好，教学能力强，为西藏的教育事业做出了很好的贡献。

学校领导对西藏林芝教育考察团学习培训活动高度重视，安排周仕德博士等老师授课及参与互动交流。我校党委梁英书记、罗海鸥院长、李江凌副院长先后接见了教育考察团全体成员，和他们进行了亲切的交谈，并希望双方以后在教学交流、教学研究以及课题申报等方面优势互补、开展更高层次的合作。继续教育学院和教务处精心安排的接待方案和培训计划，受到了教育考察团领导和全体老师的好评。

29日，教育考察团一行还在湛江市教育局领导的陪同下，参观考察了市内一些名校，我市基础教育的建设和发展所取得的成就给他们留下了难忘的印象。

（三）西藏林芝教育管理者和校长培训开班

2016年1月5日上午，我校承办的西藏林芝教育管理者和中小学校长培训班在榕楼一楼培训课室举行开班典礼。西藏林芝教体局吴珍珠副书记、副局长，湛江市教育局周伟武副局长，我校黄钢副院长、教务处程可拉处长、培训学院（继续教育学院）张剑伟院长、党委林艳萍书记出席会议。典礼由培训学院（继续教育学院）许占权副院长主持。

黄钢副院长代表我校对各位远道而来的西藏朋友表示热烈欢迎。他指出，我校与西藏情深谊长，在1987年便有毕业生赴西藏工作，与西藏结下情缘；自2002年以来，我校选派了17名毕业生赴林芝工作，成为广东高校的援藏“大户”；2009年7月，我校与林芝教育局签订协议，在林芝广东实验学校建立教育实践基地，拉开了我校新一轮援藏行动的序幕，连续4年，我校每年派出名师专家到林芝做教师专业发展相关培训，支援林芝广东实验学校建设发展，并免费接收56名林芝广东实验学校教师莅校培训；2013年，我校与林芝教体局签订合作协议书，明确在教师培训、教育实习帮教、远程教育资源共享、奖教教学资金等方面对林芝教育给予援助，为进一步加强林芝教师队伍建设、提高林芝教师队伍整体素质和提升教育教学质量担当责任。2014 年，我校还选派 10 名音体美专业的优秀大学生赴林芝县乡小学支教一个学期；今年即将选派 22 名优秀大学生赴波密县和工布江达县支教一年。他强调，我校高度重视援藏工作，高度重视与林芝的教育合作，认为这次培训是我校与林芝教育合作的一个重要组成部分，是祖国大陆最南端与最西端的再一次相聚，希望双方能抓住机会，加强互相交流、彼此学习。他还从办学历史、发展规模、师资力量、条件建设等方面向西藏朋友简要介绍了我校的基本情况。

周伟武副局长代表湛江市教育局对西藏同行莅临湛江学习交流表示热烈欢迎，对我校开展大规模的援藏活动所取得的工作成效和所建立的深厚情谊表示由衷的敬佩。他表示，岭南师范学院办学历史悠久，文化底蕴深厚，教育学科优势突出，师资力量雄厚，为湛江教育发展输送了大批优秀人才，还承担大量的教师培训任务，为进一步加强湛江市教师队伍建设、提高湛江市教师队伍整体素质和提升教育教学质量，做出了重要的贡献。他扼要地介绍了湛江教育的基本情况及发展成果，并指出，近几年来，林芝教育局派出教师到湛江开展“影子培训”，湛江市教育局也派出教师到林芝支教等，希望湛江市和林芝以此为起点，建立更为广泛的教育合作机制，拓展合作渠道，加强教育交流，为两地的教育发展事业谱写新的篇章。

吴珍珠副书记兼副局长用真诚动人的发言讲述了林芝与岭南师范学院的深厚情缘，她称赞我校的领导和师生具有三颗宝贵的“心”：一颗是分享观念与经验的“真心”，一颗是坚持不懈用教育援藏的“善心”，一颗是积极响应党中央援藏号召的“丹心”。她指出，林芝共有中小学校 60 多所，本次培训的对象是波密县和工布江达县两县的教体局局长和各校校长，共 25 人，占林芝校长的三分之一强。她要求参训学员在培训中要“竖起耳朵，睁大眼睛，张大嘴巴”，多听、多看、多问、多交流，学以致用，共同努力，共同成长。

许占权副院长简要地介绍了培训方案，指出本次培训以更新办学理念、提升教育管理能力、交流学校发展经验与增长教育管理实践智慧为目标，主要培训校长专业化、校长专业标准、义务教育学校管理标准、学校文化建设、校本培训开展与学校发展规划等内容。采取理论学习、现场交流、同伴研讨与总结升华的培训模式，希望各学员能够在培训中分享经验、交流观点，共生智慧、共同成长。

林芝波密县中学校长扎西多吉作为学员代表发表讲话，他表示，今年是林芝教育均衡发展的关键之年，感谢岭南师范学院为学员们提供了一个良好的学习机会和交流平台，号召各学员在培训中做到尊重教师，团结同事；遵守规定，严明纪律；在学习方法上理论联系实际，在学习形式上相互交流、取长补短。

最后，西藏朋友赠送我校具有西藏特色的纪念品，双方合影留念。

（四）西藏林芝教研员业务能力提升培训开班

2017 年 1 月 4 日上午，我校在综合楼 B 栋未来教育空间站举行了西藏林芝教研员能力提升培训开班典礼。出席典礼的有省中小学教师发展中心主任、我校培训学院院长许占权，林芝教体局副书记冯成志和来自西藏林芝的教研员，还有培训学院的相关教师。开班典礼由培训学院副院长陈小亘主持。

“教研员培训是非常重要的培训。我校十分重视本次培训的组织实施工作，在学校领导的统筹布置下，培训学院具体承担这项任务。”许占权院长指出，教研员是教研工作的主体和关键，教研队伍建设始终是检验管理制度发展的核心要务。加强教研队伍建设是促进教师专业发展的不可忽视的重要任务；此外，许占权院长还向教员们介绍了我校的基本情况及回顾了我校与林芝教育的渊源。

今年恰逢岭南师范学院援藏 30 周年，冯成志副书记对 30 年来岭师人始终站在讲政治、顾大局的高度，开创性地将支持林芝教育作为贯彻国家民族教育政策的一项重要政治任务来完成，在人力、物力、财力等各方面给予的大力援助表示肯定和感谢；冯成志副书记结合当前林芝的教育背景及现状指出，当前林芝正处于打赢脱贫攻坚战，率先全面建成小康社会的决战决胜期，林芝教育已站在一个新的历史起点，教育转型升级的重点将从注重硬件建设逐步转向内涵发展，从投入硬件转型到投入教师发展。着眼于林芝教育发展大局，冯成志副书记强调，要以立德树人为根本，以研究教学、指导教学、管理教学和服务教学为宗旨，以落实课程计划为中心，以提高教师业务素质为抓手，以提高课堂教学效率、提高教育质量为中心。在短短的为期一周的培训中，希望林芝教研员老师能够学有所获，对林芝的教研员老师在勤学善思、示范引领、总结创新三个方面提出要求和希望。

林芝教体局教研员代表吴卓秦对我校及林芝教体局领导表示衷心的感谢，在接下来的培训中他们将不忘初心，虚心学习，严格要求自己，为提高林芝教育事业，为提升自身的业务水平，共筑林芝教育大厦的坚实根基而努力。

我校与林芝情谊源远流长，早在 1987 年，我校毕业生龙家玘赴藏工作，开援藏先河。到目前，已有 18 名毕业生扎根西藏林芝中小学，成为林芝中小学地区骨干，被媒体誉为“援藏良驹”。2013 年，我校与林芝教体局签订合作协议书，明确在教师培训、教育实习帮教、远程教育资源共享等方面对林芝给予帮助。在典礼结束之时，林芝赠送藏文书法作为礼物予我校，藏文的意思是“幸福家园”，同时向我校老师献哈达给予美好祝愿，情谊融融，希望援藏之旅绵延、情谊之树枝繁叶茂！

（五）工布江达县骨干教师教育研究能力和英语教师教学能力提升培训

为推进工布江达县骨干教师的专业化发展，充分发挥骨干教师在教师队伍中的引

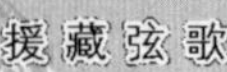

领、示范和带头作用，针对目前工布江达县在教育科研方面所存在的问题，2017 年 8 月 18—20 日，在工布江达县教育局四楼会议室举行了工布江达县第三次骨干教师及教导主任集中培训。全县 10 所学校，45 名骨干教师参加了培训。培训前举行了简单的开班仪式，县教育局局长王静在开班仪式上作重要讲话，阐述了培训意义，并对培训提出了具体要求。

此次培训中，岭南师范学院徐洁博士分别就“中小学教育研究选题与方法”“问卷的设计与测评的运用”“文献搜集的技巧和策略”“完成一项小课题研究”“问题学生与学生心理健康教育”等课题进行培训。为使培训更贴近教育教学，授课教师理论联系实际，用事例说明道理，对所讲内容进行了深入浅出的阐述，培训效果甚好，受到参训学员的一致好评。培训结束后，徐洁安排学员交流发言，发言学员的精彩案例对参训老师有很大的启发及指导作用。通过授课教师与学员的共同努力，工布江达县骨干教师教育研究能力提升培训圆满结束。

8 月 14—17 日，在工布江达县小学阶梯教室举行了工布江达县中、小学英语教师教学能力提升培训。培训邀请岭南师范学院徐洁向全县 20 名小学英语骨干教师教授学科知识及教学理念。8 月 14 日召开培训开班仪式，仪式由工布江达县教育局教研室主任尼玛扎西主持，工布江达县教育局副局长刘岩、局教研室全体教研员参加。

通过此次培训，全体参训教师深刻了解了国内英语课程改革的动态和发展趋势，更新了学科教育教学观念，从整体上把握了义务教育英语新课程标准，了解并掌握了在新课程理念下的中小学英语学科教学方法，创新教学设计；同时，增强了参训教师解决课程实施中遇到的各种问题的能力，通过理论学习、榜样示范、吸收内化等学习方式，他们也提高了学科素养与课堂教学能力。

首批 10 名学生进藏支教实习，另有 3 名毕业生进藏工作[①]

赴藏支教实习生合影

援藏，这是“湛师人”到“岭师人”挥之不去的情结。暑假期间，我校音乐、美术、体育专业的 10 名优秀学生抵达西藏林芝，将在那里开展为期一个学期的支教实习工作。还有 3 名美术专业的毕业生入选“2014 年全国大学生志愿服务西部计划”，奔赴西藏林芝工作。这是岭师人在以不同的形式延续着历久弥新的援藏情怀，共圆雪域高原的教育梦。

8 月 15 日，来自我校音乐专业的周芷欣、赖灏、廖耀道、邓光超，美术专业的陈拔楷、余洪良、董开业，体育专业的岑建平、符海杰、姜遵清，共 10 名同学抵达了西藏林芝，受到了林芝县委、县政府和县教育局的热烈欢迎，他们将分配到林芝更章门巴民族完全小学、八一镇小学、林芝县完全小学等 10 间乡镇小学，开展为期一个学期的支教实习工作。

为了解决西藏林芝师资紧缺问题，去年 8 月，我校罗海鸥院长代表学校赴藏与林

---

① 资料来源：湛江师院报（2014. 8，1 版），原题：援藏去，岭师人的步伐不停顿。

芝教育局签订了合作协议，同意选派优秀学生赴林芝支教实习。今年6月9日，林芝教育局向我校发来了邀请函。学校领导高度重视，指示教务处和有关二级学院认真做好赴藏支教优秀学生的选拔工作。在学生自愿报名的基础上，学校从思想品德、身体素质、自我管理能力、协助沟通能力、专业能力、教师技能等方面对他们进行了综合考查，遴选了如上10名同学赴藏支教实习。这是我校首次选派优秀学生赴藏支教实习，开启了岭师人援藏支教的又一新模式。

援藏在我校有着优良的传统，今年7月，来自美术学院同一专业、同一宿舍的郭伟、郭超、杨明3名毕业生，积极响应由团中央、教育部等共同组织实施的“2014年全国大学生志愿服务西部计划”，并通过层层严格选拔，最终齐齐入选，于7月25日踏上了开往西藏的列车。他们是来自不同地方的好哥们：郭伟来自山东济南，郭超来自山西长治，杨明来自黑龙江齐齐哈尔，在校期间不仅结下了深厚的友谊，还缔结了共同的雪域高原教育梦。他们表示，要去壮美的西藏体验天地之美，希望通过自己的努力，帮助到那里的孩子学到更多的知识。

据悉，1987年，我校龙家玘校友首开援藏先河，到目前为止，我校已有20名毕业生赴西藏林芝的中小学任教或工作，是全国高校毕业生援藏较多的学校。西藏林芝是广东省对口支援的地区，我校作为广东省属本科院校，与林芝教育局签订了合作协议，多次选派专家赴林芝交流讲学，免费承担过多次林芝中小学教师的进修培训，与该地区结下了深厚友谊。

20名支教志愿者与西藏林芝师生喜迎国庆[①]

岭师支教志愿者在教西藏学生唱歌迎国庆

“雪山上，江水旁，老师教育我们成长……学会感恩，报效祖国，让我们快乐成长！”国庆节将至，西藏林芝波密县完全小学的校园里不时响起嘹亮歌声。这是由岭南师范学院音乐专业的支教志愿者姚圣杰，为该校专门创作的一首校歌。

为了迎接2016年国庆佳节的到来，岭南师范学院到西藏林芝各学校实习支教的20位“90后”青年志愿者忙得不亦乐乎。他们与雪域高原的师生们一起，兴高采烈地策划、开展一系列庆祝活动，迎接共和国的生日。

9月29日，记者连线西藏，对这些洋溢着青春活力，在雪域高原燃烧激情、传递正能量的岭师支教志愿者们进行了采访。

---

① 资料来源：南方网－南方快报（2016.9.30），原题：岭师20名支教志愿者与西藏林芝师生喜迎国庆。

湛江高校有援藏支教优良传统

据了解，岭师这次新选派赴藏实习支教的20名优秀大学生，以大三年级的音乐、舞蹈、美术、数学、中文、科学教育等专业为主，他们主要被分派到了林芝波密县、工布江达县的10间中小学校。这也是岭师继2014年派出10名优秀大学生赴藏支教一学期之后，选派到西藏林芝的第二批支教实习生，他们要在这里开展为期一年的实习支教。

近年来，湛江高校不断拓展援藏领域，派出教授名师到西藏林芝做教师专业发展相关培训，免费接收西藏林芝的教育管理者和骨干教师来湛开展培训。2013年，岭师与林芝签订合作协议书，明确在教师培训、教育实习帮教、远程教育资源共享、奖教教学资金等方面对林芝教育给予援助。湛江高校尤其是岭师援藏支教，有着优良的传统。多年来，仅岭师就已有20多名毕业生到西藏林芝的中小学任教或工作，成为广东高校的援藏“大户”。

这些来自湛江的实习支教志愿者，为西藏学校补充的不仅是紧缺的师资，也给当地带来了勃勃生机。今年分派到波密县松宗镇中心小学的大学生苏姗姗说，来了之后才发现这里的乡村小学过去比较少结合节庆日开展有意义的纪念活动，“所以借着这次喜迎国庆的良好契机，我们都结合自己的专业特长和学校实际，广泛开展各式各样的活动，当地学生非常欢迎，都踊跃参与。”岭师科学教育专业大学生招小艳所在的是波密县的茶场小学，她组织学生到当地茶叶加工厂参观和到茶园采茶、除草。而美术专业的梁丽萍，则准备在美术课上，发动学生以“庆国庆”为主题做手工。

写新校歌练合唱迎国庆

“我准备让这所小学音乐兴趣班的同学，在即将举行的‘庆国庆’校园歌手大赛上来个大合唱!”姚圣杰说，这是他结合当地的地理环境和学校的传统校训、校风所写的一首歌，创作时得到了校领导的大力支持，校领导不但热心地向他介绍小学的历史，还给了很多宝贵的意见和建议。

这首新歌不久前出炉，在校园甚至当地都引起了不小轰动，每天嘹亮的歌声唱出了浓浓的爱国情怀。这几天，该小学音乐兴趣班的班长索朗曲吉忙着组织班里的同学跟姚圣杰排练合唱，这名藏族小姑娘希望全校师生都能学会这首歌，以后每年的教师节、国庆节，大家一起合唱欢度节日。

而在工布江达县小学，岭师支教的黄小燕、林欣欣、吴芬香、钱小梅、高亚军、梁丽萍、萧童颖这7名大学生，也在热情参与策划组织“迎国庆，大家齐欢乐”等系列庆祝活动，其中一个活动9月26日就已提前上演。“就连平时调皮捣蛋的学生也积极地参加排练表演，大家都穿得漂漂亮亮，甚至有家长从拉萨连夜坐车赶回学校，就为了给孩子送一套漂亮的藏装参加表演。”黄小燕兴奋地描述起26日的盛况——学生以班级为单位表演合唱、独唱、朗诵或者舞蹈，教师们分语文组、数学组、藏文组和综合组开展合唱大比拼，整个校园一片欢腾，“精彩节目一个接着一个，师生们还即兴一起跳起了欢乐的锅庄舞，我们在雪域高原祝福祖国母亲繁荣昌盛!”

延续雪域高原支教情缘，千里赴藏共建实习基地①

赠送学校纪念品给林芝教育局雷振鹏局长（右）

西藏林芝，是岭师人永远的牵挂。1987 年，我校龙家玘校友首开援藏先河。此后，岭师人前赴后继，先后有 20 多名毕业生、校友赴西藏林芝支教工作或援藏，被主流媒体誉为“援藏良驹”。近年来，学校与林芝教体局签订合作协议，通过以教育帮扶培训、顶岗支教实习等形式进行援藏，共同谱写了一曲从南海之滨到雪域高原的教育壮歌。

2016 年 3 月，来自 8 个二级学院 10 个专业的 20 名优秀学生，经过自愿报名、考核培训、身体检查之后，收拾行囊来到了西藏林芝，开展为期一年的顶岗实习支教。他们被分派到了林芝波密县、工布江达县的 10 多间中小学任教。

“要去那里看看，学生们过得怎么样！”11 月 2—9 日，邵乐喜副校长带着学校党委书记罗海鸥、校长刘明贵的嘱托，率学生处处长李粤、宣传部副部长关天冲、教务处

① 资料来源：岭南师院报（2016. 11，3 版），原题：延续雪域高原支教情缘，千里赴藏共建实习基地。

副处长朱国贤一行进藏慰问支教实习学生，分别与波密县教育局、工布江达县教育局签订了教育合作协议，共建教育实习基地，继续谱写雪域高原的支教情缘。

邵乐喜副校长一行受到了林芝教体局局长雷振鹏，广东援藏干部、林芝教育局党委副书记、副局长冯成志等领导的热情欢迎，并安排了援藏干部、我校校友杨家平全程陪同落实这次慰问考察活动。雷振鹏局长对我校长期以来的援藏支教工作表示了高度的赞赏，希望学校下一步能够加大对林芝对口支援的力度，选派更多的优秀大学生到林芝支教实习。

四天三夜的辗转，想见学生不容易

11月2日晚上，邵乐喜副校长一行乘坐21：05班机到成都拟第二天早上转机到林芝，无奈成都大雾，延误了飞机时间。据悉，林芝机场由于位于青藏高原东南部雅鲁藏布江河谷地带，周围被海拔4 000多米的高山云雾笼罩，飞机起降只能在狭窄弯曲的河谷中飞行，下午强大的气流会干扰飞机的正常飞行，一般不降飞机，就这样，他们一行被迫在成都又多逗留了一个晚上。

原计划已经跟波密支教的学生约好4日晚上见面，由于班机延误，4日上午9:30他们一行才顺利到达林芝机场。冯成志副书记亲自到机场迎接，为邵乐喜副校长一行送上了吉祥的哈达。下午，他们一行在林芝教育局听取了雷振鹏局长对我校支教实习学生情况的汇报，双方商量如何建立更加完善的合作沟通机制。

5日早上，邵乐喜副校长一行便迫不及待地往波密县赶，车到半路便遇上修路堵车，被告知要到13:30才能开通。从林芝县到波密县其实只有230多公里，但沿途到处在修路，只能走走停停。车到4 700米海拔的色季拉山口，便望到了远远的冰山。他们是奔着冰山方向走的，终于在晚上七点多的时候，来到了冰山脚下被誉为“藏王故里”的波密县，县城就在一个山谷里，抬眼便见山顶的冰川。

8位在波密县的支教队员大都分派在乡镇的中小学，离县城最远的有140多公里，由于交通不便，来一趟县城也要走七八个小时。队员们知道学校领导老师到来，已经提早一天集中在下榻的旅店等候，好在波密县教育局都给他们安排了住宿。师生相见，泪水不自觉地涌上了眼眶。邵乐喜副校长听到队员们所带的班级在期末考试中，大多荣获了各乡镇考试成绩的第一，回想一路的颠簸，哽咽着说不出话来。

8日上午，邵乐喜副校长一行如约赶赴工布江达县，见到了在那里支教实习的11位女同学。“11位女同学在各自的支教学校均担任了薄弱学科、紧缺学科的任课老师，并为支教学校注入了新活力，带来了新方式，帮助各学校顺利通过了义务教育均衡发展的‘国检’。”听到工布江达县教育局次仁副局长对队员们的高度评价，邵乐喜副校长的眼泪再一次夺眶而出。

邵乐喜副校长认为，队员们大都生活在广东，能志愿来到条件艰苦的雪域高原潜心工作，做到有苦不怕苦、不言苦、不叫苦，并做出了成绩，没有奉献精神和爱心是没法实现的。邵乐喜副校长代表学校为每位支教队员送上了 1 000 元的慰问金，接过这份沉甸甸的关怀，每位队员都热泪盈眶。

邵乐喜副校长（左一）为支教队员送上慰问金

平凡的支教日子，谱写了一曲援藏的赞歌

“开展支教以来，学生主动请缨到最艰苦的地方、到最需要老师的地方去工作。”雷振鹏同志担任林芝教体局局长虽然只有 4 个多月的时间，但对岭南师范学院 20 名支教实习学生的情况如数家珍。他认为，学生进藏克服高原缺氧、交通不便、生活条件简陋等困难，与当地教师打成一片，在较短的时间能进入工作角色，帮助支教的中小学提升了教学质量，顺利通过了县域义务教育均衡国家评估验收，用实际行动做到了与西藏各族人民同呼吸、共命运、心连心。

10 月 8 日，波密县茶场小学由于泥石流的冲击被夷为平地。“好在当时村民及时赶来喊叫，要不我可能已经不能跟大家见面了。”在茶场小学支教实习的招小艳讲起还有心余悸，她的电脑、衣服全部家当都被泥石流吞没了，但招小艳没有被眼前的困难吓倒，仍然表示自己会坚持到最后，把工作做到最好。

在波密县玉许乡小学支教的金伟，于今年 8 月突然发病，持续多日发热，高烧体温升至 40℃，被确诊为感染性心内膜炎。考虑到高原环境的制约，岭师紧急派人飞赴林芝，与广东援藏医疗队汇合，先将金伟转至林芝医院，后又在林芝许典辉副书记的协调下，买到候补机票，航空公司也开辟“绿色通道”，于 9 月 6 日将金伟送返湛江接受诊治。林芝教育局冯成志副书记告诉记者，金伟所在的玉许乡小学位于一个海拔3 200米的偏远小山村，从村里到林芝区坐车要8个小时，金伟发病时，当地的普布扎西老师连夜将其护送出城治疗，金伟返湛治疗时两人挥泪告别的场面特别感人。

“在天灾和突发病情面前，我们选择了坚强面对，这些经历都将成为人生的一份宝贵财富。”支教队长姚圣杰说，虽然在支教工作中有苦有累，但是这份经历圆了他们20个人的支教梦。他们希望通过自己的共同努力，能影响一批学生。等孩子们长大成人后，能够想到在他们小时候有一群大哥哥、大姐姐，不为名、不牟利地去帮助、鼓励、感染他们，使他们明白将来在自己有能力的时候，也可以去帮助身边需要帮助的人。

邵乐喜副校长（前排中）一行与在林芝波密县支教同学合影

“如果可以，我们想选择毕业后留下来工作。”姚圣杰、普燕芹等10名同学向邵乐喜一行表达了自己的意愿，希望学校能与林芝教体局进行沟通和商量。普燕芹支教的工布江达县江达乡小学是一个海拔4 800米的地方，且交通不便，但普燕芹告诉记者，经过近一年的支教实习，她与当地的师生已结下了深厚的感情，她想把自己带的班级带到毕业，一定要让班里有同学考上“内地班”，因为在这个学校的历史上从来还没有一个学生考取过“内地班”，这里太需要专业的教师了。

金伟在生病时感受到了血浓于水般的情谊，更感受到了来自社会各界的大爱！他通过电话连线跟支教的同学说，希望自己尽快好起来，因为内心中还是割舍不下西藏山村里的那些可爱孩子们，广东援藏队、当地老师也经常打长途电话、发短信来慰问，给他加油打气。他希望自己出院后，还能回到林芝，重返讲台，继续他的支教工作，用实际行动来回报社会关爱。

共建实习基地，续写雪域高原的支教情缘

“我们最缺的就是数理化和美音体的老师，希望岭南师范学院在明年能够派遣更多的支教实习老师。”工布江达县教育局次仁副局长说，支教队员给全县的教育带来了新变化和新气象，特别是比较薄弱的数学科教学成绩提升很快，他们在县青少年宫创办的绘画、舞蹈、书法等兴趣培训，深受广大学生和家长的喜爱，

波密县教育局王作谦局长也强烈要求，希望岭南师范学院能够在明年继续选派美术、音乐、体育和科学教育专业的学生来支教实习。他认为，支教队员给全县的小学带来了全新的教学理念和教学模式，支教队员所带的班级在期末考试中大多位于各乡镇考试成绩的前列，引发他们对新的课程观在小学课堂中如何落实贯彻的思考。

为了改变波密县、工布江达县教师紧缺的现状，邵乐喜此行还代表学校分别与两县教育局签订了合作协议，并举行了实习基地的揭牌仪式，学校将在两个实习基地各投入 5 万元作为建设的经费，为实习生集体备课、集中评课、教学研讨等提供良好的工作场所。这是继 2009 年湛江师范学院在林芝广东实验学校建立教育实习基地之后，再一次把实习基地建到了千里之外的雪域高原。

“学校将以此为契机，借助未来教育空间站的平台，把教育信息化的手段延伸到支教单位，把最前沿的教育理念带到雪域高原。”邵乐喜表示，要通过共建实习基地，既提高西藏林芝的基础教育水平，也加深师范院校对教育实践的探讨和思考。林芝教体局冯成志副书记也希望学校加大对林芝教育信息化建设的支持力度和中小学教师培训的力度，让实习基地建设达到最大限度的双赢。

波密县、工布江达县主管教育的领导也希望能结合自身的教育特点，探讨双方都受益的合作机制。工布江达县委副书记何立提出，希望能与岭南师范学院进行深度合作，借助学校的专家力量探讨民族地区教育事业发展的课题，开展深入的调查研究，提出提升民族地区基础教育发展建设的建议。

援藏模式升级为政府项目，共建大学生思想政治教育基地①

7 月 15 日，在我校援藏 30 周年之际，援藏工作再添硕果。当天，广东省教育厅党组成员、副厅长王创率领广东 13 所高校与西藏林芝、昌都两市有关单位在林芝签订共建大学生思想政治教育实践基地协议，将我校自发的援藏行为，提升为省教育厅主导、相关高校参与的政府援藏项目。我校党委黄达海副书记代表 13 所共建高校做了发言，介绍了我校援藏工作的做法与经验，与工布江达县、林芝广东实验学校签订了共建协议。我校学生工作部李博副部长一同参加了仪式。

会上，王创副厅长对校地共建大学生思想政治教育实践基地工作提出三点要求：一要统一思想，充分认识校地共建意义；二要形成合力，全面落实校地共建协议；三要加强交流，共同打造校地共建品牌。林芝委副书记、常务副市长许典辉也对共建活动提出了要求。

共建大学生思想政法教育基地签约仪式

黄达海做了题为“在雪域高原续写教育荣光”的发言，深情回忆了 15 年前送 5 名赴藏毕业生入藏的情景，表示感动于 15 年后他们仍在西藏服务的坚守，欣慰于他们已

① 资料来源：岭南师范学院－新闻文化网（2017 年 7 月 23 日），原题：援藏模式升级为政府项目，共建大学生思想政治教育基地。

成长成为撑起一方天地的骨干教师，更欢欣鼓舞地看到岭师人援藏30年的坚守与奉献结出新的硕果、走进新的时代。他介绍了我校与藏地共建大学生思想政治教育实践基地30年情重谊长的工作基础、泽深惠远的重大意义和真招实措的工作措施。

他介绍了自1987年毕业生龙家玘成为我校援藏第一人以来，整整30年，我校以高度的政治自觉，把援藏工作作为一项崇高的政治责任担当在肩、倾心尽力，书写援藏工作的情重谊长，展现出来的援藏时间长、人数多、扎根深、热情高、措施实等五大特点。他指出，我校有幸成为广东省首批共建大学生思想政治教育实践基地的高校之一，意义重大，是对我校开展援藏工作30周年最好的纪念，更是我校援藏工作和大学生思想政治工作的重要里程碑和华丽升华，将有效提升受援地教育教学水平与我校服务社会、支援边疆的能力，增强思想政治教育的针对性、实效性，改进我校人才培养模式，打开大学生认识西藏、了解少数民族文化的理解之窗，搭建汉藏文化交流的友谊之桥，打造以文载道、成风化人的心灵之舟。他表示，我校将与共建学校携手同心，组织实施支教实习、基地建设、师资培训和信息建设四大共建项目模块，推进大学生志愿者援藏支教实习、“进村到户牵手”、“奉献边疆高原·扎根基层教育”最美教师寻访、“岭师学子卅载支教西藏情”调研、典型人物事迹报告、师资培训和教育信息化工作等六项主要工作举措，携手同心在雪域高原续写教育荣光。

除参加签约仪式外，黄达海一行还开展了“岭师学子卅载支教西藏情”调研活动，先后到林芝工布江达县巴河镇中心小学、工布江达县中学、江达乡中心小学、工布江达县小学和林芝广东实验学校调研，与我校在西藏工作的校友和支教学生座谈交流，给他们带去了学校最亲切的问候和关怀，勉励他们一如既往坚守心中的梦想，不忘初衷，续写荣光，以良好的精神风貌传播援藏支教正能量。

我校在30年援藏的工作中，主动担当，积极作为，敢于创新，形成了独具特色的援藏模式。学校领导牵头挂帅加强与西藏地区教育部门的联系，与林芝教体局、波密县、工布江达县教育部门和林芝广东实验学校签订了合作协议，建立了稳定的援建关系。早在2004年，我校派出的援藏毕业生已占广东高校援藏毕业生的70%。援藏毕业生中多人在当地结婚生子，即使服务期已满也自愿继续留在西藏工作，安家在西藏，扎根在西藏。除了动员毕业生进藏工作外，我校还从2014年开始选派优秀在校生进藏支教，已派出三批共45名学生到西藏林芝开展为期半年到一年的支教实习，第四批将在8月出发。我校扎实的援藏工作赢得受援地区和媒体的好评。《人民日报》、人民网等主流媒体报道了我校学生的援藏支教事迹，将我校毕业生誉为“援藏良驹”。

据省教育厅介绍，此次大学生思想政治教育实践基地的共建，正式将我校自发的援藏行为提升为省教育厅主导、相关高校参与的政府援藏项目，扩大结对共建范畴，遴选出13所办学历史悠久、师范教育实力强的高校参与共建。在今年6月下旬，该校地共建项目已被纳入广东省党政代表团赴藏考察签约项目，由广东省教育厅景李虎厅长和林芝旺堆市长共同签署了合作协议。这次在充分对接、达成共识的基础上，13所高校与林芝、昌都两市有关单位分别签署校地共建协议，标志着“广东省教育厅与西藏林芝共建大学生思想政治教育实践基地项目”全面落地、开始实施。

缺氧不缺精神：两批 23 名支教志愿者进藏支教实习[①]

应工布江达县教体局要求，我校按照共建大学生思想政治教育实践基地协议，2017 年选拔了两批大学生志愿者开展援藏实习支教。第一批 15 名同学于 4 月出征，7 月结束实习支教，其中邝凯珊等 4 名同学由于表现优异被工布江达县教体局申请延期服务一学期。经其本人同意和学校审批，这 4 位同学将与第二批援藏支教大学生一起组成一支 12 人的援藏支教队继续服务。2017 年，学校共有 23 名同学进藏支教实习。

黄达海（前排右）向志愿者授旗

2017 年首批志愿者出征

4 月 11 日，在 2017 年第一批援藏支教志愿者出征座谈会上，学校党委副书记黄达海忆起 2002 年首次带我校毕业生赴藏工作的点滴，勉励新的援藏支教志愿者们传承我

① 资料来源：岭南师范学院－新闻文化网，关天冲整理。

校援藏的光荣传统，在雪域高原续写教育荣光。

黄达海对同学们提出了三点希望：一是指出援藏支教机遇很难得，是一次宝贵的体验，希望同学们用心投入，用情融入，发扬“缺氧不缺精神，艰苦不怕吃苦”的高原精神，真正把心贴近藏区，把情倾注藏区，切实做到“讲学习、不辱使命；讲真情，不负学生；讲实干，不畏艰难；讲奉献，不计得失；讲纪律，不损形象”。二是指出援藏支教任务很光荣，是一次全面的考验，希望同学们加强学习、提升自我，牢牢把握提升自身素质这一关键，通过向书本学习、向实践学习、向当地群众和教师学习，不断深化对专业知识、我国西藏历史文化与民俗习惯的学习，提升个人水平与能力，尽快转变角色，结合西藏实际，发挥自身优势，为西藏教育事业多办实事、多做好事。三是指出援藏支教环境很艰苦，是一次身心的检验，希望同学们不畏艰难，展示形象，既要有克服困难、磨炼意志的精神，也有要注意安全、保重身体的意识，以良好的精神风貌传播岭师援藏支教正能量。他深情地说道：“人生历练与体验，不止眼前的苟且，还有诗与远方。你们选择了远方，也就让远方的雪域高原有了我的牵挂。祝你们开心出发，一路平安，满载而归!”

邵乐喜向志愿者们提出三点要求，一是做好角色定位，援藏支教工作是我校教学活动的一个环节，既是志愿服务，又是实习活动，在支教过程中，队员们既是一名大学生，又是一名教师，要当好角色；二是当民族团结的践行者，尊重当地风俗习惯，尊重个人宗教信仰，一言一行要维护祖国统一、民族团结；三是当教育公平的推动者，支教过程中，做好充分的准备，发挥个人才干，支持地方教育事业的发展。

2017 年第二批志愿者出征

8 月 12 日上午，在“岭南师范学院 2017 年第二批援藏实习支教学生出征座谈会”上，学校党委副书记黄达海用三句话概括了自己 15 年间三进西藏的感受：见证了西藏教育事业翻天覆地的变化；感受到当地领导、教师和我校援藏学生之间非一般的融洽；欣慰于我校援藏学生在当地所表现出的良好适应能力。黄达海表示，正是有了这三点感受，对即将赴藏的同学非常有信心，有底气。

为了做好援藏实习支教工作，黄达海对同学们提出三点希望：一是牢记使命担当。今年正值我校援藏工作 30 周年，我校自发的援藏行为已经提升为广东省教育厅主导、相关高校参与的政府援藏项目。30 年后再出发的同学们，要接好接力棒，将使命与责任转化为强大动力，续写我校援藏工作新的荣光。二是全面锻炼自己。同学们要抓住扮演学生、支教老师、民族团结使者等多个角色，担当多门课程、多个任务的好机会，当好多面手，全方位锻炼自我，激发自我潜能，实现全面成长。三是再创援藏新局面。在学校援藏 30 周年和大学生思想政治教育实践基地共建的开局之年，援藏支教的同学们要主动联系西藏校友，主动连线学校，完成好“进村到户牵手成长”、“岭师学子卅载支教西藏情”调研活动、“奉献边疆高原，扎根基层教育”最美教师寻访、“粤藏颂歌献祖国，同心共筑中国梦”等相关工作和任务，努力推进我校援藏工作再上新台阶，在广东援藏模式中发出岭师声音、讲好岭师故事。

座谈会现场

参加座谈会的同学踊跃发言，表达自己的心声与期待。陈吉玲同学分享了自己两次申请援藏支教终获成功的欣喜，感谢广东省和学校为大学生创造的好机会与好平台；来自农村单亲家庭的陈少芬同学表示，正是因为自己的家庭文化水平不高，让她更希望能以自己的所学去帮助更多孩子健康成长；覃丽秋同学表示此去支教，不是去体验生活，而是要融入当地的人民之中；谢燕同学表示要努力成为所教学生的“小太阳”。

启动纪念援藏30周年，挖掘援藏经典案例①

黄达海（左）为龙家玘校友（右）题写“援藏良驹”

值我校今年迎来援藏工作30周年之际，学校党委副书记黄达海分别于8月21日、25日，率队走访被誉为“援藏良驹”的校友代表龙家玘、陈观如，并向他们送上了母校的问候和表达了崇高的敬意。

黄达海率队赴东莞走访我校首位援藏毕业生龙家玘校友、在湛走访湛江市首位援藏干部陈观如校友，并向两位校友介绍了我校援藏工作的基本情况和取得的成效，表示在学校迎来援藏工作30年之际，要把援藏工作作为我校落实全国高校思想政治工作会议的经典案例进行总结和凝练，进一步擦亮“援藏良驹”的品牌，在广东援藏模式中打响“岭师效应”。

黄达海介绍说，沿着两位校友的援藏足迹，目前，我校已有34位毕业生、校友志

① 资料来源：岭南师范学院－新闻文化网（2017年8月26日），原题：黄达海副书记率队走访“援藏良驹”。

愿扎根西藏工作或委派援藏，从 2014 年开始，选派了三批共 54 名优秀的学生到西藏实习支教，把实习基地建到了雪域高原，选派专家教授赴藏和邀请西藏林芝的教育管理者、骨干教师来校免费培训。7 月 15 日，广东省教育厅将我校自发的援藏行为提升为省教育厅主导、全省 13 所高校参与的政府援藏项目，与西藏林芝、昌都两市有关单位签订了共建大学生思想政治教育实践基地的协议。我校代表 13 所共建高校在签约仪式上作经验介绍。

两位校友在听到母校在援藏工作中取得的成效，回忆自己在西藏工作的点点滴滴时，谈得最多的就是感恩、感谢，感恩母校的培养，感谢组织的信任。他们对在援藏期间度过的艰苦岁月无怨无悔，满怀激情地为援藏的师弟师妹鼓劲加油。

“认准的事情一定要坚持做好，边疆的发展需要智力支持。”1978 年，龙家玘被一篇《来自西藏的报告》打动，毕业分配之际毅然选择进藏，在海拔 4 500 米的那曲地区一守就是 10 年，先后担任那曲地区委员会宣传部宣传科副科长、理论科科长，在雪域高原传播党的方针政策和民族宗教政策。援藏归来的龙家玘现任东莞市社科联副主席，他勉励师弟师妹要坚守信念、保重身体、创造价值。

黄达海（右）为陈观如校友（左）题写“情系西藏”

“母校的教育让我们树立了正确的人生观，人生的追求就是为了理想和党的事业、为了国家利益、为人民服务，做到知足常乐、自得其乐、助人为乐。”陈观如用“三为”和“三乐”与广大师弟师妹共勉。2002 年，他作为广东省第三批援藏干部，志愿申请到全国唯一没通公路，被誉为“高原孤岛”的墨脱县工作，在担任县委书记的两年多时间里，无数次奔走在“生死墨脱路”上，创下了九个“第一”，将原本只有85间铁皮屋的县城建设一新。援藏归来的陈观如割舍不了那段西藏情缘，十多年来还九进西藏墨脱，目前，他已从湛江市开发区委副书记、政法委书记的岗位上退下来，表示还会十进西藏墨脱……

据悉，我校为了纪念援藏30年，除了安排走访援藏校友，向援藏校友发出援藏故事约稿函之外，还在今年赴藏工作和实习支教的学生中安排了“进村到户牵手成长”、“岭师学子卅载支教西藏情”调研活动、“奉献边疆高原，扎根基层教育”最美教师寻访、“粤藏颂歌献祖国，同心共筑中国梦”等相关工作和任务，期待在广东援藏模式中发出岭师声音、讲好岭师故事。

“教育之花”30年接力续写“援藏良驹”荣光[①]

16日凌晨1时，岭南师范学院2017年第二批赴藏实习支教的8名同学经过四天三夜的长途跋涉，终于抵达了西藏林芝的工布江达县，他们将在那里开展为期半年的实习支教。

30年初心不改，30年接力前行！今年是岭南师范学院援藏30年，也是学校与西藏共建大学生思想政治教育实践基地的开局之年。岭南师范学院用大爱精神，30年接力续写“援藏良驹”荣光，促教育“援藏之花”绽放雪域高原。

30年接力扎根西藏

今年，包括岭南师范学院在内的广东省13所高校与西藏共建大学生思想政治教育实践基地，每年将选派大学生进藏支教。而今年，也正是岭南师范学院援藏30年。

“高山严重缺氧的恶劣气候、交通闭塞的环境，还有那贫困落后的教育面貌……”1987年，岭南师范学院历史专业毕业生龙家玘被一份《来自西藏的报告》所打动，面临毕业分配，他决定选择进藏工作，为改变西藏贫困落后的面貌贡献自己的力量。

30年来，岭师人前赴后继，志愿扎根西藏和委派援藏的毕业生、校友共有31位，占广东高校援藏毕业生的70%。援藏毕业生中10多人安家在西藏结婚生子，服务期满也自愿选择继续留在西藏工作，把根扎在了西藏，曾被《人民日报》等媒体誉为“援藏良驹”。

“30年后再出发，这个接力棒意义非凡，不管是志愿赴藏工作的毕业生还是实习支教的在校生，人数都达到了历年最多。”岭南师范学院党委副书记黄达海在12日举行的出征仪式上，为支教队员们授旗，鼓励他们在支教实习中续写好“援藏良驹”的荣光。

“那里太需要老师了！”

今年以来，岭南师范学院共选派了两批共23名学生赴藏实习支教，7名毕业生志愿进藏工作。据了解，今年第一批15名学生赴藏实习支教已于7月结束，其中4名同学由于表现突出，应工布江达县教体局要求，申请延期再服务一学期。

---

① 资料来源：湛江日报（2017.8.27，A04版）原题：教育“援藏之花”绽放雪域高原　岭南师范学院30年接力续写“援藏良驹”荣光。

如今，第二批赴藏实习支教的8名同学又远赴雪域高原，接下了援藏支教的接力棒！在岭南师范学院今年的毕业生中，数学专业的黄日莲，化学专业的黄天、钱小梅，物理专业的招小艳，美术专业的王跃明，舞蹈专业的贾俊兵及音乐专业的吴芬香7名优秀的毕业生，他们没有选择到充满魅力的珠三角城市和充满温情的家乡故里就业，而是选择了雪域高原——志愿扎根西藏支教。而这7名同学当中，黄天、钱小梅、招小艳、王跃明、贾俊兵和吴芬香6名同学曾于2016年赴藏支教实习过一年时间，他们没有被高原艰苦的环境吓住，而是用实际行动响应“走进西藏，走向基层，到祖国最需要的地方”的号召，再次走进这个偏远的“天外之乡”。

招小艳在2016年的实习支教中，曾亲眼看见了16年一遇的泥石流淹没了她所在的波密县茶山小学。好在当时有村民及时发现进行撤离，才没有造成人员伤亡。不过，招小艳的电脑、衣服等全部家当都被泥石流吞没了。经历过这种心有余悸的灾难，当记者问她为什么还要选择到西藏工作时，招小艳的回答很纯朴：“那里太需要老师了！”

“教育之花”盛放雪域高原

为支持西藏林芝的教育事业，岭南师范学院除了鼓励优秀的毕业生志愿赴藏工作，还从2014年开始，选派了四批共53名优秀学生到西藏林芝开展为期半年到一年的支教实习，并先后与西藏林芝广东实验学校、波密县和工布江达县教体局共建教育实习基地，选派多批专家教授进藏和邀请西藏林芝的教育管理者和骨干教师来校，免费为他们举办业务培训，将南方最先进的教育理念传递到雪域高原。

今年7月15日，广东省教育厅将岭南师院自发的援藏行为，提升为省教育厅主导、相关高校参与的政府援藏项目，扩大结对共建范畴，遴选出13所办学历史悠久、师范教育实力强的高校，与西藏林芝、昌都两市有关单位签订了共建大学生思想政治教育实践基地的协议。根据协议，每年广东有13所参建高校将选派大学生进藏支教。

据悉，岭南师院在今年赴藏工作和实习支教的学生中安排了“进村到户牵手成长”、“岭师学子卅载支教西藏情”调研活动、“奉献边疆高原，扎根基层教育”最美教师寻访、“粤藏颂歌献祖国，同心共筑中国梦”等相关工作和任务，努力在广东援藏模式中发出岭师声音、讲好岭师故事。

走，援藏去！七名“90 后”学子援藏前吐露心声[①]

又值毕业季，湛江各大高校总共 2 万多名 2017 届毕业生陆续告别母校和师长，踏上新的征程。

其中，在岭南师范学院今年 8 087 名大学毕业生中，张日莲、黄天、钱小梅、招小艳、王跃明、贾俊兵和吴芬香 7 名“90 后”学子志愿到雪域高原——西藏工作。难能可贵的是，这 7 名大学生中，有 6 人曾于去年在西藏林芝支教实习过。他们不但没有被高原艰苦的环境吓倒，而且还继续用实际行动响应祖国“走进西藏，走向基层，到祖国最需要的地方去”的号召。

近日，在他们临别湛江前，记者采访了他们，让我们听听这些“90 后”的心声：

张日连：帮助更多需要教育的孩子

数学与统计学院 13 数本 2 班，曾获校一等奖学金、“三行传情”比赛优秀奖

就业单位：西藏林芝第二小学

不忘初心，来岭南师范学院的初衷是帮助需要帮助的孩子，让他们在教育成长之路少走弯路。毕业了，我选择去西藏工作，也许很多人都不能理解我的选择，担心去那太艰苦了。我不后悔自己的选择，做这个决定，我并没有冲动，而是经过了反复的思量。哪里需要教育，哪里就需要教师，西藏师资比较短缺，去那里，可以帮助更多需要教育的孩子。

黄天：这是值得骄傲的事情

化学化工学院 13 化学 1 班，曾获国家励志奖学金、校二等奖学金等荣誉。2016 年 3—12 月曾赴藏支教

就业单位：西藏林芝墨脱县初级中学

没想到人生的第一次走进西藏，不是旅游，而是作为援藏支教志愿者带着责任和使命，通过课堂打开孩子们探究世界的兴趣，激发他们对于知识的渴望。2017 年大学毕业，我毅然选择到西藏，抱着“到祖国最需要的地方去，用知识与文化为国家建设西藏”的梦想。

在我的眼里，西藏的孩子除了生活，应该还有梦想、诗和远方，而这恰恰是我想为孩子们做的。接下来赴西藏工作，我将加强学习，扎实工作，开拓创新，为西藏的

---

① 资料来源：湛江晚报（2017. 6. 27，15 版），原题：走，援藏去！七名“90 后”学子援藏前吐露心声。

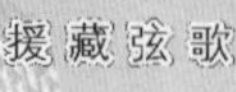

教育事业出一份力，这是我这辈子值得骄傲的事情。

钱小梅：去看看美好的世界

化学化工学院13化学3班，曾获社会实践先进个人、校优秀实习生、二等奖学金。2016年3—12月曾赴藏支教

就业单位：西藏拉萨阿里高级中学

还记得去年年底从工布江达县中学回来的时候，抬头仰望天空，还是那么蓝、那么纯净。随着窗外的视线，一步步离开，心里总是觉着缺失了什么，总觉得我还会回来的。半年过去了，如今我们毕业了，每个人都有心中向往的地方，而我也将走向那个令我念念不忘的地方——西藏。从网投简历到面试，到审核，到签约，一切都尘埃落定，过程是曲折的、艰辛的，结局是圆满的、心之所向的。

感谢给我机会去西藏支教，在我喜欢的地方继续做好教育工作。

招小艳：努力走好自己选的路

物理科学与技术学院13科学教育班，曾获校优秀实习生，连续三年获学校奖学金，2016年3—12月曾赴西藏林芝波密县易贡乡茶场中心小学支教

就业单位：西藏墨脱县完全小学

很多人担心去西藏会有什么不可预测的事情。但是，没必要有太多的犹豫，努力去走好自己选的方向。作为科学教育专业的人，特别希望在科教这方面做出点成绩，带好科学这一学科，让学生在玩中学、学中玩，感受科学的魅力。

王跃明：到祖国需要我们的地方去

美术与设计学院13美本1班，曾获校三等奖学金、校优秀实习生、优秀共产党员等荣誉。2016年3—12月曾赴藏支教

就业单位：西藏林芝市委组织部（具体单位待定）

自从到林芝波密县玉许乡第二小学支教一年回来之后，进藏工作的念头就一直萦绕在我的脑海里。在这一年中，我收获了很多，既收获了成长，也收获了师生情，使我深深地爱上了这片净土。我支教结束之前，也向我的藏族学生许诺：三年之内，我一定要来看你们，我也一直向着这个目标奋斗着。

身为一名中国共产党党员，我觉得要到祖国需要我们的地方去。一方面，到西藏工作更能实现自我价值，另一方面，也要为祖国的发展贡献一份自己的力量。身为当代大学生、社会主义新青年，应响应党的号召，为实现中国梦添砖加瓦！

贾俊兵：深入基层为群众服务

音乐与舞蹈学院13舞蹈本科班，曾获岭师优秀毕业生、波密县“2015—2016学年师德标兵”荣誉称号，2016年3—12月曾赴西藏林芝波密县多吉乡支教一年

就业单位：西藏林芝市委组织部（具体单位待定）

去年赴藏支教，我喜欢上了这片土地，喜欢他们的每一个故事，盼望有机会能通过自己为他们的未来以任何可能的方式添砖加瓦。

2017年大学毕业，我选择回到这片土地，去实现我的理想——到基层去为西藏的每个孩子和家庭带去更多外面的故事，尽我所能让他们在未来的路上走得更加坚定，让他们能感受到国家对他们的关心和爱护。此次赴藏对于我来说是新的征程，这将是我的使命，也将是让我毕生最骄傲的使命。

吴芬香：教师这份神圣职业在心里扎根

音乐与舞蹈学院13音本2班。曾获得共青团优秀青年志愿者称号、校三等奖学金，两次校二等奖学金、西藏工布江达县小学优秀班主任、优秀计算机辅导员等奖项。2016年3—12月曾赴藏支教

就业单位：西藏林芝第二小学

当自己越迷茫的时候，就越需要努力奋斗，让自己变得更优秀，当努力过后依然迷茫的我，一纸公文给我指明了方向——赴藏。去西藏支教，一开始并没有想很多，觉得长那么大了，我想去看看不一样的世界，选择响应国家的号召，到国家需要我们地方去。

在去年支教的那段时间里，教师这份职业也在我心里扎根。我们必须继续付出行动，所以我选择了到我认为更能体现自身价值的西藏工作，我觉得那里的学生更需要我，所以，我选择了支教，选择了到西藏工作就业，因为这是我的向往。

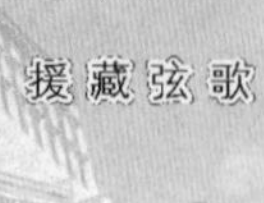

7 000 多名新生与援藏校友千里连线祝福祖国[①]

昨日，记者从驻湛高校了解到：2017 年是岭南师范学院援藏 30 周年，在岭南师范学院近日举行的“庆祝中华人民共和国成立 68 周年暨迎新生文艺晚会”现场，7 000 多名大一新生与远在千里之外的援藏校友视频连线，共同唱响《歌唱祖国》，祝福祖国母亲。

当天晚会通过现场大屏幕与援藏校友实时连线对话，让大一新生现场感受援藏校友支边奉献的家国情怀，进一步弘扬时代精神和爱国理念，为新生入学开展了一次极有意义的教育活动。

在西藏林芝一中的连线现场，扎根教坛 14 年的冯敏芝校友动情地说：“听到来自湛江、来自母校跨越千山万水的嘱咐和叮咛，看到师弟师妹们充满激情的文艺表演，我们虽然身在雪域高原，却倍感自豪和温暖，永远祝福我们的祖国，祝福湛江和我们的母校越来越好!”

今年刚毕业的校友吴芬香，曾在西藏实习支教一年，今年毕业后毅然选择赴藏工作。通过直播大屏幕，吴芬香对师弟师妹们说：“作为青年人要到祖国最需要的地方去建功立业，美丽的西藏吸引着我，我愿意生活在这里，成为其中的一分子。”

岭师 1987 届校友、湛江市首位援藏干部陈观如应邀来到岭南师范学院，他曾在当时全国唯一不通公路、被誉为“高原孤岛”的墨脱县担任县委书记，和大家共同努力将原本只有 85 间铁皮屋的县城建设一新。陈观如鼓励师弟师妹们要做为党、为国、为民的“三为”好青年，学会知足常乐，懂得自得其乐，不断助人为乐。

随后，大屏幕两端现场共同唱响《歌唱祖国》，将晚会气氛推向了高潮。来自 2017 级中文专业的大一新生黄洁华、张晓燕等激动地说道：“援藏校友奋斗在祖国最需要的地方，是我们的榜样和骄傲。希望自己学有所成之后，也能成为‘援藏良驹’的一员。”

据了解，此次晚会分为三大篇章——“祖国之恋”“燕岭之风”“青春之火”，整台晚会精彩纷呈，催人奋进，有曾获第十一届广东省大中专学生舞蹈大赛决赛一等奖的群舞《脊梁》，有弘扬礼仪文化和优秀传统美德的走秀《礼仪之邦》，有洋溢着青春活力的体育舞蹈《向祖国献礼》等。

---

① 资料来源：湛江晚报（2017. 10. 7，02 版），原题：岭师 7 000 多名新生与援藏校友——千里连线　祝福祖国。

援藏接力棒　传递30载[①]

从朗朗晴空照的广东到莽莽千里雪的西藏，从祖国大陆最南端的南海之滨到海拔最高端的雪域高原，我校与西藏虽有数千里的距离、数千米的海拔差异，却结下了“山高水长、源远流长”的情缘。

自1987年，我校首位援藏毕业生龙家玘进藏工作以来，援藏工作已走过整整三十个春秋。三十年弦歌不绝，一代代岭师学子把家国情怀熔铸在雪域高原，谱写了一曲援藏的壮歌。

2017年12月26日，西藏林芝工布江达县委副书记、常务副县长何立率队来校，参加我校举办的援藏30周年座谈会暨与工布江达县共建大学生实践基地签约仪式，带来了精准援藏的新需求，拉开了我校新时代援藏工作的新征程。

我校与工布江达县签订共建协议

① 资料来源：岭南师院报（2017.12，3版），原题：援藏接力棒　传递30载——记述我校支教援藏的故事。

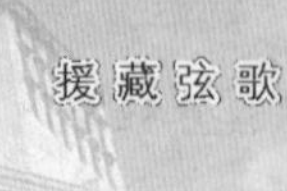

三大基地构建援藏体系

“援藏30年，初心不变，情怀不改，把大学生的家国情怀熔铸在雪域高原，着力培养担当民族复兴大任的时代新人。”

我校党委副书记黄达海认为，30年来，学校立足藏地需求，找准教育援藏的对接点，提升教育援藏的实效性，逐步推动援藏格局升级提质。

2008年，时任学校党委书记梁英率队赴藏考察，慰问在藏工作校友，开创性地在西藏林芝广东实验学校建立了第一个教育实践基地。2013年，时任校长罗海鸥率队赴藏，与林芝教育局签订了《湛江师范学院与林芝教育局（体育局）合作协议书》。2016年10月，学校副校长邵乐喜率队赴藏看望实习支教学生，并与波密县、工布江达县两县教育局签订教育合作协议，举行共建教育实习基地揭牌仪式。

2017年7月，广东省教育厅将我校自发的援藏行为，提升为省教育厅主导、全省13所高校参与的政府援藏项目，黄达海代表13所共建高校作援藏工作经验介绍，学校受教育厅委托起草制订了全省援藏支教大学生的选拔指南，并与工布江达县、林芝广东实验学校签订共建大学生思想政治教育实践基地协议，成为广东省首批共建大学生思想政治教育实践基地的高校之一。

在学校举行的援藏30周年座谈会暨与工布江达县共建大学生实践基地签约仪式上，何立动情地说：“岭师派出的援藏支教大学生解决了工布江达县基础教育师资不足，结构欠佳的难题，带来了教育理念的更新和教育新气象，搭建了藏汉文化交流的友谊之桥。”

至此，我校与西藏林芝工布江达县共建起教育实习基地、大学生思想政治教育实践基地、大学生社会实践基地三大基地。不断升级加码的援藏举措，是我校对开展援藏工作30周年最好的纪念，更是我校贯彻落实全国高校思政会议精神的最好体现。

“三全”模式再造援藏品牌

黄达海介绍说，30年来，学校通过共建基地、实习支教、培训帮扶、扎根奉献等形式，开启教育援藏新模式，打造实践育人新载体，创造民族团结教育新形式，探索人才培养新机制，在广东援藏模式中突显了岭师特色。他强调，新时期，学校要努力构建全时段覆盖的教育援藏体系，提供全方位支撑的教育精准援助，实现全要素挖掘的援藏品牌塑造。

据了解，学校是全省乃至全国内地高校中第一个在西藏建立大学生社会实践基地的高校，三大基地构建起短时支教与长时支教相衔接、全时段覆盖和全层级覆盖相结合的教育援藏新体系，学生可选择入藏支教实习半年至一年，也可以以暑假“三下乡”社会实践的方式进藏锻炼。

学校与工布江达县建立超前衔接“按需点单”的援助辅送机制，每年由工布江达县提前将支教需求报给我校，11月启动宣传选拔，选派出专业对口的优秀师范生。在此基础上，建立多向衔接“量身定制”的供需对接机制，12月确定次年援藏支教学生的服务学校、任教学科和年级，由支教学校为支教学生选配实践导师，由相应二级学院根据岗位需要安排实习导师、论文导师和思政导师。一位支教学生和四位导师结成支教共同体，通过网络建群实现供需对接，深入了解支教学校的教情、学情，“量身定制”精准的岗前培训。最后，双方建立前后衔接“有求必应”的教研支援体系，在援藏支教过程中，处于后方的实习导师、论文导师和思政导师要实时为前方的支教学生提供教研支援，让先进教学理念、理论和方法在支教学校落地生根、开花结果。

为了总结学校援藏工作30年的经验，学校将编辑出版《援藏弦歌》一书，全面梳理援藏工作经验与成效，努力实现全要素发掘的援藏品牌塑造，向改革开放40年献礼。

“援藏良驹”接力在延伸

援藏30年来，岭师人前赴后继，成为广东高校援藏大户，至目前为止，已有35位岭师毕业生、校友志愿或委派援藏，目前仍有26人在西藏工作，已经选派了5批共53名在校生赴藏支教实习。他们被《人民日报》《南方日报》等媒体美誉为“援藏良驹”。

2017年7月，学校又有7名毕业生通过竞聘签约到西藏工作。招小艳等6位同学曾于2016年赴藏支教实习一年。同年，又有来自9个学院的23名同学分两批赴藏支教实习，分别分配到工布江达县教体局及各中小学等11个单位进行为期4个月的支教实习工作。

招小艳在支教实习中曾经历了一场惊心动魄的泥石流，但她并没有被吓退，仍竞聘到墨脱县完全小学任教，她告诉记者：“那里太需要老师了，去西藏对我来说是一种使命。”

书法专业的何宛蓉是我校2017年支教的第一批学生。在援藏支教期间，她利用自己的专业，在学校开展书法兴趣班，使之成为学校的特色教育。半年援藏支教实习期满后，她收获了“优秀辅导员”的称号，并且和支教队员张金锋、邝凯珊、李翠娟同学一起做出了决定，自发申请延长支教时间。

“放假的时候，孩子们给我献来了哈达，我戴着19条哈达哭得蹲在地上喘不过气。”曾晓嘉支教的学校是工布江达县娘蒲乡中心小学，海拔在3 888米，偏远寒冷，支教约半个月后，她的手脚就开始溃烂，晚上痒得睡不着，她想出了用藏香烫熏的土办法。当时学校的校长和老师提出把她调到低海拔的学校，可是她咬牙坚持不离岗，带领五年级2班的19个学生在期末考试中总成绩达到了学校划定的奖励线。她结合支教工作整理的娘蒲乡中心小学学生汉语写作相关数据，写成了本科毕业论文——《西藏林芝小学教师能力发展实证研究》，并成功申报广东省哲学社会科学“十三五”规划项目课题子课题。

在今年的国庆迎新晚会上，7 000 多名大一新生手握荧光棒，与千里之外的援藏学生、校友视频连线，共同唱响《歌唱祖国》，成为最感动人心的一刻。这是援藏精神的接力，也是家国情怀的传递……

相关链接：

燕岭时评：援藏，是精神的彰显！

习近平总书记说：“高原上工作，最稀缺的是氧气，最宝贵的是精神。”“缺氧不缺精神，艰苦不怕吃苦”，这是广大援藏人无私奉献的精神写照，也是援藏岭师人一贯的信念。援藏30年来，一代又一代的岭师人在雪域高原传承接力，彰显了使命担当、家国情怀、奉献实干的精神力量。

援藏，彰显了岭师人的使命担当。支援西藏建设是我国的一项重要国策。早在1987年，我校首位援藏毕业生龙家玘积极响应“到祖国最需要的地方去建功立业”的号召，志愿申请援藏。在他的影响下，一批又一批的毕业生志愿奔赴雪域高原，挥洒青春、热血和智慧。30年来，学校先后有35位毕业生、校友志愿或委派援藏，选派了5批共53名优秀在校生赴藏支教实习，他们被主流媒体誉为“援藏良驹”。30年来，一代又一代援藏毕业生舍弃常人所拥有的、放弃常人所享受的，扎根雪域高原，矢志艰苦奋斗。他们以高度的责任心和使命感，把最好的芳华奉献给了雪域高原，出色完成了援藏的神圣使命，向党和人民提交了一份令人满意的答卷。

援藏，涵养了岭师人的家国情怀。西藏是边疆民族地区，也是全国唯一的省级集中连片特困地区。学校积极响应党中央、广东省委的号召，在广东对口支援的林芝建立教育实践基地、社会实践基地、大学生思想政治教育实践基地，鼓励更多优秀的毕业生志愿援藏，选派更多优秀在校生赴藏支教实习，大力支持林芝教育事业的发展，延续了历久弥新的援藏传统。一批批的援藏校友、支教实习生在援藏的实践中全面正确贯彻党的民族政策和宗教政策，不断增进西藏各族群众对中国共产党、伟大祖国、中华民族、中华文化、中国特色社会主义的认同，用实际行动做到了与西藏各族人民同呼吸、共命运、心连心。

援藏，展现了岭师人的奉献实干。西藏被誉为“世界屋脊”，海拔平均4 000米以上。在党中央全力支援西藏建设的历史进程中，为后世留下了“特别能吃苦、特别能战斗、特别能忍耐、特别能团结、特别能奉献”可歌可泣的“老西藏精神”。这种精神在今天仍然具有很强的现实意义，一代又一代的援藏岭师人正是秉承了这种精神传统，在坚守中奉献，在奉献中实干，让学校自发的援藏行为上升为广东省教育厅主导的政府项目。古人云：“道虽迩，不行不至；事虽小，不为不成。”援藏岭师人跨越千里距离，克服千米海拔，在“世界屋脊”一步一个脚印，用扎实的工作业绩不断为“老西藏精神”注入新的时代内涵。

使命担当、家国情怀、奉献实干，体现了大格局、大境界、大胸怀的精神力量，这样的一种精神力量根植于党的治藏方略，根植于岭师援藏人在雪域高原的传承坚守，根植于我们这个充满生机活力的新时代，是我们继往开来、攻坚克难的强大力量。愿每一位援藏岭师人都能秉持“海拔高标准更高、气压低要求不低”的理念，不辱使命，在雪域高原谱写壮丽的篇章！

支教传承“援藏良驹”的家国情怀[①]

3月的林芝，盛放着漫山遍野的桃花。因为“桃花节”的美誉，到林芝的火车票在一个月前就一票难求。今年，岭南师院赴林芝工布江达县支教实习的41名大学生因此享受到了“坐上飞机去林芝”的待遇。由于这次支教队人数较多，他们分两批先后到达目的地。

在林芝第二小学工作的吴芬香知道又有一批师弟师妹过来支教实习，也赶回了工布江达县。3月20日，是吴芬香最开心的一天，她在她两年前支教实习过的工布江达县中心小学，又见到自己教过的学生，也迎接到了在这里支教实习的师弟师妹。

岭南师范学院与西藏林芝广东实验学校共建“书香校园”捐赠仪式

① 资料来源：光明网（2018年3月26日），原题：岭南师院：支教传承“援藏良驹”的家国情怀。

这是自 2014 年开始，岭南师院第 5 批向西藏林芝选派的支教实习生，截至目前已有近百名优秀师范生参与赴西藏林芝的支教实习。一批批的支教实习生与历年志愿援藏的毕业生、受组织委派援藏的校友，共同谱写了一曲岭师人在雪域高原的赞歌。

精准对接组建“非常 5 + 1”援藏支教共同体

“老师，为什么这么长时间才回来看我们啊?”吴芬香幸福地被一群学生围着，心里乐开了花。虽然腆着大肚子，但她还是跑前跑后为到来的师弟师妹收拾着行李，叮嘱一些在高原生活要注意的问题。

援藏毕业生吴芬香（右一）被一群学生幸福地围着

2016 年，音乐专业的吴芬香作为岭南师院第二批赴藏支教实习生在工布江达县中心小学支教实习，在这一年时间里，她不仅爱上这片神奇的土地，也收获了自己的爱情。一起支教实习的 20 名同学中，还有科学专业的招小艳、化学专业的黄天和钱小梅、美术专业的王跃明、音乐专业的贾进兵等 5 人与吴芬香一起选择留藏工作。数学专业的张日莲虽然没有参与过支教，同年却志愿选择进藏工作，她腼腆地告诉记者：“这里师资短缺，来这里可以帮助更多需要接受教育的孩子。”

林芝教体局雷振鹏局长调查发现，林芝虽然缺音乐、美术、体育老师，但更缺的是数学、物理、化学和科学老师。他认为，岭南师院派出的援藏支教实习生解决了工布江达县基础教育师资不足、结构欠佳的难题，为林芝推动基地教育实现“五个 100%”提供了支撑力量。

工布江达县委副书记何立介绍说，41 名支教实习生的到来，主要是解决他们今年在迎接国家义务教育素质教育评估迎检工作中，小学音乐、体育、美术、科学、数学等学科教师严重短缺的问题。

目前，岭南师院已与工布江达县建立超前衔接“按需点单”的援助辅送机制，每年由工布江达县提前将支教需求报给学校，11 月启动宣传选拔，选派出专业对口的优秀师范生。在此基础上，双方协同组建“非常 5 + 1”的援藏支教共同体，为每 1 位支教实习生，在校本部配备实习、论文、思政 3 位导师，在支教实习单位配教学、班主任 2 位导师，5 位导师围绕 1 位支教实习生做好援藏的支教事业。

“援藏良驹”用行动延续岭师人的家国情怀

在岭南师院 2017 年国庆迎新晚会上，7 000 多名大一新生手握荧光棒，与千里之外的援藏学生、校友视频连线，共同唱响《歌唱祖国》。这个感人的画面至今仍然清晰地印在杨圆的脑海中。她今年也成了 41 名支教实习生的一员，希望以自己的行动更好地传承岭师人的援藏精神。

1987 年，岭南师院首位援藏毕业生龙家玘响应“到社会最需要的地方去建功立业”号召，在海拔 4 500 米被誉为“生命禁区”的那曲工作了整整 10 年。2002 年，陈观如校友作为广东省第三批援藏干部，志愿申请到全国唯一不通公路，被誉为“高原孤岛”的墨脱县担任县委书记，两年多时间无数次奔走在“生死墨脱路”上，将只有 85 间铁皮屋的县城建设一新……这些生动的援藏事迹不断地激励着一代又一代的岭师学子。31 年来，岭南师院共有 36 位毕业生、校友志愿或被委派援藏，至今仍有 27 人在藏工作，他们被媒体赞誉为“援藏良驹”。

2002 年，岭南师院开始有成批的毕业生志愿援藏，到 2004 年共有 18 名毕业生进藏工作，占当时广东高校援藏毕业生的 70%。令吴芬香和张日莲意想不到的就是她们工作所在的学校居然有两位师姐在。2003 年进藏的冯敏芝现任林芝第二小学的副校长，2002 年进藏的钟戊华亦成了学校的教学骨干。目前，岭南师院的援藏毕业生大部分来自广东，他们无怨无悔地坚守在雪域高原的教坛上，成为林芝一线的骨干教师。

“组织选择我来西藏，我须一心努力践行好援藏精神。”王韶华校友作为广东第八批援藏干部在易贡茶场担任副场长。2016 年，该茶场经历了一场特大的泥石流灾害，在灾难面前，他冲锋陷阵，安全转移学生 90 多人，妥善安置受灾群众，做到了无人员伤亡。同年，在茶场中心小学支教实习的招小艳也没有被灾难吓退，毕业应聘到墨脱县完全小学任教，她告诉记者：“那里太需要老师，去西藏对我来说是一种使命。”

岭南师院党委副书记黄达海表示，西藏的条件虽然比较艰苦，但是面对西藏基础教育发展不平衡不充分的问题，学校会更好地落实广东省的援藏政策，鼓励更多的毕业生和校友进藏工作，立足藏地需求，选派更多优秀师范生进藏支教实习，让学生在最艰苦的条件中，强化以家国情怀为核心的师德养成，传承“援藏良驹”精神，为中国特色社会主义新时代，培养合格建设者和可靠接班人。

“三大基地”构建援藏支教新格局

林芝广东实验学校是岭南师院2009年在藏建立的首个教育教学实践基地，也是广东高校在藏建立的首个教育教学实践基地。黄达海此次进藏还参加了与广东实验学校共建“书香校园”的捐赠仪式，此次岭南师院投入共建经费6万元，这是该校继2013年投入10万元共建经费之后，又一次投入经费支持林芝广东实验学校的建设发展。

近年来，岭南师院与林芝教体局在签订了《岭南师范学院与林芝教育局（体育局）合作协议》的基础上，不间断地选派名师名家到林芝开展免费的教师专业发展培训，接收林芝教育考察团、教育管理者和校长、教研员业务能力提升等多批次人员来校免费培训，并为每年到湛江开展“影子教师”培训的教师提供住宿。

2017年，广东省教育厅将岭南师院自发的援藏行为，提升为省教育厅主导、全省13所高校参与的政府援藏项目——共建大学生思想政治教育实践基地。黄达海代表全省13所高校在签约会上介绍了学校的援藏工作经验和做法，与工布江达县、林芝广东实验学校签订了共建协议。今年选送的41名支教实习生中，岭南师院成为签约单位行动最快、来得最早的高校。

在这次支教大学生欢迎会上，岭南师院与工布江达县举行了共建大学生社会实践基地的揭牌仪式。岭师是广东乃至全国第一个在西藏建立大学生社会实践基地的高校。这让岭南师院的教育援藏形成了教育教学实践基地、大学生思想政治教育基地、大学生社会实践基地的“三大基地”。“三大基地”构建起短时支教与长时支教相衔接、全时段覆盖和全层级覆盖相结合的教育援藏新体系，学生可选择入藏支教实习半年至一年，也可以以暑假“三下乡”社会实践的方式进藏锻炼。

岭南师院：打出教育援藏“组合拳”①

“我的勇敢充满电量，昂首到达每一个地方。”西藏林芝工布江达县巴河镇中心小学学生贡觉巴桑原来连音阶都唱不准，现在能上台表演了。这样的变化得益于岭南师范学院的援藏师范生杨圆，用游戏激发了贡觉巴桑等学生的音乐禀赋。

援藏31年来，岭南师院从“输血”转向“造血”，帮助西藏教师队伍专业提升，为雪域高原公平而有质量的教育“添柴加薪”。

教育援藏的31年接力

“这里太需要老师了，留在林芝对我来说是使命。”2016年，岭南师院学生招小艳在波密县易贡茶场中心小学支教时，差点被泥石流吞噬。她不但没有被吓退，反而更加坚定了留下来的念头。2017年7月，招小艳毕业后选择到墨脱县完全小学任教。

自1987年岭南师院校友龙家玘援藏以来，一届又一届毕业生上演着教育援藏“接力赛”。岭南师院党委书记、院长刘明贵表示，学校立足西藏需求，鼓励毕业生和校友进藏工作，助力西藏啃下基础教育发展不平衡不充分这块“硬骨头”。

“学校刚成立的那两三年，部分教师抵触教研，很多活动流于形式。”林芝广东实验学校英语教研组组长谢秀梅是岭南师院2004届毕业生，她带动学校英语教师开展同课异构等教学改革，英语教研从“外力扶持”走向“内部创生”。

刘明贵向记者展示了这样一组数据：该校已有36名毕业生、校友志愿或委派援藏，10多名援藏毕业生在服务期满后自愿留下。目前，岭南师院仍有27名校友在藏工作，是广东援藏毕业生最多的高校之一。

“支教学生为我们带来教育新风”

今年3月，岭南师院2015级美术专业学生张锦到工布江达县金达镇中心小学支教。该校是工布江达县规模最大、人数最多的乡镇小学，张锦却是学校第一位科班出身的美术教师。

2014年，由林芝教育行政部门“按需点单”，岭南师院成批次选派专业对口的高年级优秀师范生进藏支教。近5年来，岭南师院选派了5批近百名优秀师范生赴林芝

① 资料来源：中国教育报（2018年8月2日1版），原题：近百名学生赴藏支教，名师现场传经送宝——岭南师院：打出教育援藏“组合拳”。

支教。

为提升支教效果，双方协同组建“非常5+1”援藏支教共同体。岭南师院为每名支教实习生配备实习、论文、思政3位导师，远程指导；支教实习单位为其配备教学、班主任两位导师，现场引领，双方构建了前后衔接的教研支援体系。

林芝教体局局长雷振鹏说，支教学生缓解了工布江达县等地基础教育师资不足、结构欠佳的状况，为该市实现“五个100%”的教育目标提供了支撑。

“支教学生还为我们带来了教育新风。”波密县教体局局长王作谦发现，支教师范生所带班级的综合评价水平位居各乡镇前列，这也促使当地教师更关注贯彻落实教育新理念。

2016年，岭南师院分别与波密县、工布江达县教体局联合共建实习基地，为实习生教学研讨等提供“练兵场”。“学校以此为契机，借助未来教育空间站等信息化手段，用新理念铺筑高原教育‘新天路’。”岭南师院副院长邵乐喜说。

专家培训为西藏教师“造血”

岭南师院通过“走进来、带出去”等培训方式，帮助拥增卓玛等林芝中小学教师提升教学能力等专业素养，增强他们的“造血功能”。

部分教师掌握的教学新理念、新方法不多，曾是困扰工布江达县英语教学的难题。岭南师院培训学院教师研修部主任徐洁来到工布江达县，现场为全县小学英语骨干教师“传经送宝”。通过理论学习、榜样示范等学习方式，教师们提高了学科素养与课堂教学能力。

岭南师院党委副书记黄达海介绍，该校选派专家学者进藏开展教师专业发展培训；同时邀请林芝教育管理者和骨干教师来校，免费为其开展分层分类业务培训，助力该市教学质量和管理水平“比翼齐飞”。

近7年来，岭南师院与林芝共开展了15批次的培训、教学教研指导等活动，惠及西藏中小学教师、教研员、管理人员500余人次。

在林芝教体局党委副书记冯成志看来，林芝教育正从注重硬件建设逐步转向内涵发展，从投入硬件转型升级为投入教师发展。岭南师院的“组合拳”援藏如“及时雨”，助力该市培育优秀教师队伍，激活林芝教育内生发展活力。

高原上的青春接力　岭南师院再吹响援藏支教动员令①

支教实习视频感动在场学生

值五四青年节到来之际，岭南师范学院举行了一场大学生援藏支教思想政治教育实践总结会，表彰过去一年参与援藏支教实习的学生。该校第 5 批赴藏支教实习 41 名青年学生现身说法当起了“宣传员”，用他们在西藏遇见最美的人、最美的景和最动人的故事，鼓励广大师弟师妹接过“援藏良驹”接力棒，到雪域高原绽放青春梦想，吹响了新一年援藏支教的动员令。

在高原上成就有高度的成长

音乐专业杨圆现场宣布了一个决定，她要回到西藏去工作，回去见到那些可爱的孩子们。让杨圆选择援藏支教的原因，是在学校国庆迎新晚会上，7000 多名新生与在藏校友连线歌唱《歌唱祖国》带来的感动。她在支教实习的巴河小学，首次建起了校

① 资料来源：凤凰网 – 广东综合（2019 年 5 月 2 日），原题：高原上的青春接力　岭南师院再吹响援藏支教动员令。

园广播站，一年来虽然很苦很累，但那些纯朴的孩子成为她永远的牵挂。回来之后，老师同学们经常发来信息，打来电话，一起视频，问她什么时候回去。她最终说服了父母，报名参加了西藏的招聘。她也向师弟师妹们发出了邀请，一起去西藏遇见属于自己的蓝天！

支教实习生在上课

学生见到老师露出甜美的笑容

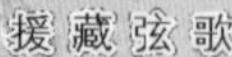

美术专业的张锦在支教实习中，成了林芝工布江达县唯一一名专业的美术老师。去年由西藏卫视《西藏诱惑》栏目播出的专题节目《粤藏情缘》，大部分镜头以张锦为主，讲述了雪域高原上岭师青年与孩子们的故事。张锦的到来，为当地的素质教学注入了专业的美术力量。不断修改教案讲稿、巧用“梦想”主题开展课程、耐心指导学生绘画技巧……一幕幕画面，都如实反映着他与孩子们的共同成长。

支教实习生与学生在一起

援藏支教队员一起“点赞”

“在高原上的支教，是有高度的成长”，地理专业的殷佩仪笑着说，“在支教实习中，高度复杂的学情逼着我学会因材施教，高频次的教研也推动我实现快速地成长。”经过不断的努力，她以一个支教实习生的身份担任起朱拉小学的教研组组长，带领教研组在工布江达县期末教育质量检测中获得了第一名的好成绩。

41 名支教实习生在支教实习中还创造了很多“第一”：心理专业黄保娜、音乐专业吴世荣第一次在工布江达县中学开设了心理课和“口风琴、电子琴”兴趣班；音乐专业周斌、地理专业张妍慧在娘浦乡中心小学第一次开设了合唱兴趣班和举行了第一届演唱比赛，开展了第一届“书香校园”读书笔记展；数学专业陈玉玲在朱拉小学开设了第一个数学兴趣小组……

据了解，岭南师院第 5 批援藏支教实习是学校历年来派出人数最多、参与学院最广、服务覆盖最全的一次，几乎实现了对工布江达县教育单位的全覆盖。41 名支教学子中大部分被分配至各乡镇学校单位，担任相关课程的教师，全面覆盖了当地的中学、小学、幼儿园。此外还有 5 名学子进入了工布江达县教育体育局进行支教实习工作。工布江达县教体局专门向学校发来了表扬信，表扬 41 名支教实习生在工布江达县迎接国家义务教育素质教育评估迎检工作中发挥的重要作用。

援藏支教是一场青春的“接力”

岭南师院已经坚持了 32 年的教育援藏，该校党委副书记黄达海表示，这既是响应国家、广东省委省政府的号召，支持西藏教育事业的发展，也是为了延续岭南师院历久弥新的援藏情怀。为了更好打响教育援藏的品牌，要进一步在岗前培训、在岗指导、队伍建设、工作机制、宣传教育等五个方面下功夫，利用好援藏支教实习的平台，让师范生在最艰苦的雪域高原深化教育情怀、家国情怀的养成。

目前，岭南师院的援藏支教实习已经建起教育教学实践基地、大学生思想政治教育基地、大学生社会实践基地的“三大基地”，构建起短时支教与长时支教相衔接、全时段覆盖和全层级覆盖相结合的教育援藏新体系，被广东省教育厅作为首选项目推荐参评教育部省属高校精准扶贫精准脱贫典型项目，入选教育部高校思想政治工作精品项目。

据悉，工布江达县教体局已经向岭南师院发来了今年 27 名支教实习生的需求，目前，已有 40 多名学生积极报名参与。“当你以援藏支教老师的身份置身高原，你本身就成了那里最美的风景！”生物专业的刘小玲同学用一张张感人的照片，讲述了西藏的壮美、纯美和秀美所带来的震撼与感动，她希望有更多师弟师妹去争取这一个难得的机遇。

持续 32 年不间断！岭南师范学院再派 28 名师范生进藏支教①

黄达海（后排中）等与藏族小学生一起合影

“白鸽奉献给蓝天，星光奉献给长夜，我拿什么奉献给你，我的小孩……”嘹亮的歌声荡漾在西藏林芝工布江达县娘蒲乡中心小学操场上空。近日，岭南师范学院音乐教育专业支教实习生李昭桐的到来，给这个学校带来了新鲜活力。

8 月 19 日，岭南师院 28 名支教实习生抵达林芝工布江达县，这是该校以“按需点单”的形式，向西藏林芝选送的第六批支教实习生，他们被分配到了工布江达县教体局机关、县中学、县小学和多个乡镇中小学、幼儿园等 15 个单位，开展为期一个学期的支教实习。这 28 名支教实习生接过岭南师院坚持 32 年“援藏良驹”的精神火种，将自己的不悔青春奉献在雪域高原。

---

① 资料来源：南方 +（2019 年 8 月 28 日），原题：持续 32 年不间断！岭南师范学院再派 28 名师范生进藏支教。图片由岭南师范学院提供，摄影邓倩文。

对口援藏地区条件艰苦师资短缺

娘蒲乡中心小学海拔接近4 000米，四面环山、风光秀美。由于该地地处高原、条件艰苦，教师资源严重短缺。眼看就要开学，娘蒲乡中心小学校长李建元却显得颇为无奈。该校377名学生只配备了24名教师，语文、数学、体育、科学等科目教师严重短缺。“有的老师一个星期足足要上28节课，还时不时地要加班加点给学生补课。”李建元说。

支教实习生到藏后一起合影

这次来到娘蒲乡中心小学的岭南师院3名支教实习生暂时缓解了李建元的压力。然而这些学生只能“救急”不能“解渴”，李建元脸上又出现了愁容。为此，岭南师院党委副书记黄达海主动抛出了“绣球”。他说，可以在现有支教实习的基础上，升级两校对口帮扶的关系，提升娘蒲乡中心小学的教研能力和教学质量。听到这话，李建元绽放了久违的笑容。

“在工布江达县，像娘蒲乡中心小学这样师资短缺的学校还有很多。”该县主管教育的副县长王静认为，岭南师院选派的支教实习生，缓解了全县部分学校教师短缺、专业教学师资不足的困难，对全县的基础教育工作起到“雪中送炭”的作用。

支教实习生在上音乐课

32 年 122 名师范生分 6 批进藏支教

“在岭南师院的对口帮扶下，师资队伍建设明显加强，教学质量明显提升，均衡发展水平明显提高。”对于岭南师院的帮扶，林芝教体局党组书记雷振鹏深有感触。

岭南师院援藏 32 年来，共有 43 名毕业生和校友进藏工作，是广东高校的“援藏大户”。从 2014 年开始，该校已经选派了 6 批共 122 名优秀师范生进藏支教实习，在西藏共建教育实习、大学生思想政治教育和社会实践“三大基地”，构建起大学生短时支教与毕业扎根援藏、校友选派援藏相衔接的一体化援藏模式，并通过师资培训、教学教研指导等活动，增强西藏教师和教育管理者的“造血功能”。

这次进藏的 28 名支教大学生，跟往年的学生一样，部分学生出现了强烈的高原反应，但是没有人说后悔，没有人说苦说累。王静通过对历年历批支教实习生的观察发现，岭南师院学生能够迅速融入工作，勇于吃苦，踏实肯干，敢于担当。他说，工布江达县在与岭南师院共建好“三个基地”的基础上，还要继续推进师资培训、教育信息化资源共享等方面的合作，更好地提升全县基础教育的质量。

“教育援藏工作已经入选教育部思想政治教育精品项目，以此为契机，我们还要让援藏成为思想教育的指路明灯。”黄达海说。

第二章　良驹驰骋在高原

十载援藏路　一生雪域情①

——记岭师首位援藏毕业生龙家玘校友

龙家玘在西藏

翻开 1987 年 5 月 10 日的《雷州师专》报，尘封的记忆跃然纸上。纸张虽然已经泛黄，但龙家玘校友决心援藏的话语却永远留在了岭师人的记忆深处。龙家玘作为我校志愿援藏第一人，30 年来，他的援藏事迹激励着一代又一代的岭师学子。

值我校纪念援藏工作 30 周年之际，学校党委副书记黄达海率队看望龙家玘校友，并带去我校援藏工作的近况，这打开了他当年志愿申请援藏的记忆闸门……

青春无悔　决心援藏

翻开发黄的报纸，龙家玘脉动的青春跳跃在字里行间。“那里高山严重缺氧的恶劣

① 资料来源：岭南师院报（2017. 12，第三段）。

气候、交通闭塞的环境，还有那千百万处于半文明半愚昧状态的劳苦大众，贫困落后的教育面貌……”当时，一份《来自西藏的报告》深深地触动了龙家玎的心灵。

1987 年 5 月，即将毕业的龙家玎毅然向学校党委递交了援藏申请书，决心到祖国最需要的地方奉献自己的青春。他在报告中这样写道：“我的心像被吞噬一样，西藏那异乎寻常的教育状态引起我的同情、共鸣，强烈地拨动着我的心灵琴弦。”龙家玎充满豪情地说，人民给予我机会、知识，当人民需要知识和科学去战胜贫穷和落后的时候，自己不能躲进风平浪静的安乐窝。正是这种感悟，让他坚定地确立了援藏的信心。

龙家玎出生在广东廉江一个普通农村家庭，祖祖辈辈是地地道道的农民。面对龙家玎的选择，父母虽然没有什么文化，却对此表示尊重。然而，亲朋好友的劝阻还是不绝于耳，但是，龙家玎丝毫没有动摇过援藏的决心。

广东作为改革开放的前沿，当时大批的大学毕业生奔赴包括深圳特区在内的珠江三角洲地区寻找就业机会。在那个大学生还是非常稀缺、毕业包分配的年代，龙家玎却志愿提出申请奔赴西藏，这样“逆流而上”的决定让不少人感到诧异和不解。

“作为一名中共预备党员，我觉得应时刻以一个共产党员的标准要求自己。”从龙家玎当时的话语里，仿佛还能看到他递交申请书时的坚如磐石般的意志。

初入藏地　适应高原

第一次赴藏，龙家玎还闹出了笑话。当飞机降落于贡嘎机场时，由于怕走出机舱缺氧把身体弄垮，龙家玎先从机舱探出头去看是否适应，然后才把身子挪出去。此时，机舱上的旅客看到他这滑稽的样子，大笑了起来。

龙家玎被分配到了西藏最艰苦的地区——那曲地区。这是一个被誉为“生命禁区”、种不活一棵树的地方。龙家玎在给母校的信中这样描述：“这里有半年是千里冰封、万里雪飘、风沙弥漫，海拔 4 700 多米，比拉萨还高 1 000 米左右”。

当年与龙家玎一道援藏的，来自全国各地的大学毕业生共有 300 多人，他们大都是定向培养的毕业生，而广东仅有龙家玎一人。他被分配到那曲地委宣传部工作，作为一个地道的广东人，从面朝大海春暖花开的南方，跨越千里来到这个冰天雪地的高原，除了工作问题，如何适应当地的生活也是棘手难题。

高寒缺氧不必赘言，饮食问题也成了龙家玎适应当地生活的一个“拦路虎”。龙家玎是口味清淡的广东人，但由于不少工作伙伴来自湖南、湖北、四川，在大伙儿一起围桌吃饭的情况下，湘菜、川菜的辛辣成为困扰他的生活难题。“一咽下去，我的眼睛也动起感情来。”龙家玎以苦为乐地回忆起当时的生活。

那曲地区以藏族为主，也聚居着汉、回、蒙、门巴、珞巴等民族。龙家玎时常需要下到基层宣讲党的政策和方针，也常常受到当地群众的礼遇。龙家玎谈到酥油茶和青稞酒时说，刚开始的时候虽然喝不惯，但是却总能够在那喝不惯的味中，品尝到藏族群众那善良、热情的佳味。

十年坚守　雪域情怀

按照国家的援藏政策，龙家玘在藏工作 8 年就可以申请调回广东，但他在那曲一待就是 10 年。先后担任那曲地委宣传部宣传科副科长、理论教育科科长和地委讲师团副团长。10 年间他走遍了那曲地区大大小小的乡镇，宣传、落实党的宗教政策，与当地群众结下了深厚的友谊。

10 年间，龙家玘只回过两次老家，把那曲当成自己的第二故乡，并在当地安家立业，结婚生子，把自己的青春和热血都洒在了这片高原上。那曲地委宣传部给予龙家玘的组织鉴定这样写道："龙家玘和藏族同志打成一片，互相帮助，以实际行动维护民族团结。"

在援藏的队伍当中，受高原气候的影响，很多人都落下了后遗症，有的人甚至长眠在西藏。龙家玘告诉记者，那曲辖区辽阔，为了宣传党的方针政策，有时下乡一走就是几个月，吃的是发芽的土豆、风干的牛肉和压缩的蔬菜。条件虽然恶劣，但龙家玘并没有被眼前的困难所吓倒，而是坚守自己的诺言，无怨无悔，在雪域高原奉献了自己最宝贵的青春时光。

1997 年，由于身体的原因，龙家玘无奈离开了已经工作了 10 年的那曲地区，回到了广东工作。沿着龙家玘援藏的足迹，30 年来，学校共有 35 位毕业生、校友志愿援藏或委派援藏，至今仍有 26 位校友在西藏工作。回首往事，龙家玘深情勉励广大师弟师妹们坚守信念、保重身体、创造价值，为西藏的发展做出更大的贡献。

墨脱援藏人[①]

——记第三批广东援藏干部陈观如

陈观如（左一）在西藏

“人生有许多选择，但如要我重新选择，我仍然会选择到墨脱工作，与那里一万多藏、门巴等民族人民一起建设美丽的家园，这是我无悔的人生选择。”当杜鹃花开满雅鲁藏布江两岸的崇山峻岭之间，第三批广东援藏干部、墨脱县委书记陈观如圆满完成援藏任务，回望墨脱，今年50岁的他深情坦言。

“为国效忠是我今生最大的愿望”

陈观如原是广东湛江市坡头区的一位干部，善于在改革大潮的浪尖上踏浪的他，从未将自己的人生与雪域高原联系在一起，更没有想到有一天会走进全国当时唯一不通公路、被称为“高原孤岛”的墨脱县工作。但在国家发出支援西藏的号召后，使命感和责任感使他在很短的时间内做出了赴藏工作的决定。

古人云“五十而知天命”，而陈观如在临近“知天命”之年，毅然放弃广东舒适

① 资料来源：中国西藏（2004年第六期）。

安逸的生活，别妻离子，从改革开放的前沿，来到我国市场经济发展的末梢——墨脱。他说："作为一名共产党员，我的'天命'就是不遗余力地为党和人民奉献。"

2002年6月底的一天，湛江市委组织部通知陈观如前去谈话，内容是市委决定选派一名优秀干部支援西藏建设，他是符合选派条件的人选之一，想听听他的意见。没有任何思想准备的陈观如首先意识到，援藏工作是国家的一项政治任务，西藏的发展、稳定，事关全国的发展、稳定，援藏就是要讲大局。他当即表态："作为一名有着近30年党龄的共产党员，只要组织需要，我就去援藏，并且将最大限度地做出自己的贡献。"之后，他又详细汇报了自己的健康状况，请组织放心。

回家的路上，陈观如想到了即将大学毕业的女儿工作还未落实，在这个节骨眼上，作为全家顶梁柱的他又要远赴西藏，这该如何是好？又如何向妻子解释突如其来的工作变动和自己的决定？当他回到家忐忑不安地把这一切告诉妻子后，妻子沉默了，想起多少年来两人因丈夫工作关系聚少离多，自己几乎是一个人拉扯着孩子长大成人，近几年好不容易像普通夫妇一样过上了正常生活，孩子也快毕业了，正是安享天伦之乐的时候，年近半百的丈夫却又要奔赴万里之遥的西藏工作，一时酸甜苦辣齐涌心头，不禁潸然泪下。陈观如心里掠过一丝愧疚之情，但使命感使他抑制住复杂的亲情，说："妻啊，你最了解我，我从上小学到读大学，从参加工作到担任部门领导，哪一步离得开国家的培养，为党尽责、为国效忠是我今生最大的愿望。"思虑万千，难舍归难舍，深明大义的妻子明白援藏工作的重大意义，她擦去脸上的泪水，握着丈夫的手说："老头子，你是我的人，但更是国家的人，我决不拉你的后腿。"妻子的一番话，使以"硬汉"著称的陈观如一时热泪盈眶，感激万分。

体检后，市委最后决定选派陈观如援藏，时间为两年。

从组织上找他谈话，到7月3日进藏，在短短的几天时间内做出的选择，却使陈观如今生与西藏、与墨脱结下不了情。

雷厉风行　两进墨脱

"墨脱无论有多遥远，道路无论有多艰险，我都要把国家对西藏各族群众的关怀带到那里，与当地百姓携手共进，早日使墨脱实现现代化。"

陈观如是第一批进墨脱援藏的干部。林芝地委、行署考虑到墨脱至今不通公路，路途艰险万分，陈观如又是广东省援藏干部中年纪最大的一位，想让他在墨脱县驻林芝首府八一镇办事办公，而不必亲驻。他却说："靠遥控指挥搞建设，无异于盲人摸象、纸上谈兵。墨脱无论有多遥远，道路无论有多艰险，我都要把祖国的关怀带到那里，与当地百姓一同加快墨脱的现代化进程。"

尽管事先有充分的思想准备，陈观如第一次进入墨脱之艰难还是超过了他的想象。

当地群众概括进入墨脱的路有四个特点——摸、爬、滚、打。

在徒步穿越了两天的原始森林后，来到有着"老虎嘴"之称的200多米长的悬崖峭壁，只能摸着悬崖上凸出的石头前行，身下是万丈深渊，过了“老虎嘴”又要爬过一段又一段的泥石流区域，然后翻越海拔 5 300 多米常年积雪结冰的多雄拉山，一不留神就会滚下山去。最后是经过蚂蟥区，不管衣物遮掩得多严实，蚂蟥还是能吸附在人体上，这时就要不停地拍打，将它打掉。137 公里的路程走了整整 4 天！陈观如已经感觉不到双腿的存在，当终于到达县城，看到欢迎他们 4 名援藏干部的全县群众时，陈观如连挥手致意的力气都没有了，唯一的想法是好好睡上几天。

但陈观如看到墨脱县城竟比不上广东省的一个乡村，群众依然十分贫困，顿时感到肩上的担子异常沉重。如何尽快了解墨脱县情、有针对性地制定援藏规划、提出县城经济发展思路、尽快改变贫穷落后面貌等问题使他一夜没有睡好，第二天，他就召集干部开会，了解基本情况，第三天，便率工作组骑马下乡调研去了。

墨脱县位于西藏东南部中印边境地区，属亚热带气候，全县辖 7 个乡、1 个镇，共有 60 个行政村，这些乡村分布在沟壑之间，70% 的乡村道路完全靠步行，从县城距离最远的乡来回要一个多月的时间。陈观如在完成了 3 个乡 1 个村的调研，回到县城后，与县里领导班子共同制定了支援墨脱的具体方案。带着这套方案，他和福建援藏干部任洪杰走出墨脱，各自向省里做了汇报，争取到了第一笔援藏资金。

考虑到援藏时间紧、任务重，当地情况特殊——当年 10 月份大雪封山阻路，来年 1 月后才能运送物资，4 月份进入雨季，施工期抢时间仅有 3 个月的现实，在落实援藏资金项目后他又迅速赶回西藏，第二次徒步进入墨脱。

抢时间创九个“第一”

墨脱县的干部群众说：“陈书记不善言谈，但他谈得最多的是墨脱的发展；陈书记对自己很节约，甚至十分吝啬，但面对贫困户他总是倾其所有。”正是心系群众、心系发展，才能以一颗真心换来万众一心，在短时间内创造墨脱历史上的九个“第一”。

由于不通公路，墨脱县的基础设施建设十分滞后。县城机关单位房屋全是用木板和铁皮搭建，消防设施缺乏，时常发生火灾；县城没有一条油路，没有排水设施，下雨天人们清一色穿雨靴；街道上没有路灯，夜晚行人用手电筒照明；县城没有集贸市场，城镇居民过的也是自给自足的生活。

陈观如意识到，抓好全县的工作必须首先改变县城旧貌，振奋干部群众的精神，增强他们建设墨脱的信心，因此他特地将县城建设作为一个重点，并且亲自抓落实。

往墨脱县城调运物资是一项苦难的工作。在 9 月份大雪封山前，必须提前将物资从波密县运至墨脱县 80K 中转站，这其中很长一段路全靠人背畜驮。2003 年元旦节刚过，陈观如就开始组织人员打通县里到 80K 被阻的道路，安排车辆抓紧运输物资，在县城到 80K 仅 60 千米的道路上，塌方、泥石流多达 69 处，运输车队基本是一面修路，一面抢运物资。费尽周折，终于将 6 000 吨物资运抵县城。

物资齐备后，陈观如除了在县委处理日常公务，就铆在工地上指挥建设。

墨脱气候潮湿、闷热，加之日夜工作操劳，项目建设实施一个多月后，陈观如患上了虹膜结膜炎，眼皮肿得有乒乓球大小，但县里的医疗水平有限，他在县医院输了一个多月的液，用遍了眼药膏和眼药水均不见效。每到夜晚，陈观如要靠吃安眠药才能休息。当时全县人大和政协换届会议即将召开，陈观如强忍病痛，一面继续监督项目建设，一面精心安排县“两会”召开的各项筹备工作。

县里的干部群众得知陈书记带病坚持工作，无不为之感动，纷纷把自家的猪肉、鸭、鸡蛋送给书记，群众为他想了各种偏方，有的还从附近山上取来被称为“神水”的清泉水为他敷眼，而更多的干部则是主动为他分担工作。

就这样，陈观如以一颗真心换来了全县干部职工的万众一心。项目建设在保证质量的情况下，进展顺利。当年4月，墨脱县历史上第一座标准化小学教学楼、第一座门诊楼、第一个农贸市场、第一条水泥路、第一座广场等9个“第一”相继建成。

“早日使墨脱实现现代化”

县城面貌得到较大程度的改观，但陈观如并没有因此感到丝毫轻松，如何加快全县发展，改善当地群众的生产、生活条件成了陈观如思考得最多的问题。

墨脱气候温和、雨量充沛、土地肥沃、物产丰富，有丰富的野生动植物资源，素有“绿色基因库”和“自然博物馆”的美誉，辖区内有三大世界顶级自然景观——雅鲁藏布大峡谷、雅鲁藏布江大拐弯和南迦巴瓦峰。根据调研，陈观如认识到全县的经济必须围绕可持续性发展战略，依托丰富的自然资源大力发展旅游业。同时，他还发现墨脱县的自然气候与湛江市十分相似，通过湛江市的支援，墨脱在发展热带水果经济这方面会有很大的优势，一旦公路修通，墨脱县完全可以建设成为西藏、甚至全国的热带水果基地。这一思路经过县里的认真研究讨论后，被确定为全县今后的主要发展思路，并开始实施。

在陈观如的努力下，湛江市农业部门无偿提供了15种热带水果树苗，运进墨脱并种植成功，为将来大规模种植、形成产业奠定了基础。

700个日日夜夜转眼逝去，陈观如恨不能将一天当作两天用。与他同感的墨脱干部群众说：“在与陈书记相处的这短短两年中，我们认识了一位优秀的共产党员，我们看到了墨脱美好的未来。”

在墨脱工作的两年中，陈观如两次春节都是与当地的群众一起度过的。逢节假日，他走到群众中间借机做社会调查，看到一些生活十分困苦的群众，他还自掏腰包。陈观如说：“在藏工作时间短，我就是想尽量为老百姓多做一些实事。”与陈观如共同工作的常务副县长成燕说，不论何时何地，陈书记想得最多的就是县里的工作。2003年6月，陈书记第二次回广东汇报工作，正好县里组织去广东的参观团也到了湛江，陈书记听说后安排他们参观“小康村”、经济林基地等，几乎是马不停蹄。

不知不觉中，两年的援藏工作结束了。送别的场面十分感人。

这一天，县城里机关、学校、部队、个体商户等所有人自发地汇聚到唯一的水泥路面的大街上，为陈观如献上送别的哈达，众人无不以泪洗面。县政协 50 多岁的副主席益西平措拉着陈观如的手独自将他送到距县城十多公里的地方，一路上益西平措不言不语，但泪水却始终没有停止流淌。告别的时候，益西平措用门巴语说了唯一的一句话："陈书记，希望你能再回到墨脱。"

对于陈观如，这一刻又何尝不是难舍难分。他说："我这一生最难忘的有两件事，结束援藏工作，墨脱全城空巷为我们送别，就是其中之一。我永远不会忘记墨脱人民的情谊！"

两年来，在陈观如的积极组织实施下，广东、福建两省共落实支援墨脱资金 1 600 多万元。一个为民办实事的人，人民自然会记住他，但陈观如却并不因此自满。他说："在墨脱工作的这两年，是我这一生中过得最充实、最有价值、也是最光荣的两年，我始终认为只有为人民不断地办好事、办实事，才能真正实现我的人生价值。"

王韶华：雪域高原的铁山情怀[①]

王韶华，岭南师范学院法政学院97届毕业生。2016—2019年作为广东省第8批援藏工作队队员，担任西藏林芝易贡茶场党委委员、副场长。历任中国南海石油联合服务总公司综合秘书、广东省广业集团有限公司中层副职，挂任广东省仁化县人民政府副县长，现任广东省广业集团有限公司中层正职。

2016年，西藏林芝易贡茶场遭遇“10·11”特大泥石流灾害，广大干部群众在易贡茶场党委的坚强领导下奋起自救，涌现了一批感人事迹，广东省援藏干部王韶华同志就是其中一位，他坚守在抗洪救灾第一线，及时转移茶场小学90名学生，没有人员伤亡；灾害发生当天夜里，在泥石流不断扩大冲击范围的情况下，他担心办公场所被洪水冲垮，顾不上个人物品，从办公室带走的“贵重物品”只有“茶场党委章”“援藏工作组章”“财务专用章”等5枚公章；他全心投入灾后复学重建工作，以实际行动践行了“两学一做”要求，诠释了广东省第8批援藏工作队“不忘初心，造福人民”的援藏精神，被西藏林芝易贡茶场党委授予“抗洪抢险先进个人”称号。

危难关头，险情就是命令

2016年10月11日下午2:40，西藏林芝易贡茶场领导班子成员正在开会，有人报

① 广东省第8批援藏工作队行政秘书组、组织宣传组杜子豪供稿。

信说，自来水厂上游白龙沟的洪水越来越大了！广东省援藏干部王韶华和其他几位在家的场领导立即徒步上山察看情况。

当王韶华赶到自来水厂旁，发现大面积泥浆从山坡上往下灌，远处山沟滚石轰鸣，他感觉情况不妙，便奔跑回场部，见到一个人就呼喊一个人——“泥石流来了赶紧撤离！”此时，洪水已漫过茶场门口的国资大道，并冲向斜坡位置的茶场小学……

情况十分危急！王韶华马上打电话给普布扎西校长，通知师生立即撤离！当时有些班级正在上课，发现洪水冲进了校园，于是老师们组织学生向附近的山头迅速转移。王韶华和一个名叫桑登的藏族兄弟抄近路爬过学校围墙，边走边察看情况，确认没有人员滞留在校园，便开始向师生撤离方向进发。到了山上集合点，王韶华让各年级老师一一清点人数，当得知在校师生全部安全脱险后，王韶华松了一气，他走到学生当中蹲下身子说：“大家不要害怕！就在这里等着，不要往外跑，一定要注意安全！我们会想办法让大家平安回家的，也会很快恢复上学的！”此时，雨越下越大，桑登砍了一些树干给学生们当凳子坐。王韶华看着被雨淋湿的学生们，便决定和桑登下山回场部找帐篷给师生避雨。

由于突发泥石流，险情不断扩大，作为分管教育的茶场领导，王韶华将灾情先后向波密县教体局、广东省第 8 批援藏工作队做了紧急报告。

恢复上学，一切为了孩子们

这里曾经是林芝条件最好的小学之一——易贡茶场中心小学，占地面积 1.59 万平方米，有全市唯一的校巴，教学设备齐全，美丽的校园、明净的课室和宽广的操场，还有 2016 年 8 月建成投入使用的教学大楼。然而一夜之间，学校已是满目疮痍，塑胶跑道上面堆积厚厚一层沙石，教学大楼、学生宿舍、厨房堆积的淤泥有 1 米多高，办公室、活动室等几栋平房被巨石砸破墙体，淤泥堆积到屋檐，校园到处是水沟、沙滩、乱石头、残枝断木，令人目不忍睹。

泥石流刚来时和受灾后，学校的两块黑板形成鲜明对比

灾后的茶场小学

灾后连续三天，县、市和自治区教育部门领导先后到学校查看受灾情况，王韶华陪同并汇报灾情。大家认为茶场小学受损最为严重，教学设施完全无法使用，短期内在原址恢复上学是不可能的，况且白龙沟泥石流险情并未解除。为不耽误孩子们的学业，在上级教育部门的协调下，准备安排到 10 多公里以外的易贡乡小学合并上学。但受灾群众家长以嫌远和不安全为由，不愿意配合。

为了做通学生家长的思想工作，灾后第 5 天上午，王韶华在帐篷安置点救灾指挥部召开学生家长座谈会，会议还没有开始，家长们就议论纷纷，从他们的脸上就可以看出，肯定是一百个不愿意送孩子到那么的地方上学了。由于听不懂藏语，王韶华就请了茶叶二队书记索朗群培当翻译，听明白家长们的意见后，他说他非常理解大家的心情，不过，路远不是问题，场里会安排校巴接送的，请家长们放心。在索朗群培和普布扎西等同志的配合下，逐步消除了学生家长的顾虑……接着，王韶华语重心长地说："大家知道什么事情是千万不能耽误的吗？是孩子们的学业！在抗洪救灾中，咱们天天住帐篷、吃快食面，什么困难都挺过来了。为了孩子们的学业，我相信大家也一定能够克服困难！"经过王韶华的一番动之以情、晓之以理的谈话，学生家长终于答应当天下午即送小孩到易贡乡小学报到。

正所谓一波未平，另一波又起。在易贡乡小学合并上学后的一个晚上，茶叶二队 16 名学生家长代表集体上访，反映易贡乡小学住宿条件差，两个孩子挤一张床，有的孩子着凉生病了，学习成绩下降，强烈要求茶场恢复办学。王韶华在接访时给他们解释说，市委、市政府领导非常关心灾区学生，已经指示安排增加学生床位，确保一人一床，这个会很快落实到位的，同时学校伙食也会逐步改善，请家长们放心。至于茶场什么时候恢复办学，目前还不能确定，况且泥石流险情还没排除，受灾后的校舍存在安全隐患，在这种情况下安排恢复上学，是极其不负责任的！如果我是家长，绝对不会让孩子在危情的环境中上学。大家听了纷纷点头称是，就各自回家了。

帐篷生活，与星空为伴

灾后第二天，泥石流还在继续……

广大干部职工奋起自救，开动两台推土机，推开国资大道和305省道茶场路段堆积的淤泥和石头，打开生命通道，从茶场搬运民政局代储帐篷到铁山脚下附近山坡上，开始安营扎寨。

由于泥石流来势凶猛，许多受灾群众家里的粮食大都被冲走或掩埋了，他们住进帐篷没几天，就几乎“弹尽粮绝”了，加上雨水不断，寒风凛冽，生活一度陷入困境。

一方有难，八方支援。正是由于王韶华及时向广东省第8批援藏工作队报告了灾情，以许典辉同志为领队的班子高度重视救灾赈灾工作，按照林芝委、市政府工作部署，迅速行动，组织力量展开援助，第一时间成立广东省第8批援藏工作队救援易贡茶场受灾群众工作领导小组，迅速筹集近30万元救灾资金，购买大米、面粉、方便面、清油、棉被等救灾物资，分三批运送到易贡茶场灾区，为受灾群众及时送来了温暖，缓解了灾情。

广东省第8批援藏工作队援助易贡茶场灾区群众物资发放时的情景

在将近半个月的帐篷生活里，身材偏瘦的王韶华显得更加瘦削了，但是他“宁愿身体受损，也不让使命欠账”，白天，他深入重灾区，开展灾后复产、重建家园工作；晚上，就和衣而睡，与星空为伴……透过窗外，一面红旗高高飘扬在指挥部的帐篷上空，被山风吹得呼呼作响，与依地势而搭建的一座座帐篷互相呼应，在夜空中奏响一曲壮丽的大合唱。

不眠之夜，将军楼前表决心

易贡地区是世界地质公园，属于山崩、滑坡、雪崩、冰崩、泥石流等山地灾害多发地区。据记载，1900年前后，一场特大泥石流堵塞易贡藏布形成了美丽的易贡湖，森林、草原被淹没。大约时隔100年，2000年4月9日易贡地区再次发生特大崩塌型泥石流形成堰塞坝，淹没易贡茶场大部分建筑和农作物长达63天……而2016年的这场

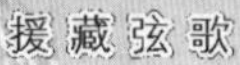

灾害，后来被专家鉴定为西藏自治区罕见特大泥石流，给易贡茶场造成了极大的经济损失。泥石流灾害面积约 2 800 亩，受灾面积约 1 064 亩，共造成 133 户 445 人受灾，有 4 户 19 间民房被冲毁，22 户民房不同程度受损，冲毁农田 360 亩、茶田 280 亩，农作物受损严重。

回想起这场泥石流发生的当天夜里，王韶华仍历历在目，心情久久不能平静。

当时天色已黑，白龙沟的泥石流似乎并没有歇息，每隔一段时间就会大发作，疯狂的石头像脱缰之马，互相撕咬，发出巨响，仿佛四面八方都有泥石流，令人胆战心惊。王韶华没有退缩，始终坚持在抗洪救灾第一线，他加入巡逻队伍，和扎西尼玛司机一起在场部和国资大道及 305 省道沿线来回查看灾情……

凌晨 4 点，洪水攻入场部机关，情况似乎越来越糟糕！群众早已从场内撤离，留守的就剩下茶场领导和几名骨干了。疲惫不堪的王韶华回到办公室稍作休息，没想到第一次进藏工作就遇到严峻考验，在高原缺氧的环境下，每一次拼搏和努力都意味着消耗更多的氧气。俗话说，今日不知明日事，告别的话要早点说。此时此刻，他已经做好了随时牺牲的准备，他在微信朋友圈中写道（见右图）：

来自广东一名援藏干部的声音：坚守岗位至深夜，山洪已攻入场部门口！昨天安全转移学生90人，妥善安置受灾群众，无人员伤亡心自宽。都说告别的话要早早说，组织选择了我来西藏，我须一心努力践行广东援藏精神，没有辜负党和人民的期望，此生已无遗憾。

林芝地区 · 易贡茶场

2016年10月12日 04:21 删除

来自广东一名援藏干部的声音：坚守岗位至深夜，山洪已攻入场部门口！昨天安全转移学生 90 人，妥善安置受灾群众，无人员伤亡心自宽。都说告别的话要早早说，组织选择了我来西藏，我须一心努力践行广东援藏精神，没有辜负党和人民的期望，此生已无遗憾。(2016 年 10 月 12 日 04：21)

随后，他环顾四周，顾不上个人物品，从办公室只带走的“贵重物品”就是“茶场党委章”“援藏工作组章”“财务专用章”等 5 枚公章。

他走到将军楼前，久久地站立着，似是在宣誓，也像是在暗表决心。易贡茶场原是中国人民解放军十八军进军西藏的军部所在地，场内“将军楼”是原十八军军长张国华将军的办公居住地。将军楼对面就是铁山，是当地老百姓心目中的神山，铁山像巨人一样，屹立在易贡湖畔，保佑着方圆百姓的平安。他甚至真的希望铁山能够“显灵”，退去洪水、挡住泥石流，让老百姓安居乐业。然而，这只是个祝愿，在抗洪救灾过程中，真正的“铁山”是党的坚强领导，是共产党员的先锋模范作用，是广大干部群众的齐心协力。

这，就是王韶华的“铁山情怀”！作为一名共产党员，他以实际行动践行了“两学一做”要求，诠释了广东省第八批援藏工作队“不忘初心，造福人民”的援藏精神。

许小艳：援藏让我在低压缺氧中胸怀宽广

许小艳，岭南师范学院数学与统计学院98届毕业生，东莞市虎门第四中学教师，初中数学高级教师。2017—2019年参加广东省第一批“组团式”教育援藏，担任林芝巴宜区中学八年级和九年级数学备课组长。

“呀啦索……
是谁带来远古的呼唤
是谁留下千年的祈盼
难道说还有无言的歌
还是那久久不能忘怀的眷恋
……”

每每听着《青藏高原》，总是幻想着那离天堂最近的地方——西藏。对西藏的认识就是初中或高中的水平：是文成公主的故事，是电影《农奴》里的影像，是才旦卓玛的歌声，是那长途跋涉的虔诚的朝拜者，是一幅布满深褐色地图，是一个神秘、神圣、神奇、神往之地……

西藏，一个让人们魂牵梦绕的地方。你是否曾因为一句话、一首歌或者一部电影，而特别向往某个地方？那个地方仿佛是心灵的归宿，总觉得在有生之年一定要去的净土。西藏是一种“病”，它会让你病得很深，病得很真。也许，那是一种“病态”；也许，那是一种“变态”。然而，生活不是等待暴风雨过境，而是学会在雨中跳出最美的舞姿……

有人说：“对口交流可能一生一次，但思想交流却是一生一世”。而我无疑是幸运的，因为我已经踏上人生的对口交流之路——广东“组团式”教育援藏。选择了援藏，就等于选择了坎坷和困难，选择了吃苦和受累。对此，我已经做好了心理准备，希望通过艰苦的磨砺，丰富自己的阅历、提升自己的能力。进藏时间虽短，但感悟良多。我既有“身体下地狱”般的折磨和痛楚，又有“眼睛上天堂”般的震撼和喜悦。

一、身体下地狱，我品尝了艰辛

“身体下地狱”是一个夸张的说法，主要有狭义和广义两种解释。狭义上，是指进藏初期高原反应带给人的种种不适和痛楚。高原反应，一般是指由平原进入高原或更高海拔地区后，人的机体在短时期内发生的一系列的、缺氧表现，也是人体逐步适应高原的一个过程。主要症状为：头痛、心慌、气促、食欲减退、倦怠、乏力、恶心、呕吐、腹胀、腹泻、胸闷痛、失眠、眼花、嗜睡、眩晕、手足麻木、抽搐等。体征表现：心率加快、呼吸加深、血压轻度异常、颜面或四肢水肿，口唇发绀等。广义上，包括在藏工作、生活期间恶劣的高海拔自然环境对人体生命极限的挑战、山高路险的道路环境对出行安全的挑战、孤独寂寞的生活环境对意志品质的挑战等。

像我这个年代出生的人，虽然出生在农村，但是在勤劳的父母的关爱下，没有真正体验农村的艰苦日子，没有赶上三年严重困难，上学时没有赶上上山下乡，参加工作后也没有下过岗，十分需要到艰苦的环境中磨炼。西藏，就是这样一个地方。援藏结束前，西藏自治区党委组织部征集援藏干部的感言，我写了这样几句话：“援藏——让我在低压缺氧中胸怀宽广，让我在艰难困苦中意志坚强，让我在孤独寂寞中诗情飞扬……”现在回想起来，我还别样感慨。

1. 顽强意志，乐观面对艰苦环境。来到西藏，雪域高原给我们的第一道“下马威”，就是要闯过高山反应关。这是必须最先过的一关。援藏前，有人对我说，西藏太荒凉了，是一个感冒就能死人的地方，你不害怕吗？我说：不害怕！面对高海拔的自然环境，对人体生命极限的挑战，我是一个无知者，也是一个无畏者。感冒本是小病，然而在西藏高原，万一患了感冒，将导致肺积水、脑积水，甚至夺走人的生命。

初到高原，伴随着开始的兴奋、神秘，同时头痛、胸闷、气短、失眠等一系列高原反应接踵而来，同行的援藏战友 20 多人，还好，只有少部分人日子不好过，那种难受的滋味只有身临其境的人才能感受得到。刚下飞机的那天下午，我就开始流鼻涕了，紧跟着就拼命灌水，第二天感觉不流鼻涕了，但开始发热了，这时不敢再以灌水对待了，赶紧去医院，谁知道去到医院量体温，没发热，于是就开了一些高原安的感冒药，还有就是治失眠的药。一周下来，感冒基本痊愈。正当以为开始适应这里的环境之时，高原反应接踵而来——胸口隐隐的疼痛。用力深呼吸胸口会疼，上课擦黑板胸口也会疼，睡觉翻身也疼，弯腰捡东西也疼，上洗手间也疼，不动偶尔也疼几下……开始我最担心的是因为缺氧导致心脏不适，曾一度因此向领队申请回去。前后经过一个星期的检查，排除了心脏问题，最后医生开了点药。经过前后近一个月的适应和调整，终于慢慢地有所好转，慢慢地开始习惯了这里的气候和生活。

确实，西藏是一个折磨人的地方，肤色能被烈日烤焦，脊梁能被风暴打出鲜血，身躯能被严寒冻僵，心脏负担越来越重，血液浓度越来越黏稠，大脑功能越来越迟钝。西藏更是一个磨炼人、锻炼人的地方。西藏高寒缺氧，气候恶劣，地广人稀，离家万里，工作和生活会遇到很多困难。但正是这样一个特殊的环境，却刚强了我的骨骼，磨炼了我的意志，锤炼了我的身心，让我学会了用积极乐观的态度去面对困难、战胜困难，学会了在艰苦的工作、生活中去寻找快乐，以良好的心态、饱满的热情和昂扬的斗志去对待事业、对待人生。

2. 战胜自己，享受孤独，品味寂寞。西藏高寒缺氧和孤独寂寞是一对孪生兄弟，选择了援藏，就要忍受孤独寂寞的生活，这对自己的意志和品质都是一个考验。寂寞孤独是美的，它纯净了我的生活，可以清心宁神，成了我心灵的享受。汉朝的细君公主远嫁西域乌孙国，自作《悲秋歌》：“吾家嫁我兮天一方，远托异国兮乌孙王。穹庐为室兮旃为墙，以肉为食兮酪为浆。居常土思兮心内伤，愿为黄鹄兮归故乡。”她长年心情抑郁，死时才 25 岁。昭君出塞也有诗作传世：“高山峨峨，河水泱泱。父兮母兮，道里悠长。呜呼哀哉，忧心恻伤。”这是西藏艰苦环境影响的，也是孤独寂寞的生活酿造的。我用读书学习来充实自己、激励自己，顽强自己的意志，修炼自己的品格，快乐而充实地度过了援藏每一天。俗话说，父母在不远行。最让我感到愧疚的，是与家人分别的痛苦，尤其是体弱多病、年迈的母亲，对远在西藏的我，很是放心不下。我只能每天晚上给家里打长途电话，了却我的思亲之痛。在西藏，远离城市的喧嚣，远离亲人的关照，任何的意志软弱和自我松懈，都会使自己一事无成或前功尽弃。在这里最大的敌人就是自己，战胜了自己就是战胜了一切。

二、眼睛上天堂，我发现了大美

我在广东出生，从小看惯了钢筋水泥搭建的“城市丛林”，身心上的尘埃够多的了，走进西藏，走进自然，一直是我的梦想。西藏的景色，用任何美好的词语形容都不为过。

西藏的美，只有用心体验，才会成为一生的风景。高原的气派，让人心胸坦荡，纯净的空气洗涤人的五脏六腑，使人身心留香。如果要问西藏美在哪里？100 个人会得出 100 种不同答案。庄子在《道德经》中说：“天地有大美而不言”。这句话对西藏来说，更是当之无愧。西藏有大美，我认为，那是原始与现代共存的自然美、人与神共生的宗教美、不求今生修来世的心灵美。

1. **原始与现代共存的自然美**

西藏在一个风景壮美的高原上，不是秀美，是壮美、是大美，是非常大气磅礴的大高原。站在中国地图前，你就会发现一个布满黄褐色的地方，那里湖泊星罗棋布，河流纵横交错，山脉磅礴险峻，雪峰直刺苍穹……这就是千山之宗、万水之源的世界屋脊——青藏高原。我乘飞机飞越青藏高原，从机舱的窗口往下看，会看到强烈的阳光下这片高原的雪山一座连着一座，苍山如海，雪光晶莹，江河如带，蔚为壮观。

我国西藏土地面积120多万平方千米，仅次于新疆，占全国总面积的1/8，平均海拔超过4 000米。境内海拔超过7 000米的高峰有50多座，其中8 000米以上的有11座。海拔8 844.43米的世界第一高峰——珠穆朗玛峰，就位于日喀则境内喜马拉雅山中段的中尼边界上，在其周围8 000米以上高峰就有4座，7 000米以上高峰就有38座。这里，曾经是一片波涛汹涌的海洋。4 000万年前，远在南半球的冈瓦纳陆，不远万里向劳亚古陆漂来涌来。印度板块和欧亚板块在这里猛烈挤压、强烈冲撞，使今天的青藏大地急剧抬高凸起，经过千万年的造山运动，终于举起了这块地球上最年轻的高原。据掌握，五岳之首泰山海拔1 545米，华山海拔2 154米，衡山海拔1 290米，恒山海拔2 017米，嵩山海拔1 914米。两千多年前，汉武帝登临泰山，不住地说："高矣、极矣、大矣、特矣、壮矣、赫矣、骇矣、惑矣"，用尽了形容词，也没有表达完帝王的感慨。而西藏任何一座无名的山，都要比泰山高出2 000多米。当年，孔子登上泰山，曾发出"登泰山而小天下"之语，而今当你站在5 300多米的珠峰观景台上，远眺巍巍珠穆朗玛之巅，那天广地阔、山海苍莽、雄浑万里、神秘莫测之势，会使你顿生"登珠峰而小环球"之感。站在这片神奇的高天厚土上，你就会觉得人类在大自然面前是何等的渺小。西藏不愧是"世界屋脊"和"地球第三极"，这里有广袤的土地和雄奇伟力的高山大川，她们是黄河、长江、湄公河、布拉马普特拉河、恒河的源头，几千年来养育了人类文明。

踏上这片雄浑神奇的土地，我看到了大自然的壮举：这里崇山峻岭处处彰显着地球的张力，这里的江河湖海处处展示了大自然的完美创造，我仿佛看到了地球婴儿时的影子和青年时的样子，那是几千年几万年不变的一种原始的美、赤裸的美、苍凉的美、清澈的美、透明的美、朴素的美，那是一种在高天厚土强大"磁场地气"作用下的粗犷的美、磅礴的美、雄壮的美、力量的美、成长的美……高原给人带来的不只是单调和寒冷，还有雄浑与秀美、冷峻与温柔、粗犷与细腻、原始与现代，呈现出巨大的反差，又那么和谐地融汇在一起，展示了大自然的杰作，保留了自然界和人文界的原始风景。

当我乘车奔驰在高原上的时候，我好像看到了一场场巨大的宽银幕影视片：蔚蓝的天空飘着朵朵白云，湛蓝的湖水波光粼粼，晴空下一片冰雪苍茫、群山起伏，黄绿的草原连着天和地，黑白相间的牛羊散布其间，路边田野里金灿灿的油菜花、绿油油的青稞苗、粉红悦目的荞麦花，藏家民居高处飘扬的五星红旗和五彩经幡，给人一种现代和古朴交织的感觉……这种自然景观给人一种视觉的冲击和心灵的纯净感，是人类庄严情愫升华的理想所在。西藏给人的感觉就是这样，她从不晦暗，非常大气地把各种色彩在天空、高山和大地上张扬出来。这是在内地经常遇到灰蒙蒙的天气的人所享受不到的美景。西藏的蓝天白云和非常纯净的自然风光，是现代人非常向往的，给人一种心灵上的震撼。

走进西藏，就走进了人间天堂。蓝天白云，雪山草地，苍鹰骏马，牦牛羊群，这是风景，更是图画，充满壮美，让人神畅！同样为天，西藏之天湛蓝清透，纯粹明媚；同样为山，西藏之山深沉巍峨，绵延起伏；同样为水，碧波荡漾，清澈淳厚。有道是“世之奇伟瑰怪非常之观，常在于险远，而人之所以罕至之地焉”。西藏就是这样一个地方，给人以美感，也给人以震撼，更给人以启示。

2. 人与神共生的神秘宗教美

西藏是一方神秘的圣土。说她神秘，是因为它地处偏远，环境闭塞，充满了许多的未知事物。走进西藏，寺庙辉煌，经幡招展，喇嘛诵经，信徒膜拜，这是风情，更是文化，充满神秘，让人感动！观摩大昭寺、哲蚌寺、色拉寺，无一例外地感受到了佛的神秘与人的虔诚。金色的宝顶闪耀着佛的光芒，五彩的壁画展示着人的功德，宽敞的大殿供奉着各类佛像，狭窄的通道来往着各类人群。这里更像博物馆，把藏族的历史、藏族的文化以宗教的形式带着佛的祝福，带着酥油的幽香，散布在空气中，充满幸福，充满吉祥，浸润着每位来这里朝圣人们的心。

西藏的土地不仅神奇，同时也充满了灵性。在西藏，这种神秘的气息几乎无处不在，在信众们手持的转经筒里感受到了，在藏族同胞口中喋喋不休的“六字真言”里听到了，在煨丧的袅袅青烟、飘扬的五彩经幡和堆砌的玛尼石塔上看到了，甚至在西藏的稀薄的氧气里都闻到了。更重要的是，西藏可谓大自然中难得的一块净土，那里天高云淡，藏歌悠扬，佛香盈盈，梵音袅绕。这大概就是心灵所愿的一种景象，也是西藏最能打动人的景象。

3. 不求今生修来世的心灵美

我在路途中常常以尊重的目光凝视一路磕头的佛教信徒，他们从甘肃、四川、青海等地一路磕来，风餐露宿，用一生的积蓄去朝圣，手持快要磨透的木板，胸前挂着耐磨的橡胶与皮革，身体与泥土一色，神情坚定，五体投地，舍生忘死，头上都磕出了一个硬硬的茧包，让人感动，让人折服。在大昭寺门前，天天能见到磕长头的人们，身后放着一堆堆简单的行囊，全神贯注地磕头。由于信徒众多，场面甚是壮观，远远看去人潮涌动，此起彼伏，经声一片，嗡嗡作响，地上粗糙的石头磨得像抛了光一样。

人，其实是需要信仰的。慈悲为怀、普渡众生、大爱无疆这些佛教教义，其实就是教导人们要做善和美的事情。人要想纯洁，则必须有信念；有信仰，方能抵制物欲的诱惑。笃信佛教的藏族同胞对自己的今生并不十分看重，在他们的精神世界里，不管今生是贫贱，还是富贵，每一天都是笑呵呵的……西藏人活得很单纯很自在，是因

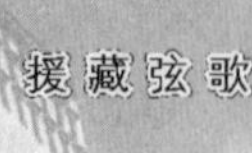

为艰苦的环境、艰苦的生活，使人无法复杂起来。我以为，这是西藏的另一种美，也是最美之处！世代生活在高海拔地区的藏族人民，面对恶劣的生存环境和相对匮乏的自然资源，表现出了顽强的生命力和对真、善、美的不懈追求。在西藏，会说话就会唱歌，会走路就会跳舞，会喝水就会喝酒。藏族同胞的性格非常豪迈、非常爽快，待人非常真诚，人与人之间非常透明，隔膜非常少。和藏族同胞在一起，你可以感受到从未有过的轻松自然，什么烦恼、忧愁都烟消云散。他们豁达大度、重义轻利、纯朴善良，有浓厚的宗教情结；他们与自然结为最亲密的朋友，在西藏的阳光下，在如此恶劣的自然环境中生息繁衍，以顽强而乐观的精神怡然自得，适应大自然，改造大自然，过着且歌且舞的生活，达到了天人合一的境界，令人肃然起敬！

西藏人民豁达、开朗、超脱、平和、实在的生活态度，时时感染着我，让我学到了在充斥着浮躁、物欲的内地所难以领悟到的人生哲理。有句古话："熙来攘往，皆为利来，皆为利往"。但是，在这短短的援藏期间，我会忘却很多世间的烦忧，少了很多尘世的浮躁，内心多了许多平静平和，有了更多的理解包容。

三、心灵归故乡，我知道了责任

西藏是一块圣土，是心灵的家园。援藏，是一次人生感知的盛宴，是我生命中重要的一部分，是一笔终身受用的精神财富，对我后半生的工作和生活会产生巨大的推动和激励作用。我梦想西藏，我体验西藏，我梦怀西藏。即使到了老年，好多事都可能忘了，唯有援藏这一段经历永留心间。经过了这样的"否定之否定"，我的心灵找到了归所，灵魂得到了净化，生命得到了升华，让我满怀感恩、内心淡定、深知责任。

满怀感恩，十分知足。西藏人民是很懂得感恩的。我下乡时，到过许多偏远的农牧民家里，在简陋的房间里，在供奉的佛像旁，家家都挂着毛主席的画像，有的还挂着四代领导人、十大元帅的画像。这一切，藏族同胞都是自觉自愿的，是一种朴素的感情。在他们眼里，毛主席是拯救他们的"菩萨"，共产党是解放他们的"活佛"。我深深地感受到了藏族同胞对共产党的热爱和朴素的感恩情怀。俗话说：羊羔跪乳，乌鸦反哺。动物尚能如此，何况人乎！人啊，更要有感恩之心！

内心淡定，顺其自然。西藏，是一块能够净化人心灵的净土。与藏族同胞相比，我们很多生活在大都市里的人失去了许多自然的、高贵的东西，过去人们所信奉的诚信、克己、节俭、真情、率性等美好的东西容易被逐渐掏空，我们的精神家园会被一点一点地剥夺。而虔诚的西藏人民视天地为神灵，一切顺其自然。西藏的牛羊和牧人安静而快乐地享受着自然，它们依草原而生存，草原因它们而美丽。西藏的生物链就是这样简单明了，一切按照最原始的自然规律运行着。在西藏，我满是尘埃的灵魂得到了净化，带着雪山清溪一样的心情回归生活。西藏之行让我心定神静、言迟行淡，我要像山一样学会淡定从容、像水一样懂得顺其自然。

我感觉，在高原工作和生活，要有一定的身体素质，但更重要的还是精神状态，三分是身体，七分是精神。人们常说，缺氧不缺精神。从这个意义上说，志气比氧气更重要。如果没有精神、没有志气，一开始就让高原反应吓怕了，就别来援藏，也别到西藏旅游观光。

“何时可见真本性，高原风雪弥漫处”。援藏是一种缘分，更是一种责任；是一次历练，更是一生的财富。援藏不仅开阔视野、磨炼意志，而且让我心灵净化、受益终身，人生因援藏而精彩。

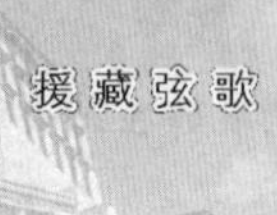

杨家平：小驹在高原

杨家平（左一），岭南师范学院2000届历史专业毕业生，2016年作为广东省第八批援藏干部、挂职西藏林芝一中副校长，分管教学教研工作。历任中山市东升高级中学教研组长、工会副主席、教导处主任、副校长（分管教学教研工作）。现任中山市艺术学校（市濠头中学）副校长，分管总务后勤工作。

赴藏工作的校友，有令人骄傲的“援藏良驹”美誉

龙家玘就是我们岭师驰骋边疆的第一驹。西藏的1987年，是艰难困苦的年代，我深知未曾谋面的大师兄当年经受的是怎样的磨砺。岭师在援藏工作中，一直走在全省、甚至全国的高校前列。有感于此，作为岭师的一分子，我想对还在岭师求学的师弟师妹们，简要介绍下援藏相关工作及个人点滴感悟。

说到“良驹”，我想自己最多只能算一匹来自岭师的“小驹”

对，是小驹，不要念成小狗。说起小狗，我突然想说一个人。

小狗，是我师妹（你们师姐，如今亦可称之为师嫂）在她生气时候对我的“蔑称”。好吧，就说说你们师姐吧。大二那年认识了来湛师报到的师妹，因为同系，记得那天是9月13日，当天帮她报了到、拿了行李，后来作为同乡会会长的我，感觉有义务照顾这群小师弟小师妹，因为同在文娱部、文工团工作，再后来……（此处省略一万字）

窗外淅沥沥地下着小雨，敲键盘的时候算了下，今天也正好是我们相识20周年纪念日。你们师姐说过的一句话，我一直当作彼此关系的写照：“你别时，我不忍送你；你来时，风雨也阻挡不了我见你的脚步”。

凌晨三点，当我又一次拖起沉重的行李时，你们师姐说“我还是送送吧”，我执意一个人走向客厅，看到还在熟睡的儿子的可爱脸庞，紧揪的内心催促我赶紧拉上大门走向暮夜深处……

岭师小狗，再次奔向那片需要我的热土

家庭，永远是我们援藏同志内心深处的心结。从没有离开过我的师妹，这三年来只能靠你自己照顾好自己了，而且瘦弱的肩膀还要独自挑起家庭的重担——赡养身体不太好的老人，照顾正开始读初中的儿子。想起现在还在担任高中班主任与备课组长的她，我不忍想象她每天来回奔波、操劳家务的样子。在家的日子，她总是习惯了被呵护；突然的离开，我深知其中过渡的艰难。我，没有办法，只能三年后，加倍补偿你。于儿子，男孩之于女孩的迟钝似乎表现得更淋漓尽致，但突然一天，电话那头有些变声的大男孩一句问话让我哽咽了许久，他说：“爸爸，你什么时候回来？”

2016年7月16日，经省委组织部为期三天的培训，我们踏上了这片被誉为“人间净地”“雪域江南”的林芝。林芝，古称工布，“林芝”是藏文“尼池”或“娘池”音译而来，藏语意为“娘氏家庭的宝座或太阳的宝座”。这里辖区面积11.7万平方千米（实际控制7.6万平方千米），总人口20多万。林芝聚居着藏、汉、回、怒、门巴、珞巴、独龙、纳西、土家、傈僳等十多个民族及尚未确定民族成分的僜人，其中藏族人口占总人口的90%以上。下辖工布江达县、米林县、墨脱县、波密县、察隅县、朗县和新设立的巴宜区。南部又与印度、缅甸两国接壤，边境线长达1 006.5千米。年均温度8.7℃。林芝海拔平均3 000米左右，就高度来讲要低于西藏其他地区，而最低处却只有900米。因此，这里是世界陆地垂直地貌落差最大的地带。“南迦巴瓦峰”海拔7 782米，藏语意为“直刺蓝天的战矛”，有冰山之父的美誉。雅鲁藏布大峡谷最深处谷地深达6 009米，是世界山地垂直自然带最齐全完备的地方，被科学家称为世界最深大峡谷。

介绍完林芝的基本情况后，师弟师妹们是不是很想来走走呢？来吧，只要你身体状况允许，这里有像我一样的很多师兄师姐都在热情地等着你（岭师在西藏工作校友目前为26人，其中绝大部分驻守林芝）。人们都说来西藏最好安排第一站在林芝，因

为海拔相对较低，因此，你有必要先见见我们。

说到海拔，大家第一印象可能就是缺氧。没错，人的机体运转离不开血液供氧。这也是为什么我们不敢在这里运动的原因。在广东工作的时候，每天一两个小时的剧烈运动量是非常舒服的，但到了高原，即使只有3 000米的海拔，我们已经不敢轻举妄动。看着篮球、足球，心里痒痒却不可为之的感觉，莫可名状，但爱好体育运动的师弟师妹们一定很理解。回住宿的地方，因为三楼，每次拿钥匙开门都觉得喘。课堂上，在广东连堂三节滔滔不绝也能淡然，但这里上一节课，不敢滔滔，并时刻提醒自己放缓节奏（如果一定要打比方，这里讲一节相当于在广东讲两到三节课吧）。除了缺氧，面临的另一个问题是缺压，缺压对人体的影响也是很大的。生活中也有些有趣的例子。很多来这里的女士，不知道为何带过来的胶盒密封的化妆品会膨胀爆裂，哈哈。

高原特殊的地理环境，让我们初来乍到的援友们有些不适。刚来的第一个半年，经常感到头晕头痛，心率与血氧饱和度是我们第八批援藏队员们每天休息前后自己必测的指标。每次从广东回到西藏，最明显的就是上下飞机的这三个小时变化，起飞前的心率为55次、血氧饱和度为99%，降落林芝机场走出舱门的刹那，分别变为96次和91%。人的身体真是奇妙，但这奇妙正是为适应大自然的一种无奈。进藏一年来，我与援友们普遍感觉记忆力严重下降，刚想好的发言内容，如果不做发言稿准备，其中主要的几点可能就卡壳。你们师姐开我玩笑说："你三年后回来，不会不认识回家的路了吧?"玩笑归玩笑，其实我想对师弟师妹们说，援藏不易，生活不易，工作更不易。在这里，我特别想提的是常年坚守在这里的，你们的师兄师姐，尤其是在林芝一中坚守了一二十年讲台的李再超、杨楚洵、刘秀政师兄和屠艳荣师姐，还有扎根林芝教育多年的冯敏芝、古桂云、王春霞等众多岭师优秀毕业生，他们也曾与你们一样胸怀梦想与志向，他们当初也有过担忧与彷徨。但他们最终选择留在了西藏，这不是所有人能做出的决定。他们把青春奉献在高原。岭师美好的回忆仿佛就在昨日，但一转眼，我们可爱的师兄师姐们都黑了皮肤、白了头。不仅如此，他们还把家安在了雪域，也将老人、妻子安置到了高原。还有，他们的孩子，你们的师侄子、师侄女，他们都是可爱活泼的小花朵，他们从一出生就已经面临着这里的一切。所谓"献完青春献终身，献完终身献子孙"，便是对他们最好的写照！在西藏，我们身边有很多藏二代、藏三代，想想几十年前的西藏，我们没有理由不珍惜现在的工作与生活。这里的每一个岗位，总有人去做，无论什么原因与背景，我都为每一个做这个选择的人感动和致敬！经过一段时间的切身感受之后，我才明白那句"在这里，躺着就是做贡献"的内在含义。在接受援藏任务之前，我对西藏知之甚少，基本停留在与你们一样遥远而朦胧的感觉。但来到这里之后，不但改变了我对西藏最初的看法，而且深深为这片高原热土上的人们而感动。这种感动，将改变我的人生态度，也必将改变我一生的走向。"老西藏精神""两路精神"，建藏同志比我们援藏同志践行的更到位；"缺氧不缺精神""高海拔高境界"，扎根西藏的同志比我们体会得更深刻。也正因为有了他们这些老"驹""良驹"，才有了我们这些小"驹"，我也坚信会有越来越多的像招小艳、张贤彬、钱小梅（目前在拉萨阿里高中执教）等这样一群有情怀、有梦想的师弟师妹们继续选择筑梦边疆、扎根建藏稳藏。

无论是王韶华、李军师兄和我这些短期教育援藏的校友，还是长期扎根这里的教育工作者，我想我们都有一个共同的梦想，那就是通过我们在母校所学，通过将我们发达省份先进的教育教学理念，甚至通过我们可以争取到的那些微不足道的资金物资，来帮助这里的每一个农牧民孩子，让知识改变命运，让他们成为西藏社会经济发展的骨干与主力军，共同建设我们美好的家园。在我工作的林芝一中，本地藏族老师与汉族老师兢兢业业，团结合作，我多次看到他们利用晚修时间在简陋的办公室辅导藏族孩子，而把自己的孩子放在一边做作业。我也多次与这里的班主任老师、行政干部深夜巡视学生宿舍，看到不少老师不得已把自己的孩子一个人留在家里，我为他们的默默付出而常常眼含泪水、内心共鸣。

我还想对你们说的是这里的孩子，他们淳朴善良而勤奋。每天天没有亮，跑操前就已经在路灯下看书，跑操后继续坐在校道路沿上复习，晚上熄灯铃响后久久不舍得关掉藏在被窝里的小灯。这里的气候条件，前面已经有写到。在风雨黑夜中坚持的情景，大家能够想象，而且这已经是普遍现象。所以如果你能为他们做多一点点贡献，我想再难都是值得的，我们都是幸福的。

课堂上孩子们也会打瞌睡。为了提醒自己不打瞌睡，他们会主动站在教室后面，在夏天尤其多。他们的基础非常差，即使是考入西藏的这所占据前三的重点高中，他们也全无半点优越感，相反更加刻苦，因为他们知道自己的阿爸阿妈在劳作中期待的眼神，他们知道自己身上肩负的责任。我时常为能服务身边这些可爱的孩子而感到自豪，课余时间我非常喜欢与他们在一起交流，他们爽朗的笑声、质朴诚实的语言，让我时常在想能为他们更多地做点什么。这个学期开学有两个月了，即使工作的强度已经让我没有一天的休息，但我每天依然充满精神！

因为气候原因，这里的寒暑假时间长度与广东的正好相反。2017 年的这个暑假依然不长，在学校维稳值班了一周后，我陪妻儿从山南走了一趟，并家访了两个勤奋刻苦的贫困生。他们虽然目前有一定的资助政策，但不能根本解决他们的问题。两个孩子都很争气，他们的哥哥或姐姐，也都通过努力考上了非常好的学校。虽然语言不通，但我知道他们父母是如何在求学之路上艰难地供养他们。临别之际，看到我拿出了一个信封，旁边读初中的儿子也从裤兜里拿出了几张零钱。每个人的心意彼此都是真挚的。

其实每个孩子后面都有一个家庭的期盼，我也知道我们援藏的重要性，林芝一中每位老师也深知道其中的意义。在援藏的日子里，我结合校情，汲取学校经验做法，在与学校领导们仔细商议后，决定由我牵头，开始了全面细致的待优生“精准帮扶”工作，制订方案，动员师生，安排“一对一”帮扶，分科辅导，评价奖励，资金支持，等等。一年下来，我们的努力得到了回报。在 2017 年高考中，林芝一中的 812 位毕业生，有 810 位同学考上了大学，改变了 810 个西藏家庭的命运。同时，为了更好养成西藏孩子思维学习习惯，在做了一个学期的充分酝酿后，我将“学习任务单”教学工作于这个学年开始全面铺开。过去一年来，为了丰富校园文化的工作，我同时为丰富“学生社团活动”而工作着。这里的孩子，他们其实天生是歌唱家或舞蹈家，旋律一起，他们便可自然歌舞。每当看到五四文艺汇演、校园十大歌手、合唱节等活动，体育馆二楼那一排排学生手拉手、有秩序有节律地在原地跳锅庄的时候，我常常思考如何更好发挥他们的特长，让他们接触到更多的科技体育文化方面熏陶，养成他们一生受益的健康爱好。这一年来，林芝一中的校园里出现了“响箭社”“锅庄协会”“藏语社”“STEAM 创客社”“书法社”“茗茶社”“影视欣赏”等社团，有些社团还在全国获得大奖。

“来藏为什么，在藏干什么，离藏留什么”，这是我们每一位援藏干部一直思考的问题。我知道自己来教育援藏，其实背后有一双双充满期望的眼神，我不是一个人在援藏。我们无法辜负省教厅和省援藏工作队对我们的信任，我们也无法辜负中山教体局和东升高中派出单位对我们的大力支持。在各方领导、单位对我关怀支持下，省教厅与中山教体局想方设法为林芝一中配置了 100 台手提电脑，解决了教师们几年来没有手提电脑的难题；东升高中为林芝一中孩子捐赠了价值 20 万元的图书，竭力为林芝一中“书香校园”添砖加瓦；中山教育信息中心等其他单位为林芝一中捐赠了 3D 打印机及相关设备。在这里还要特别提到我们的母校——岭南师范学院，母校在广东省高校中，在对口支援林芝各直属学校与县区教育的工作中，是一直走在前列的，在广东省还没有启动对口援建部署前，母校已经两批次派出了工布江达县与波密县顶岗实习支教小分队。邵乐喜副校长来看望这些支教的师弟师妹们时，几度为他们的坚守与奉献而哽咽；李粤处长，关天冲部长，还有陈永国、李博、朱国贤等岭师的多位领导和老师，更是亲自来送行或看望这些支教的师弟师妹。母校岭师的援藏工作多次受到表扬。黄达海副书记在广东师范院校与西藏林芝、昌都两市有关单位签订共建大学生思想政治教育实践基地仪式上，代表 13 所共建高校做了专题经验介绍。而对于林芝一中的“网真教室”项目，更是倾注了母校领导对林芝基础教育的关怀。那夜，邵副校长一行来到我宿舍探望，关部长还赠送一副充满勉励的书法。情景记忆犹新，至今历历在目；那夜，我更是成了母校岭师最幸福的一位校友！

邵乐喜副校长去年年底来看望支教的师弟师妹时说的一句话我至今仍记得，他说岭师培养的学子“好用、耐用、顶用”，得到了用人单位的普遍赞誉。“三用”的评价，突然觉得好贴切，因为我觉得岭师人一直在内心深处秉承着踏实、低调、肯干的性格与作风！我想无论我们岭师人到了哪里，身在何处，我们都不会忘记母校对我们的教导和对我们的培育之恩，“一声岭师人，一生岭师情”！这必将陪伴我们的一生，陪伴我们这些“小良驹”们越跑越远，越跑越实……

援藏人，最易动情，也最怕动情。每个人心中总有最柔软的地方，也是我们大家最不愿触及的地方。窗外细雨中的树叶婆娑，黑夜如期而至。再过两天就是中秋佳节，想着远在千里之外的妻儿，思乡之情油然又生……

附：

守望——教育援藏工作周年回望

林芝一中　杨家平

雏鸟醒来时，不露一声伤；箫已无和鸣，琴声依旧响。
天刚破晓处，信步毅然往；探亲时间短，征途亦不长。
穿越城湿地，似小蛮腰样；跨过八一桥，山下园丁忙。
励志依粤芝，思齐杏坛旁；小桥伴流水，粤韵有光芒。

眼追池中鱼，告别秋海棠；低腰草中花，迎生新广场。
昼停教室热，夜巡宿舍忙；卧宿沙发冷，窗外雨叶伤。
凌晨惊醒处，朦胧拉门窗；惊吓门内外，却是读书郎。
和着运动曲，疾步出楼巷；步调律动急，不顾汗流裳。

放下原所想，频频入课堂；因材施教事，因地制宜场。
最爱高原红，至敬园丁芳；一旁孩子放，辅导学生忙。
都说可敬人，莫属是援藏；想想老西藏，吾辈又何妨？
尼洋河水清，比日神山亮；教育大民生，孤寂相守望。

同课异构日，东高客满堂；先期万余册，册册留书香。
雪域有所盼，铁城遥相望；三日往与返，名师高原忙。
最喜有贤达，中山莫敢忘；电脑百余台，热炭雪中帮。
前有互联网，后有备考酿；樱花盛开日，冲刺教研帮。

青冈耐风雨，菌儿吐芬芳；千里一家亲，援友守相望。
梅花寒风立，男儿有担当；格桑艳百日，沃土大后方。
行走高原地，雪山留辙伤；寥寥不多音，最需苦弹响。
南迦巴瓦白，雅鲁藏布响；粤藏一家亲，携手奔小康。

梁文典：甘将心血化时雨，润出桃花一片红

梁文典，岭南师范学院2000届毕业生，2016年参加广东省第一批“组团式”教育人才援藏工作队进藏工作，任副领队。历任广东顺德陈村五乡中学、广东东莞莞城英文实验学校、东莞市可园中学、东莞市望牛墩中学教师，现任东莞市可园中学副校长。

2016年4月16日，怀着对雪域高原的向往、对教育事业的执着，带着领导的嘱托、家人的不舍，他登上飞往西藏拉萨的班机，踏上了广东省“组团式”教育人才援藏之路。林芝巴宜区中学教学副校长，是梁文典十多年来从教的又一站，自2000年参加工作以来，他先后任职学校多个岗位，也曾到东莞市教育局、东莞市消防局等单位跟岗学习，无论在哪个岗位上，梁文典都任劳任怨，全力以赴完成相关工作。

教学路上站站相连，无怨无悔站站出色

“组团式”教育人才援藏工作是深入贯彻中央第六次西藏工作座谈会、东西部扶贫协作座谈会精神，特别是习近平总书记重要讲话精神的重要举措，是加强民族团结、促进西藏经济社会发展的有效途径，在对口支援历史上具有标志性、开创性的意义。用一年的时间做一件终生难忘的事是梁文典赴藏支教的最初出发点，此时的他对“组

团式”教育人才援藏工作知之不多，上天好像也有意考验他对教育的忠诚，4 月 16 日从重庆飞往拉萨的航班在拉萨机场上空盘旋了好几次，因天气原因无法正常降落，最后无奈降落到重庆机场……4 月 17 日才顺利抵达拉萨，正应了“好事多磨”的古话。

2016 年 5 月刚进藏不久，梁文典还未来得及适应高原的生活，就迎来西藏自治区素质教育评估验收。他迅速进入状态，完善和细化迎检工作方案，为教育教学科研工作提出建设性、可操作的意见，直接参与听课、说课、评课、磨课，助推学校以全自治区最高分通过了评估验收。

梁老师说：“把东莞先进的教育理念传播到更多地方是一种荣幸，为西藏林芝的教育发展做贡献是一种荣耀。”刚通过验收，他就马不停蹄地开展调研，根据巴宜区中学实际情况，提出打造“五个示范”“四得”“一相当”的目标，即通过三年援藏，将巴宜区中学建设成素质教育示范校、教育改革示范校、教育管理示范校、教育质量示范校及民族团结示范校，使总体效果达到“管得精细、教得高效、学得愉快、考得满意”，并与广东省义务教育平均水平相当。梁文典和他的团队不忘初心，不负光阴；不辱使命，不虚此行，在过去一年的时间里，实施“六化”管理模式（制度化建设作保障，优质化教学出成果，高效化课堂强教研，精细化帮扶显成效，多样化实践提素质和温情化援藏融情感），通过双方共同的努力，巴宜区中学无论是管理水平还是教研水平都有了很大的提高，特别是 2017 年的中考，学校成绩取得了历史性突破，比 2016 年平均分提高 57. 7 分，比学校历史最好成绩提高了 45. 5 分。

尽心尽力促融合，做教育援藏示范者

促进教育援藏团队与受援学校团队的深度融合，促进教育援藏团队内部深度融合（简称“两个融合”）是“组团式”教育人才援藏工作的目标之一，也是一切工作的出发点。如何做好“两个融合”工作？无论是作为林芝巴宜区中学的教学副校长，还是作为广东省“组团式”教育人才援藏队的副领队，这都是梁老师必须面对的问题。

他深知 50 位援藏教师远离家乡、亲人来到林芝，他们十分需要一个“温暖的家”。他明白教师们的需要，也明白和谐团队的无穷力量。为此，他着力为大家营造这个“温暖的家”。他积极与巴宜区教体局、学校等沟通，为援藏教师的到来做了大量的吃、住等方面的准备工作。全体援藏教师进藏后，他更是积极协调，为教师们帮难解困，解决吃饭问题、住宿问题、进出校园等琐事。刚到之初，同事们思乡心切，他就主动到同事的宿舍与他们谈心，缓解大家的思乡之情，每逢援藏教师生日之时，他便在住处亲自下厨为过生日的教师做上几道家乡菜，给他们“家”的温暖，团队大家庭的温暖。哪一个团友生病了，他嘘寒问暖、买药送医。2017 年 5 月团友欧成坤因重病住院手术，梁老师就医院、学校两头跑。为欧老师求医送药，组织广东省“组团式”教育援藏教师、本地老师轮流到医院看护照顾。在西藏林芝谱写了一曲病魔无情、雪域有爱的感人诗篇。

来藏为什么？在藏干什么？离藏留什么……梁文典老师不断地在拷问自己，也用智慧和行动回答了这些问题。“组团式”教育人才援藏的最终目的是培养一支带不走的教师队伍。结合受援学校巴宜区中学和广东省“组团式”援藏教师的实际情况，积极开展“一对一”“一对多”“多对一”的结对帮扶活动，为了更好地调动两地教师的积极性，他提出了“结对帮扶，捆绑考核”的工作设想，并取得了初步成效。

在“一对一”结对帮扶中，梁文典老师与桑杰次仁老师结对。桑杰次仁老师是巴宜区中学“80后”藏族老师，毕业于西藏大学数学专业，从教多年，并取得了一级教师资格。在他的教学生涯中，他曾有过辉煌的过去，曾有过自豪的时光，但由于各种原因，他的教学状态低迷，甚至被学校安排上七年级的劳技课程，还打算以后不再安排他承担教学工作……结对帮扶活动开展后，梁文典老师与桑杰次仁老师深入课堂教学，互相学习、积极沟通，成效明显。桑杰次仁老师迅速成长，无论是思想观念还是教育教学方式，都有较大转变，教学成绩也有了较大幅度的提高。桑杰次仁老师所带的教学班在两次学期考试成绩分别超出年级同类班级平均分7.8分和9.4分，成为援藏结对的典型成功案例。桑杰次仁老师曾动情地对同事们说：“感谢梁老师的帮助，他就是我的大恩人啊！”当地不少教师都深有感触地表示“结对子，一辈子”。

教学教研齐头并进，做研究型的新教师

教而不研则浅，研而不教则空。梁文典从教以来一直坚持教研结合，积极参与课堂教学改革和课题研究，先后参与了东莞市多项课题研究。抵达林芝后，梁文典老师积极倡导以问题为导向，抓住日常教学问题开展课题研究，更是身先士卒，参与了2017年林芝立项课题“写好汉字，提高专注力”的研究，还参与了西藏自治区立项课题“‘组团式’教育援藏的理论与实践研究”的研究。在他的倡导下，2016年巴宜区中学向巴宜区、林芝、西藏自治区提交了24项课题。经严格筛选评审，巴宜区中学组团教育援藏教师邵载丰主持的课题“微信平台开展化学第二课堂辅助教学应用”被西藏自治区选为青年专项课题。这一课题申报成功，是巴宜区中学建校以来，在西藏自治区级别课题上“零”的突破。这一课题也是2016年林芝唯一入围自治区级课题的初中课题项目。2017年，巴宜区中学获林芝立项课题共10项，占全市立项课题的11.11%。

问题即课题，梁文典老师习惯于就教育教学的共性问题展开研究。初到西藏时，就听说西藏的理科差，特别是数学。为了解决这个问题，他深入开展调查研究，通过调研发现：西藏自治区的学校规模小、距离远、管理硬；教师责任强、科研弱、方法少；学生有礼貌、好表现、习惯差；教学时间短、课时少、效率低。他在此基础上撰写了《藏区数学中考复习策略刍议》，该论文观点鲜明，贴近林芝教育实际，有理论高度，紧扣最新教学理念，表述专业、准确，论述严谨，最终荣获2017年林芝论文大赛一等奖。在梁文典老师的带动下，巴宜区中学教师勇于实践，勤于反思，重视教育教

学理论的学习，积极撰写教育教学论文，硕果累累。在2017年林芝教育教学论文大赛中，全市初中组评出一等奖3篇，二等奖5篇，三等奖7篇。巴宜区中学一等奖2篇，二等奖3篇，三等奖4篇，占全市初中组获论文的60%。

关爱学生付真情，做学生成长引路人

古语有云：亲其师，信其道。“怎样做一个让藏族孩子喜欢的老师”是梁文典来到林芝巴宜区中学思考最多的问题。初到高原，梁老师不仅是分管教学的副校长，还主动承担七年级一个班的数学课教学任务。他深知自己学校管理工作的繁重，但他全力以赴，为了行政工作不影响教学，他几乎每天是早上七点半到校晚上十点半离校。对学生更是循循善诱、谆谆教导；课堂上讲得详细，课后耐心辅导，对学生不懂的或学不透的知识他不厌其烦地给予解答，所带的班级成绩在原来的基础上有了较大的提高，西藏的孩子也慢慢喜欢上了梁老师。2017年6月，梁老师到武汉学习了两个星期，当梁老师再次出现孩子们面前时，整个教室沸腾了。梁老师援藏工作结束离开西藏前，他所教的孩子们自发举办了一个简单而又隆重的欢送晚会，那依依惜别的场景使他终生难忘。

学生喜欢、家长满意、同事认可、学校肯定是梁老师对工作的追求，他做到了。西藏学生巴桑罗杰的家长这样说：孩子交给梁老师，我们放心。事实上，可园中学每年新生分班时，不少家长指明希望自己的孩子能分到梁老师所带的班上，不少孩子毕业了，家长与梁老师还保持着联系，曾经的学生家长变成了如今的朋友。

一次西藏行，一生巴中情。我们相信，在粤藏两地政府和教育主管部门的正确领导和殷切关怀下，在像梁文典老师一样的援藏生力军青春无悔、追梦圆梦的不懈努力下，西藏教育也定会如高原上美丽的格桑花，遍野盛开，满地花香！

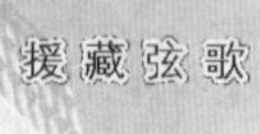

冯敏芝：十七载在藏从教心路

冯敏芝，岭南师范学院2003届毕业生，毕业后选择进藏工作，服务期满仍选择继续留在西藏工作，现任西藏林芝广东实验学校副校长。

2003年，作为一名应届毕业生，带着对青藏高原的向往，我凭着初生牛犊不怕虎的冲劲，义无反顾地来到早已向往的地方——西藏。17年的生活，爱上了西藏的蓝天白云、青山绿水，融入了林芝的民俗、风情；17年的从教生涯，历经过迷茫、艰辛，也收获了成功的喜悦。

一、年少进藏，初感当地的淳朴民风

在林芝景色最美的八月，我和同伴颠簸了10个小时的车程，初次来到距离八一市区200多公里的波密县。还好当地海拔只有2 800米左右，基本没有高原反应，远处浓密的森林，近处淙淙的流水都吸引着我们。

因为还在放暑假，所以我们可以随处溜达。我们在第三天就认识了两个藏族小伙伴——达娃和顿珠，黝黑的皮肤、无邪的笑脸，在带着我们跋山涉水的过程中，总能用不太标准的普通话告诉我们这是什么草，那是什么花，这条河叫什么名字，哪种水果可以吃……虽然他们只有8岁左右，但此刻他们就是我们的小老师，让我刮目相看。这应该算是忘年交，也是我对藏族人民淳朴民风的最初体验。在这里，你可以在乡间的小路上随时招手搭便车，可以随时收到路人善意而热情地说“哈喽”的招呼声，可以随时接到村民们从树上摘下来的新鲜本地水果……正是因为这些，我们身在异乡却倍感温暖，更快地融入了这个大家庭。

就这样，我开始了历时6年的中学教学生涯。虽然孩子们对外面的世界了解不多，但因为多是13～16岁的青少年，所以他们都很有个性，很有自己的想法。不管是班主任还是单纯的任课教师，都休想让他们唯命是从。担任班主任时，我喜欢经常下宿舍和他们交流，喜欢的明星、喜欢玩的游戏、喜欢去的地方等等都是我们可以聊的话题。有时我会去催他们起床，有时和他们一起打扫卫生，在周末有时一起洗衣服……正是这种不管是在生活、还是学习上的亲密接触，才让我和孩子们的心走得更近，才能让我在因为他们做错事和他们沟通时，我们的沟通效率会更高。

二、角色转变，顿感身为教师的压力

2009年，从波密来到林芝八一镇，加入了林芝广东实验学校这个大家庭。因为当时九年一贯制学校只有小学部，所以我和其中一部分同伴转变为一名小学老师，并且理科专业的我改为教语文。这对我来说无疑是一个极大的挑战，我得把对我们来说最简单易懂的知识给学生讲清楚，我还得同时完成幼儿园生活阿姨和任课教师的工作任务，这意味着我必须学习更多的教学技巧和管理能力。

作为一名普通小学的普通教师，连续从教6年，实践经验让我总结出一句话：只有心地纯洁善良的人才能成为一个受学生爱戴的好老师。我和同事们经常谈道：什么样的老师才算是合格的老师？我一向认为：合格的老师不需要很优秀，但绝不应该伤害孩子的心灵。我身边的同事大多数是善良的人，责任心很强，我们会在一起讨论班级管理中孩子们存在的问题，会不断反思自己管理方法的缺陷，希望能深入研究孩子的心理，更多地关注生活中的细节，让班级中每个孩子都能健康成长。

小学生，尤其是小学男孩子的普遍特点是活泼。所以教过的班上经常会有类似患有多动症的孩子：上课绕着教室跑的，上课一定要蹲在凳子上听课的，动不动欺负其他小同学的……我班上有个小男孩叫赵文浩，他是我们班的特殊生，但身为老师的我总想着小学六年总不能这样对他不管不问，让他无所事事地过完小学。经过接触了解，孩子的智力正确，而且稍偏聪明，很多事情他都明白，但似乎不想和他人解释，譬如为什么和同学发生摩擦，为什么在课堂上突然发笑？所以久而久之，造成了大家对他的误解，甚至忽视。他其实很要面子，同样喜欢老师的表扬，于是我只要抓住一点，哪怕是很小的闪光点，我也会当着全班同学的面进行表扬；在选择家访对象时，我和班主任商量去家访赵文浩家，通过了解家长对待孩子的态度来获取孩子更多的资料。原来学生是在被父亲的打骂中长大的，母亲却又过分维护，这样就形成了赵文浩叛逆而又古怪的性格。在那以后，我更加关注他，为了增强他的自信心，我总是找机会夸他几句，夸他帮助了别人，夸他做值日认真……我不知道我的良苦用心会有什么结果，但是有一点可以肯定，我的小小举动能在孩子心中播下一颗希望的种子。

一位教育专家说过：如果孩子生活在赞赏中，他便学会自信；如果孩子生活在批评中，他便学会谴责；如果孩子生活在敌视中，他便学会好斗；如果孩子生活在恐惧中，他便学会忧心忡忡；如果孩子生活在安全中，他便学会相信自己周围的人；如果孩子生活在受欢迎的环境中，他便学会钟爱别人；如果孩子生活在互相帮助中，他便学会关心他人；如果孩子生活在亲情、友谊中，他便会觉得他生活在一个美好的世界里。每个学生的心中都有一个积极、乐观、进取、勤奋、坚强、勇敢、好学、豁达、善良、聪明的自我，不是孩子消极悲观自卑，而是外界压抑的结果。多给学生说“我希望、我建议、你觉得、你能行”，尊重孩子是贯彻素质教育的前提。

尊重孩子，必须在了解孩子、掌握技巧的基础上，这值得每一位教育工作者努力为之奋斗。我仍在努力。

三、努力提高，倍感身在管理层的压力

2015 年初，根据上级部门的安排，我从实验学校调入市二小，任分管德育工作的副校长。从一名普通老师到行政管理人员，从服从工作安排到组织工作开展、落实，这对自己是一个极大的挑战。所以，我经历了从慢慢适应到努力学习的过程，同时，也因为我们有一系列完善的学校管理制度，有一支积极进取的教师队伍，所以我在学习中逐渐掌握了工作方法。但学校管理的不断更新必然要求教育管理者不断学习和进步。我也不例外。

总之，选择做一名教师，注定一辈子需要为教育尽职，为学生负责；作为一名教师，我一直努力也将继续努力把微笑带进课堂，把激励带进课堂；作为一名管理人员，我努力把信任的目光投向每一位同事。“路漫漫其修远兮，吾将上下而求索”，这是我作为人民教师为教育事业许下的无怨无悔的诺言。

古桂云：援藏十七载　做好引路人

古桂云（右一），岭南师范学院心理学专业 2003 届毕业生，毕业时选择进藏工作，服务期满选择继续留藏工作。现任西藏林芝巴宜区中学教研室主任，中教高级职称。

古桂云，岭南师范学院 2003 届毕业生，毕业时在父母的反复劝说下依然选择进藏工作，16 年来一直坚持服务和奉献在西藏基础教育一线，现任林芝巴宜区中学教研室主任，2016 年被评为学校“学科带头人”，2017 年成为西藏自治区中小学初中思想品德“学科带头人”，先后荣获西藏自治区优质思想政治课比赛一等奖、优质赛课二等奖、市优秀教师等奖项。她与岭南师范学院 2002 届援藏校友李再超在西藏喜结连理，组建了幸福的家庭，把根扎在了西藏。

一、讲党性，立场坚定，思想素质好

她具有较高的政治素质和理论素养。能够理论联系实际，遇事沉着冷静，从容以对，碰到困难善于思考、迎难而上，从不向困难低头。处事既有原则又灵活，大事讲原则，小事讲风格。她从教十四年来，兢兢业业、任劳任怨，带头贯彻执行党的教育方针、政策、法规，积极投身中国教育改革的浪潮，勇于探索、敢于创新，在推进素

质教育的进程中贡献自己的一分力量。

二、重学习，讲实效，工作能力强

她自2003年7月引进入藏工作以来，以高度的责任感，克服背井离乡、远离家人的现实困难，坚守岗位，时刻牢记自己是一名共产党员，用实际行动彰显了自己的先进性。作为一名教师，她忠诚于党的教育事业，模范履行教师职责，师德高尚，学风严谨，把德育贯穿于整个教学工作中，点亮学生人生，在平凡的工作上做出了不平凡的业绩。她具有强烈的事业心和责任感，常利用工作之余多方搜集资料，获取最新的教育教学方法，积极转变教育观念，使自己的专业知识更加扎实。多年来，她积极参加各级教育机构组织的专业技能培训，培训总课时达到386学时。曾先后在《学习导刊》《快乐阅读》《试题与研究》等省级以上刊物上发表教学论文5篇。荣获2013年自治区第八届优质思想政治课二等奖、2014年林芝教育教学“个人成果奖”、2015年9月被评为巴宜区“优秀教师”，2015年12月被巴宜区中学评为“骨干教师”，2016年3月被巴宜区中学评为“学科带头人”，2016年由其主持的课题《巴宜区中学校本作业编著研究》获得市课题评审二等奖，2016年林芝“优秀教师”等多项表彰，教育教学获得显著效果，深受学生、家长的喜爱，领导、同事的好评。

三、勤履职、工作踏实、业绩突出

她注重与学生家长的交流沟通，构造了“学校 + 家庭”联动教学模式，引导学生家长掌握先进的教育方法，为学生的成长进步共同努力。在实践过程中，她不断创新思想政治教学方法，以理服人，以情动人，注重在思想政治教育中加强爱国主义建设，以活泼的教学语言讲授民族史、“四观两论”课程，建立了独特的人格魅力，深受学生爱戴。作为从教思想政治学科14年的老教师，一直坚持“向最优秀的人看齐”，虚心求教，不断进行理论与实践的结合创新，不断审视思考，得到进步。同时，她还认真做好“传帮带”工作，多次召开示范课堂、研讨课堂，帮助新老师提升能力，深受教师爱戴。以身作则，严守学校的规章制度，时刻以一名优秀教师的标准严格要求自己，勤勤恳恳、兢兢业业，无论是教案的编写还是板书、用词等基本功的训练，都做到一丝不苟。自2014年担任教研室主任一职后，摸索建立了正规的教研制度，主持编撰了《尼洋河的涛声》校刊，带领教师积极参加自治区、市、区、学校组织的各类教学竞赛、教师技能大赛，获得较好名次。

四、有爱心、真情呵护，爱生如子

多年来，她时刻怀揣对学生的一颗爱心，细心了解班上每个学生的个性特点，了解他们的爱好与才能，了解他们的精神世界，引导他们成为有个性、有志向、有智慧的人；努力发掘每位学生的闪光点，用微笑、用眼神、用赞美来温暖学生渴求得到认可和理解的心，让他们感受到阳光般的温暖。当学生在学习中发生错误时，及时而巧妙地指出学生的错误，又注意保护学生的自尊心，使学生永保自信与活力。她主动帮助家庭困难的学生解决问题，自参加工作以来，资助1名家庭困难学生长达10年，帮助这名学生顺利从初中到大学毕业，不求回报。班里有几个农牧民家庭的孩子生活贫困，只要他们在学习上有了进步，她就从自己的工资中拿出一笔资金进行奖励，既照顾到了他们的自尊心，又能解决一部分困难。在日常的教学工作中，注重了解学生的思想动态。例如有名学生因为体形偏胖长期受同学歧视，一直郁郁寡欢导致学习成绩直线下降，她及时开导，并向其他学生讲明团结友爱的重要性，帮助其树立自信，提高学习成绩。

五、重团结、严于律己，作风正派

她为人朴实，能严格要求自己，自觉加强党性修养，积极参与学校组织的各项学习教育活动，使自己的思想觉悟得到提高。认真学习《条例》《准则》的各项规定，主动联系自己的思想实际，系统地对世界观、人生观、价值观等方面予以自查，做到了清正廉洁、克己奉公。在工作中，能识大体、顾大局，组织安排任何工作都乐意接受并努力干好，从不计个人得失，从不以权谋私，以身作则，严于律己、宽以待人，兢兢业业办事，老老实实做人，与教师们相处融洽，团结共事，在教师职工中享有较高威望，受到领导同事的一致好评。

张恩：墨脱支教生死路

张恩，岭南师范学院生命科学与技术学院2003届毕业生，毕业时选择进藏工作。2003年8月—2004年7月，任西藏林芝一中宿管干事、班主任、军事教师；2004年8月—2005年7月，到西藏墨脱县中学支教，任班主任、支教组长；2005年8月—2012年2月，任西藏林芝一中班主任、教研组长，团委书记，教代会常委、新课程改革培训班班主任（国培）。2012年3月，出藏创办岳阳市张恩理科。

十年援藏支教，回望这一路的风雨兼程，最难以忘怀的是走过的生死墨脱路。了解这一路，或许就可以理解我们的援藏之路。2004年8月29日早上7点，西藏的天还没有全亮，看天气是晴天，我们一行8人从林芝八一镇出发前往墨脱。通麦的路不好走，一路都有落石，一直到晚7时许我们才到波密。30日，因早晨4点车队要出发，我们必须赶到进墨脱的岔路口搭顺风车。早晨约3点，一同支教的老师兼向导旺久就叫醒了我们，等我们每人带着70多斤的行李（一年的衣物和用品）步行两公里满头大汗赶到了集合地时，车队刚好准备起程。因雪山刚融雪，雪山公路通车才几天，进入80K公路的货车驾驶室基本上都带了人。几番协商调整后，4点半，我们就被安排挤上了最后三辆大货车的驾驶室。

上雪山的路非常陡峭，最后一公里我们是跳出驾驶室一路搬石头塞车轮向上挺进的。山顶风光无限好，随处可见洁白的雪莲花；雪山融水形成的湖泊清澈见底，车从湖中一条公路涉水开了过去。10点多，天开始下雨，司机生气地说是前面的人采了雪莲花，惹怒了天神。就要下山了，司机拿出两包烟和一个打火机，叫我们等会儿根据要求给他点烟。10点40分左右，我们的车从瀑布底下开过，一过瀑布，我们兴奋地拿出随身带的相机拍照。司机不肯合影，只淡淡地说：一会不许尖叫，抓稳坐好……已经不记得自己有多紧张了，一路都是倒车弯，因为下雨打滑，每次师傅都是将半边车轮爬上石壁，车辆倾斜至货箱发出“杠杠”的声音，然后一个方向打过来。我坐的位置紧靠车门，伸出头向下可以看到偶尔悬挂着的车轮和望不见底的悬崖，但无法看到下方盘山而下的车队……

支教墨脱雪山下行车留影

下午3点40分左右，终于下到了山脚下，师傅的两包烟抽没了，我的手也几近僵硬。晚上7点50分左右，我们到了80K——80公里的一个临时贮藏货物的中转站。今天15个小时，我们走了80公里，这是我这辈子坐车走得最慢的一次。向导告诉我们，因现在是雨季，前面几十公里我们必须走路。

当晚，我们住旅馆，说是旅馆，其实就是一些简易的架高了的木头房，床也只有大通铺（一张床十几个人并排睡），10元一晚。

31日一大早，大雨滂沱，旅馆房东给我们送来了风油精，直到这个时候我们才知道，咬了我们一个晚上，将我们叮成麻疹样的不是蚊子而是跳蚤。

上午，我们打点行装将无法自带的行李托付给专做背运的民工兄弟，市场价2.5元一斤，由他们帮我们背两天背到县城。托行李时遇到了县小学的校长，他是来背改版的教科书的。因从波密到80K需要过雪山，这段路只有8—9月通车，而80K到墨脱县城这段路要经过雅鲁藏布大峡谷，每年只有1、2、3三个月旱季可以通车。改版的教科书若要按时到达学生手上，80K到县城这一段路必须靠人力背运。学校拿不出这笔经费，今年书比较多，校长就亲自带着几位老师和高年级的部分孩子走了两天路来到这里背书，已经背了三趟了，今天是最后一趟，因明天学校开学，校长让老师们留在了学校，自己带着7位学生背这最后一趟，顺路完成县教育局安排的带领我们进县城的任务。雨太大，校长说今天走不了了……

9月1日，大雨已经下了两天了，没有停的迹象。校长说他必须冒雨走了，学生还在等书上课呢。我们6人（有2人已从80K往另一个方向去乡镇支教）与校长的队伍一并出发了。10点左右我们从80K沿着雅鲁藏布大峡谷挺进，为了不让7个孩子背太多，校长自己背着70斤书。根据当地人经验，我们每人出发时买了5瓶以上的水，3罐红牛。

80K到县城就一条路，出80K不到一公里，我们队伍中的两位女教师就把下雪山时不敢叫喊的声音爆发出来了。且不说校长说的：随时可能碰到黑熊——要不断唱歌说话来预防，也不说短短一公里走过了两处塌方泥石流，单凭满腿往上爬和路旁树枝上伸懒腰的蚂蟥，就足够给我们心里震撼的。

雨还在下，很快我们膝盖以下全湿了，虽然有所准备，买了大两码的鞋子，但到下午3点的时候，我的鞋子还是变得特别紧。并且脚上已经穿了两个水泡，痛起来的时候更愿意将脚泡在路边的水潭中。后来，我们靠着一个很大的石头休息，我再次清理侵入我两层袜子内的蚂蟥，这次有四条。这一路已经有18条蚂蟥侵入吸血了，但比起杨磊老师的32条，我算幸运的了。队伍已经分成了两组，校长和两位支教的老师带着孩子们走得最快，我们不得不佩服校长的体能。女老师体力欠缺，行走迟缓，杨磊和我在后面照顾着。雨没有小的迹象……

4点多，我们碰到了挡住我们去路的山洪，水流宽6米左右，深2米多，非常湍急，水面有直径近1米的长圆木横着，圆木两端有几十厘米在岸上，由于水流太急，圆木随水流原地慢慢滚动。我和杨磊都过来了，女老师们不敢过。我们将随身带的两根绳子拿出来，一根将圆木捆在附近的石头上防止转动，另一根由我拿着牵着女老师过“桥”。先过来了一位女老师，另一女老师还是不敢过。为了保险起见，我将绳子绑

张恩支教墨脱过雪山时留影

在了老师的手腕上（事后才知道绑在腰上比绑在手上好）。不知道是圆木真的太滑还是她太紧张，走到一大半（我已下桥）时，她滑倒了。巨大的水流冲击力瞬间把她冲倒，也把我拉倒，幸运的是绳子有一段长度卡在了石头和圆木之间……当杨磊和我把她从水里拉上来时，她已经喝了不少水。因为路上耽搁，与校长安排在108K等我们的旺久会合后，我们投宿到了108K的小旅馆里，校长一行则投宿在113K的旅馆……

历经一路艰险，最终抵达墨脱这一“高原孤岛”。我们的衣食住行是这样子：气候，雨季有8个多月，旱季3个多月；电力，全县城轮流供电，县中学和县公安局、检察院为同一片区，一周可以供电两次，每次约18小时，电压80伏左右（看电视需要两个调压器串联使用）；用水，由山上接的溪水，平均四桶水中就有一条蚂蟥。有时候一桶水可以接到六条蚂蟥；粮食，大米从县粮站购买，一年中有5个月吃虫米（雨季太长，无论怎样注意，大米仍生黑虫）；燃料，只有木材可用，但必须徒步到五公里外砍伐（五公里以内是保护区，禁止伐木）；生活，无银行，无服装店，无手机通信服务，联系外界靠卫星电话（4元一分钟）；出行，全县一条1.5公里的公路，该公路每年除1月、2月、3月以外无汽车行走，其他地方为土路，雨季路上到处都是蚂蟥；医疗，全县一所医院，唯一的仪器是心电监护仪，连阑尾炎手术都无法做；猪肉30元一斤，一周运气好可以买到两三次猪肉；鱼60元一斤，两三个月可以买到一次；矿泉水最低价10元一瓶；当时外面购买0.5元一袋的方便面，在墨脱卖10元，并且一年中有8个月没货……

人生有许多路可以走。为什么要选那么险，那么苦的路？我想，选择师范，就选择了责任，人生若没有一段想起来就热泪盈眶的奋斗奉献史，这一辈子就白活了。这也是母校岭南师范学院对我的教诲。离开母校 17 年，母校的教诲一直记在心间，多想再回母校的怀抱，再好好感受母校的教导！还在读的师弟师妹请用心，母校有许多平台供你学习和锻炼；请珍惜，四年弹指一挥间，离开这里，你会如思念母亲般想念她。

谢秀梅：坚守十六载　风雨共前行

谢秀梅，岭南师范学院2004届毕业生，毕业时选择进藏工作，服务期满仍选择继续留藏工作。曾任西藏林芝广东实验学校小学部英语教研组及品德教研组组长，现任西藏林芝广东实验学校初中部英语教师、班主任。

2004 年 4 月，西藏林芝教育局在湛江师范学院进行应届毕业生的教师招聘工作，怀着对西藏圣地的向往，我毅然递上了我的应聘材料。在通过了简单的面试后，我如愿以偿地成了一名即将远赴西藏工作的准教师。

2004 年 8 月，经过一天的飞机和客车的旅程，在晚上 11 点多的时候，我们终于到达了林芝八一镇，也就是现在林芝委的所在地。从早上 4 点多到晚上的 11 点，虽然一路奔波，但是心中的激动之情早已盖过了路途的疲累。第二天，从师兄的口中得知，我即将工作的单位没在地区，而是被安排到了下属的一个县中学。当时师兄们担心我一个女生在县中学受苦，都想着帮忙把我留在地区的学校工作。我当时想着去体验一下也不错，丰富一下自己的人生阅历，况且还有两个师姐在那所中学里任教，她们能做到的，我相信我也能做到，于是我委婉地拒绝了师兄们的好意。

在林芝教师进修学校进行了三天的上岗培训后，我们这批新引进的教师就开始奔赴各自的工作岗位了。和我同行的还有我校一起来的生物系毕业生巫同学，我俩都被分配到了波密县中学。从八一到波密，虽然只有短短的两百多公里的路程，我们却足足走了8个多小时，我第一次见识了什么叫天险，第一次真真正正地看到了山体滑坡后的惊险。说是国道，其实还不如家里的乡村道路，即使是这样的国道，也是我们的解放军同志历尽千辛万苦开凿出来的。来到波密县中学，师姐和一些在家的同事们早就等候在校门口了。学校里唯一的一栋楼就是教学楼，老师们和学生的宿舍都还是平房，教学条件和住宿条件确实不怎么样，既来之则安之，我不后悔自己的选择。一起来的新教师里只有我一个女的，学校给我单独分了一个平房单间，其他几个男老师只能是住在一个大教室里了。新的学生宿舍楼和教师宿舍楼还没竣工，也就是这个原因，我参加工作的第一个学期，学校推迟了半个多月才开学，也让我的第一个教师节过得终生难忘，没有学生的教师节，也许我还不算是一名名副其实的教师吧。终于等到了孩子们报名上学的那一天，当我第一次听到孩子们喊“老师好”的时候，心里还有些小激动，我终于是一名教师了！

由于各学校专业教师的配备还不是很合理，部分专业专任教师缺乏，所以在任课上我们都会一个人带多门课，汉族教师除了藏文课以外，其他科目都有可能要担任。在波密中学任教了5年，我担任过英语、地理、体育、劳技等科目的教学工作，英语也是学校里的紧缺专业，所以相对来说我要担任的科目也就没有那么杂。刚刚接触藏族的孩子们，感觉他们是那样的淳朴，但有时候他们也会“欺负”不懂藏语的我。最让人头疼的是担任职教班的班主任，本来就不懂藏语的我，还遇上了一群基本不懂汉语的孩子们，用广东话来说真的就是“鸡同鸭讲”了，让我一个头两个大！还好，热心的同事们都乐意把自己的经验分享给我，还有班里懂一点点汉语的孩子们也热情地为我当翻译，让我的工作能够顺利地进行。

在波密县中学工作的五年时间里，我看到了西藏教育的发展。刚开始的两三年时间里，很多农牧民朋友们都不愿意把孩子们送到学校来上学，学习知识，所以才会有上面我说的这些情况存在。孩子们听不懂普通话，汉族老师和这些孩子们交流起来十分困难，初中每个年级也就只有三个班左右的学生能坚持在校上课。慢慢地，随着西藏经济的快速发展，农牧民朋友们和外界接触得越来越紧密，在政府部门和教育部门的大力宣传和教育下，他们的教育意识也在逐步提高：孩子们只有通过学习更多的知识，才能更好地摆脱贫困。到2009年，县中学每个年级已经达到了六个以上正常教学班了，从在校生人数来说，多了一倍多。西藏教育的发展，带来的将是西藏经济更高速的发展。经过差不多十年的发展，现在的孩子们基本上都可以使用汉语交流了。

2009年8月，在广东省政府、广东省教育厅以及广东省第五批援藏干部的大力支持下，林芝广东实验学校正式成立，作为一名广东籍的在藏工作教师，为新学校贡献自己的一分力量是在所不辞的。新学校、新环境、新学段，一切都是新的，我又得从头开始。习惯了初级中学的大孩子们，面对着这一群群可爱而又活泼的小学生，特别是低年段的孩子们，我还真的有点束手无策。学习、取经，不断地去听课、磨课，通过一个学期的磨炼，我才适应了小学的教学工作。在县里工作，带给我更多的是安逸，没有压迫感，没有成绩考核的压力。回到市里工作，我才感觉到什么才是真正的工作：成绩考核让老师们想尽办法去提高教学质量；各类的教学比赛也比在县里的时候多很多；与专家、名师、骨干教师等接触学习的机会也会多很多……在学校领导和同事们的指导和帮助下，我在教师专业发展上得到了很大的磨炼，快速成长为学校的骨干教师，并担任了英语教研组组长一职。在学校刚成立的两三年，教研活动很多时候都只是流于形式，组里的大部分教师都很抗拒教研活动，觉得没什么实际的效果。在我看来，教而不研，只会让我们的教学止步不前，在老师们的观念还没转变过来之前，我要坚持带领组里的老师们进行教研活动。我个人经验不足，但我们有珠海来的援藏专家教师，他们是我们学习的宝贵资源。在珠海的一批又一批的援藏专家教师们的指导和帮助下，英语学科的教研活动在各级的赛课活动中初见成效：多杰久美老师创作的 *How Many Are There?* 教学案例荣获 2011 年西藏自治区交互式教学终端教学案例评选一等奖；桑吉卓玛老师创作的 *In the Living Room* 荣获 2012 年林芝首届交互式教学终端教学案例评选一等奖；桑吉卓玛老师创作的 *Jenny's House* 以及赵菊老师创作的 *My Favourite Colour* 被评为 2014—2015 年度“一师一优课，一课一名师”活动国家部级优课……在一个又一个的荣誉跟前，老师们看到了教研活动带给了大家实实在在的成果，教师专业成长了，课堂效率上来了，孩子们的成绩也就提高了，老师们对教研活动的观念也慢慢地转变过来了，我的坚持得到了回报。

转眼间，我在西藏已经工作了十六年，在收获硕果的同时，病痛也在伴随着我。2010 年年底，脚上的水肿越来越严重，经医院诊断为肾炎综合征，不得不住院治疗。在治病休养了半年后，我又重新回到了工作岗位上，边坚持工作边吃药治疗。家人、好友都劝我申请调回广东工作，我只一笑置之，我还是喜欢西藏，我离不开那里的孩子们。在坚持吃药治疗下，两年后，我恢复了健康，我又可以更好地为孩子们服务了。在恢复后，学校安排我带了两届的毕业班，2016 年 4 月，离孩子们的小升初内地班考试剩下还不到两个月的时间，正是孩子们冲刺的关键时刻，老天爷却和我开起玩笑来，我的脚又开始肿起来了。临阵换老师，对孩子们的影响是很大的，我就在当地的医院边治疗边坚持上课，孩子们也没让我失望，最终的上线成绩还是让人满意的。在孩子们考试结束后，我马上飞回广州住院治疗，这次病情由于拖的时间比较长，比上次的病情要严重很多，在医院一住就是三个月，而且治疗效果还不是很明显。乐观、坚持，是我一贯的作风，半年的时间，才让我看到了一点点治愈的希望，连主治医生都在佩服我的耐心。“耐心”是作为老师必须具备的专业素养，没想到也能用在我的治病上。这一次我休养了一年的时间，2017 年 8 月，我再次回到了我的工作岗位上。这一次，亲人、好友们也免不了再次劝我调动工作，我还是坚守着我最初的选择。想起当初应聘时的一时冲动，我现在更多的是坚定。

在当时的招聘条件中，必须有家长的同意书才能通过，虽然我不是独生子女，但父母对即将要横跨半个中国去参加工作的我来说，还是有着一万个不放心。在我万般的劝说下，父亲终于在申请书签下了自己的名字。现在每每提到这件事，特别是我生病后，父母都会埋怨说当时就不该签字同意我进藏工作，每当这时候我只能一笑而过。确实，自从进藏工作以来，因为路途遥远，刚开始那几年交通的不便利等原因，一年到头回家陪伴父母的时间确实是少之又少，有时候甚至两三年才回一次，对家的思念，对父母的牵挂时刻萦绕在心头。选择了在藏工作，也就意味着对家庭的照顾会越来越少：哥哥结婚了，作为妹妹的我只能在遥远的西藏默默地祝福；妈妈两次摔伤住院，爸爸一次手术住院，作为女儿的我都没能侍奉在病床前；二伯父和小姨的去世，我也没能回去给他们送行……在家事上或许我留下了很多的遗憾，但我不后悔自己最初的选择，能为西藏的建设，为国家的繁荣稳定贡献自己的一份绵薄之力，是我的坚守，也是我的荣幸。

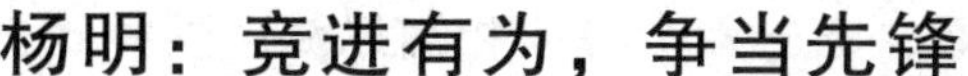

杨明：竞进有为，争当先锋

杨明，岭南师范学院2014届毕业生，毕业时参加西部计划，2014年8月—2015年7月服务于西藏朗县教育体育局，2015年8月—2016年7月服务于西藏墨脱文化广播电影电视局，其间，于2015年12月—2016年1月借调西藏墨脱发改委，2016年2月借调西藏墨脱人大办，2016年4—7月借调西藏墨脱县委组织部。两年服务期结束后返回广东深圳，从事美术教育工作，曾就职于深圳市左印国际美术，任高级教研员。目前，创办经营吃绘画室。

“恰同学少年，风华正茂，书生意气，挥斥方遒。”如果说青春是人生最美好的时光，那么梦想是生命中最耀眼的阳光，曾经很多人告诉过我们人生便是要恣意张扬，性格洒脱，在工作岗位上一定风风火火，如此才能给凸显人生真谛，才能够诠释生命的意义。但是当我真正来到西藏，真正进入岗位，体会到岗位职能的时候，我才明白什么是甘于奉献，什么是为五十六个民族团结奉献自己的一分力量。适逢党的十九大即将召开、母校开展援藏工作三十周年之际，我想我会用文字书写我两年的援藏之旅，我将用文字记录我的心得。在进入西藏之后我感触很多，因为我身处在不同的岗位不断成长，因为我接触过这里的孩子，看过这里的风景，我知道这里真的是很美很美的地方。

当我来到这里，看到湛蓝的天空，清澈的湖水，看到满山的花朵，我知道我来对了地方，我感叹我们祖国的高山巍峨，五千年来历史的赞美笔墨，我们的祖国地大物博。我们的人民勤劳勇敢，五十六个民族相濡以沫。同时我也知道为什么来到这里，我是为了能够在这里奉献，能够让自己的生活变得充实而有意义。来到西藏之后，我首先服务于西藏朗县教育体育局，主要负责综治维稳、语言文字、普法宣传、志愿活动。在这期间，我在当地学校兼职美术老师，尽管我只是兼职美术老师，但我仍能感受到孩子们对于知识渴望的眼神，我希望能够用画笔来让他们清楚外面的世界。或许很多人会奇怪难道平时的工作不辛苦？不劳累吗？为什么还要去做老师？我想说我喜欢和天使在一起，他们是上天送到我们身边的天使，他们清澈的眼睛，就像是西藏的天空，那样的透明，那样的单纯，他们没有走出这里，没有去过外面的世界，我希望能够用语言讲给他们听，能也让他们明白自己的将来与家庭、与区域息息相关。或许孩子们听不懂，但是我耐心地说出来，用语言、用画笔来表达。

“慧者心辨而不繁说，多力而不伐功，此以名誉扬天下。”真正的智慧者出力但不贪功，居功不自傲，用德行扬名天下。我从来都不觉得援藏的行为多么高尚，对于我而言这就是一趟筑梦之旅。而支援西藏需要以老实作为立身之本，需要用谨慎的态度诠释老实的内涵。老实做事指引着方向，作风老实同时也胜于你的能力。我老老实实将遵纪守规作为工作之本，认真学习习近平总书记系列重要讲话精神，自觉加强党性修养、坚定理想信念、牢记党的宗旨，做到对党忠诚、对人民忠诚、对事业忠诚。其实在这个过程中我也遇到了很多困难，2015 年，我进入西藏墨脱文化广播电影电视局工作，那是我人生第一次来到这里。墨脱在藏族人民心目中是宗教信徒朝圣的“莲花宝地”，又名“白马岗”。在某种意义上，墨脱作为一种象征而存在，这里是全中国最后一个不通公路的县，地处世界第一的雅鲁藏布大峡谷的深处。有人称，在到过墨脱的人面前不要言路，意思是说这世上再没有比到墨脱更难走的路了。这一年我主要负责项目前期、文艺演出、文化产业数据统计报送、非遗申报及相关工作的落实、配合开展文化执法、文化旅游节、传统节日的活动策划方案撰写、信息报送。在这里最重要的就是人与人之间、部门与部门之间的协同合作，为了探索如何让这里拥有属于自己的康庄大道，很多人都在付出努力，尽管我们清楚这个过程很难，但是为了能够让这里的人过上幸福的生活我们愿意为之奋斗。这样美丽的地方，所有信徒朝圣的“莲花宝地”真的需要有一条属于自己的路。

在西藏的这段经历，我发现了自己能力上的不足，但是更多时候我感受到的是身边人的变化。西藏仿佛有一种魔力，那就是你来到这里就能够被环境所吸引。这里的淳朴，这里的美让你觉得不虚此行。同时在工作中我明白学在深处、谋在新处、干在实处才是做事的准绳。缺少本领的恐慌与能力不足都是逃避做事投机取巧的借口，我们需要求真务实，面对困难敢于迎难而上，面对工作失误敢于承担责任，这些才能够凝聚我们的担当，才能够让我们的工作更为顺畅，才能在自律中自强，厚积方能薄发，老老实实积累经验才是成功的指明灯。

其实在两年的援藏经历里我辗转几个地方，做过最多的就是关于沟通交流，我从开始的不耐烦到后来的不急不缓，我感受到了自己的变化，同时也爱上了这个美丽的地方。同时也知道文字的力量是让人了解什么是历史，而我也会用文字来记录自己的生活与工作，我知道这是一种坚守，我不会用花哨的言语诉说自己的艰辛，但我懂得与时俱进，同样也明白什么是操守底线，我坚信自己不会在物欲横流的社会因为利益丧失底线，不会华而不实让思想落后。我知道这才是真正的聪明人，因为我会在社会不断发展的过程中，不断进步，努力提升自己的实力，在自律中规划人生的方向，踏实做事，老实做人。足履实地，行稳致远。

2015 年 12 月，我被借调西藏墨脱发改委，作为墨脱县“十三五”文化产业规划联络人，借调至墨脱县发改委“十三五”规划领导小组办公室，负责墨脱县“十三五”时期文化产业专项规划相关工作。2016 年 2 月，又被借调西藏墨脱人大办，在墨脱县人大办，配合开展人大换届选举工作。2016 年 4 月，借调到西藏墨脱县委组织部，在县委组织部县乡两级领导班子换届办公室工作，配合开展县乡两级领导班子换届选举，这也是我援藏两年的结束点。其实在西藏明显出现人手不足的问题，因此我们经常会更换工作地方，但是每个人都很开心。对于我们而言这就是一种体验，是一种充实自己的方式。我们喜欢这样的更换，也在交替岗位的过程中认识到自己的不足，并且努力地给自己充电。我们心里都有一团火，一种精神在支撑。

我记忆中祖父辈讲过十万大山，红旗猎猎。峥嵘岁月里有多少风雨沧桑，就留下多少苦难辉煌。这份辉煌，是爬雪山，过草地，战天斗地的英雄豪迈。这份辉煌，是抛头颅、洒热血，视死如归的坚强不屈。这份辉煌，是破乌江、渡赤水，机智果敢的运筹帷幄。它悲壮而并非悲凉，有过失败却从未绝望。茫茫草地中那一只“金色的鱼钩”，描述的皑皑雪山上那一座“晶莹的丰碑”。我知道多少狼烟，烽火连城，正是因为有了共产主义理想信念的指引，中华民族才一步步走向独立富强，写下共和国辉煌的第一章。我知道铁军精神需要传承，需要我们在困难的路上不断践行。

回顾往昔，热血澎湃。还看今朝，壮心激昂。我们是祖国的一员，我们是城市的基石，无论今后的我们身在何方，都将为群众奉献一生，无论未来如何，今天的我们必将不惧风雨，砥砺前行。

郭伟：滴水有愿，润物无声

郭伟，岭南师范学院2014届毕业生，毕业时参加西部计划，到林芝墨脱县旅游局工作，其美术作品入围第三届中国（国际）大学生艺术作品展，个人荣获西部计划优秀志愿者。服务期满后出藏自主创业。

曾经看过一首诗，“有一种内心的颤动，是当你双脚踏上这片土地的时候；有一种心境的开阔，是当你双眼看着这片天空的时候；有一种自由与热情无限奔放与飞翔，是当你驰骋在这片土地上的时候；这里，就是西藏。”当时看到这首诗的时候，心中便对西藏无限神往。自那时起心中便有一个梦想，那就是有一天自己一定要踏上那片神圣的土地。

我是郭伟，2014 年 7 月毕业于湛江师范学院。为了积极响应团中央的号召，到祖国最需要的地方去，我毅然报名参加了大学生志愿服务西部计划，并有幸成为其中的一员。抵达西藏后，我被派到了林芝墨脱县旅游局工作。

参加西部计划是我很多年前就想做的事，也是一件很正确的事。做志愿者虽艰苦，却也是实现人生价值的重要方式，正如参军一样，参与者后悔一年或者两年，不参与者却会后悔一辈子。正所谓，好男儿志在四方，趁年轻，应该多出去走走。古人云，读万卷书不如行千里路。无论身处何处，都是一个学习的过程，来到西藏，也让我开阔了视野，增长了见识。

在中国西南边陲，西藏高原的东南部，镶嵌着一颗耀眼的绿色明珠——墨脱。2014 年 8 月 1 日，我怀着满腔热血来到了这里，开始了为期两年的志愿服务生活。

墨脱县是西藏自治区林芝下辖的一个县，位于西藏东南部，地处雅鲁藏布江下游，位于喜马拉雅山脉东端南麓。境内的居民主要为门巴族和珞巴族。著名的雅鲁藏布大峡谷主体段都在该县境内。这里是西藏高原海拔最低，环境最好的地方，也是西藏最温和、雨量最充沛、生态保存最完好的地方。进入墨脱县，在几小时内便可领略到从高山寒带到热带雨林那千姿百态、丰富多彩的自然景观，真是“一山显四季，十里不同天”。

墨脱，藏语意为“隐秘的莲花”，一度被称为“死亡孤岛”。那里的路“缠”在高山深涧间，直到 2013 年 10 月，通往县城的公路才正式通车。自此，墨脱才正式“摘帽”中国最后一个不通公路县的历史。

“用一年不长的时间，做一件终生难忘的事，用生命中的七十分之一，营造一个人生的奇迹。”刚到墨脱时，心里一直默念着这句话，一路上告诉自己一定要做出一番成绩来。然而在下车后，看到墨脱县城如此之小，当时还真有点失落。但想起诸葛亮给他儿子写信时曾说过：“夫君子之行，静以修身，俭以养德，非淡泊无以明志，非宁静无以致远。夫学须静也，才须学也。非学无以广才，非志无以成学。”我就静下心来，好好调整心态，慢慢地发现墨脱独特的风情。在这个过程中我经历了很多，成长了很多，学到了很多，下面我想和大家分享一下我的收获，我得到的三颗心——真心、耐心、平常心。

一是真心

墨脱是个非常美丽的地方，这里的居民大多是门巴族和珞巴族，他们人很质朴，非常热情好客。门巴族主要分布在西藏自治区东南部的门隅和墨脱地区，错那县的勒布是门巴族的主要聚居区，门巴族和藏族长期友好往来，互通婚姻，在政治、经济、文化、宗教信仰、生活习俗等方面都有十分密切的关系。根据神话传说、藏文文献记载和考古材料可知，门巴族族源是门隅的土著群体与来自西藏高原北部的群体互相融合而来的。经过漫长的历史发展，大约在吐蕃王朝统一西藏诸部以前，门巴族已经形成。

记得有一次我陪同旅游卫视“寰行中国”摄制组去墨脱县帮辛乡拍摄，其间到乡亲家里去做客，刚刚准备进门，便被热情的乡亲们拦了下来。在当地有个习俗，来家里做客的客人进门前要先喝上一大碗自家酿的黄酒。主人家的老爷爷主动端着一大碗黄酒出来迎接我们。老人家从小就在村子里生活，只会讲门巴话和藏语，普通话完全不懂。他一直拿着装满黄酒的碗站在我面前，虽听不懂老人在说些什么，但看到这么一大碗黄酒的时候，说实话确实很犹豫，可是看到老人家真诚的眼神时，我慢慢地将

这碗充满乡情的黄酒接过来，随之便一饮而尽。老人家看到我们将酒喝下后非常开心，热情地招呼我们进入他家，并准备了一桌丰富的饭菜。回去的时候老人家送了我们三里多的山路，一直看着我们慢慢远去。

此次下乡之行，让我真正体会到了“有朋自远方来，不亦乐乎”。只要我们是真心的，是真诚的，就算语言不通，通过真诚的眼神、表情、动作，别人也会感受得到。

二是耐心

上学时，我是一个比较容易急躁的人，其实就是浮躁不踏实。刚到旅游局时，局长及工作人员都对我很照顾，很信任我，没过多久，局里就开始让我独立负责起一些事情。“山顶在云间，山底在江边，说话听得见，走路得几天。”这首西藏南部的当地民谣，生动而形象地勾勒出墨脱的交通状况。随着墨脱公路正式通车，这里与世隔绝的状况被彻底改写，但是公路沿途的山体还是非常容易松动，经常发生泥石流等自然灾害。

记得有一次，淅淅沥沥的小雨连着下了好几天，当雨逐渐变小的时候，突然来了一场大暴雨，由于前期长时间降雨导致山体泥土已经松软，加上暴雨的突袭，最终导致了扎墨公路道路塌方，发生了泥石流灾害，许多还在游玩的游客被困在了县城。事情发生后，游客们都非常着急，纷纷跑到旅游局，询问灾害处理进展情况及游客安置情况。当时，我是第一次面对这种事情，就像无头苍蝇一样到处乱撞，完全没有头绪。他们认为有些事情是领导一句话就可以马上解决，如果没有马上解决就是领导不想管。对于这种情况，我和局里其他工作人员细致耐心地听被困游客们讲自己的想法和他们的需要，同时我们也向被困游客免费提供了热茶水及食品，并在接待中一直微笑，十分耐心地讲解事件处理情况，帮助游客理性分析此次事件，安抚了游客的情绪，避免了可能发生的不良后果。经过此次事件，我锻炼了自己的耐心，学到了面对突发事件及群众工作一是要少些脾气，多点微笑；二是要少些牢骚，多点耐心；三是要少些冷漠，多点沟通。只有提供春风化雨般的温馨服务和掌握一定的接待技巧、说话方法，才能处理好类似的突发事件。

三是平常心

有一种生活，你没有经历就不知道其中的艰辛；有一种艰辛你没有体会过就不知道其中的快乐；有一种快乐，你没有拥有过就不知道其中的纯粹。但我却走上一条道路——志愿服务西部，因为我们是西部计划志愿者。我们是怀着一个美丽的梦想来的，把我的爱心、青春献给祖国最需要的地方。

“宁静致远，淡泊明志”，来到墨脱走上工作岗位后，心中却总是平静不下来。走之前家里人对我说：“在那好好干就行了，也别指望有什么大的作为和成果，能平平淡淡地过下来练成一颗平淡的心就是成功。”当时我却深不以为然。可是回想一下在家出发之前的满腔热情到现在还剩下多少？现在还有多少激动和热情？估计现在大部分同来的志愿者都有我的这种感受。包括我在内，很多志愿者当初在脑中想象的景象一定与现实有很大的变化。

从一名大学生转变为一名基层工作人员，面对角色的转变和迥异于家乡的气候、环境，非常容易心浮气躁、虑事不周。在刚刚接手局内工作时，很多时候我都是用学生的标准来严格要求自己，过于关注细节，凡事苛求形式和内容的统一，书生意气较浓。然而基层工作有自己的特殊性。我感觉自己的某些工作方法与领导的要求、同事的观念和群众的期望存在差别。虽然没有出现过任何工作失误，但要完全适应基层乡镇工作环境，还需要经历一个较长的磨合期，要对自己的工作方法予以调整、改进。

作为一名西部计划志愿者，要始终牢记身份，牢记自己的使命和责任，不负党和人民的重托和期望，努力扎根基层，做好各项工作，服务广大群众。同时又要淡忘身份，不能因为自己是编外人员、是志愿者，而在工作中不尽力、不用心、松懈，要保持一颗平常心、一颗谦虚心和一颗感恩心，用真心和耐心，发扬长处，改进不足，争取更大的成绩，践行“奉献、友爱、互助、进步”的志愿服务精神。

年轻的我，年轻的心，坚定地走上志愿者之路，将会一路奉献，一路收获。

我选择了，我无怨无悔！各位师弟师妹，各位有志青年，勇敢地做出你们的选择吧。来感受新西部、体验新生活、实现新成长！用最好青春遇见最美西部！

郭超：既然选择了远方，便只顾风雨兼程

郭超，岭南师范学院2014届毕业生，毕业时放弃了在家乡已经找好的工作，选择参加西部计划，到西藏林芝任教。服务期满后，到山西省壶关县西川底九年一贯制学校任初中美术教师，现任政教主任。

汪国真在《热爱生命》里曾说过："我不去想是否能够成功，既然选择了远方，便只顾风雨兼程。"因此，当你选择了远方时，你只要努力向前冲就好，那么，你所谓的

远方就会变得不是那么遥远。这是我一直以来激励自己的话语，我告诉自己，只要你努力去做你想做的事，美好的总在前方。

2014 年毕业时，响应“到西部去，到基层去，到祖国最需要的地方去”的时代号召，我毅然决然地选择了参加西部计划，成为一名援藏志愿者到西藏林芝服务，希望能用自己青春的热血去服务、去奉献，参与到新的西部建设中去。我就这样成了千千万万的大学生西部计划志愿者中的一分子。

可能是“西藏”二字的神秘挑动了我内心向往的那根神经，而从小在成长中的历练让我无惧高原的艰辛。都说到了西藏会吃苦，我从来没把它当作一回事。一个曾骑行西藏的师弟的描述更增加了我对西藏的向往：纯净的空气、质朴的民风、迷人的雪山美景和依傍念青唐古拉山的纳木错，是一个实现自己的地方……在经过认真的思考后，自己通过面试等选拔环节，踏上了西部计划志愿者的征程。

在完成自己的本职工作，自己行动的第一步，是参与到西部计划林芝自管会的筹建中去，并在成立大会上竞选了宣传部副部长。随之而来的就是为林芝申请国家级文明卫生城市，在申办活动中，要做的就是为林芝申请国家级文明卫生城市添砖加瓦，贡献自己的一分力量。在我们到达之前，林芝就一直致力于申请国家级文明卫生城市，而我们到达后的这段时间，恰好是林芝国家级文明卫生城市验收收尾的攻坚阶段。为了圆满完成这次验收任务，我们也加入热火朝天的工作中，发挥哪里需要我们就到哪里去的精神，兢兢业业、认真负责地完成这项重要工作，最终使林芝获得了“国家级文明卫生城市”的荣誉称号。我们在这期间发起了征集环保队队徽的活动，并收到来自全国的 9 幅作品。不过我们自己也进行了内部讨论设计，因为我们觉得只有身在西藏才能真正感受到西藏文化的魅力，而文化既是一个城市独一无二的印记，也承载这一个城市的历史，凝聚着一个城市的精神，只有将这种蕴含在城市之中的魅力融入我们的设计中，才能完成一幅真正属于我们的队徽。当然在这些活动中我也遇到过许多困难，需要人细心、谨慎，更需要人耐心、坚持不懈。我庆幸我坚持下来，并且做得令自己满意，这不仅锻炼了我的意志力，而且无形之中提高了我的能力。

在申办活动中我们组织志愿者，上街积极进行宣传、铲除小广告。随着西藏游客人数的增加，西藏的自然环境也受到了一定程度的破坏。考虑到现实情况，我们趁周末时间组织志愿者去比日神山开展垃圾清扫活动，虽然只是微末之力，但也传达出我们热爱西藏、保护西藏的一份心意。另外，我们还在林芝主要的交通路口进行环保宣传活动，给林芝的旅游者和市民上了生动的一课。只要周末有空，我们就会积极开展环保骑行活动，这一系列活动的开展，虽不能说卓有成效，但也在较为封闭的西藏人民的心里留下了关于环境保护的烙印。即便西藏与内地及沿海地区相比，现代化发展程度不高，但这些活动多少也开启了西藏人民保护环境的意识，我们认为是十分有意义的。

一年期间，我们主动开展爱心帮扶计划，全力传递温暖爱心。经过我们志愿者不断的努力，我们组建了西部计划林芝追梦助学团队。在我们林芝自管会长的联系奔波之后，终于先后在广东、福建等地筹集善款 2 万余元，主要捐助林芝二高来自墨脱的贫困学生们。同时在了解到林芝许多孤儿院的现实情况，我们开展了林芝孤儿院帮扶计划，实际解决了孩子们的心理问题，不仅为许多孤儿送去了温暖，也让孩子们享受和同龄人一样的温情与亲情。我们每周末会去福利院看望孩子，为他们辅导功课，给他们放电影，给孩子们过生日和孩子们一起做游戏等，每当这个时候看到孩子们脸上天真无邪的笑容，就是对我们最大的鼓励。我认为，只要我们付出真心、真情，点滴行动都附着真情实意，诚心诚意为孩子们，把孩子们当自己的弟弟妹妹，孩子们就会把我们当亲人。在闲暇时间，我们还构思策划了林芝职业技术学校支教辅导活动，该活动主要是辅导高考班学生功课。累，对我们来说，不算什么。我们所面临最大的障碍是语言的交流，职高的学生全部都是少数民族，有藏族、珞巴族、门巴族等，且很大一部分都是农牧民子女，大部分听汉语都困难，更别说英语了。为了提高学生学习英语的积极性，我们努力寻求突破，找英语原声电影，反复给学生播放。这项活动的举办得到了学生的热烈欢迎。一个单词要反复教多遍，直到学生学会为止。虽然他们学习新的东西很吃力，但是他们依然乐在其中，因为考上学校是他们改变回家放牧的唯一出路。从他们的眼中，我们看出了对知识的渴求，所以我们也倾尽全力去帮助他们。每周周末，我们还会和学生们举行篮球友谊赛、足球友谊赛，为临考的孩子们送去心灵上的放松，缓解他们的紧张感。

每周、每月，我们就这样忙碌着，忙这个忙那个，可个个都乐在其中，当真正能闲下来的时候，我们也会去放飞自己。

南迦巴瓦峰是中国西藏林芝最高的山，海拔 7 782 米。它还有另一个名字“木卓巴尔山”，其巨大的三角形峰体终年积雪，云雾缭绕，从不轻易露出真面目，所以它也被称为“羞女峰”。看到它还要有一定缘分。我和同住的两个师兄，有一次心血来潮，突然决定由林芝骑行到南迦巴瓦峰山脚下的各嘎温泉去泡温泉。我知道我们的决定很疯狂，而且说不定会有危险。但我们毅然地开始了这次行程。有句话叫作：“再不疯狂我们就老了。”是啊，习惯了平平常常的生活，总是向往能够冒险、向往一些刺激的经历。我们三人天还没有亮就上路了，在路上遇到虔诚的朝拜者磕着长头，真真切切地感受了我国西藏的神秘文化。虔诚的信徒们，他们从家一直朝拜到我们途径的苯日神山，然后把自己积蓄里的一大半都捐给寺庙。这些都令我对其深深折服。时至中午我们遭遇了极大的危险。在经过雅鲁藏布大峡谷的丹娘沙丘时，下坡的过程中，压到沙路上的暗石，山地车猛然地上跳，颠簸得两脚都离开了踏板。刹那间我一身冷汗，因为旁边就是万丈的悬崖，只要车轮稍微再往外一点就是车毁人亡。一个师兄虽然没有和我同样的遭遇，但是他的情况比我还危急。我亲眼看他在快到坡底时被沙土陷住前轮，整个人一个翻滚就飞出去了。当时他胸口痛得都不能讲话，让我们十分担心。好在师兄慢慢缓解过来。因为对路况的不熟悉，直到凌晨我们都没能找到各嘎温泉，回来后和别人说起这段骑行，才知道夜间在雅鲁藏布大峡谷骑行的危险。林芝山林中仍有狗熊出没。听到这我们不由得打个战，真是后怕。有这样的经历才真真正正体会到生命的可贵性，无论在什么情况下，都要认真对待自己的生命。此时我想起了大冰书中的那句话：“岁月带来皱纹、白发和肚腩。但或许带不走你我心里的那个风马少年。”我也不枉说声：“我也曾是个风马少年。”

是啊，那离天最近的一年，那伸手就能摸到云彩的一年，那独一无二的一年，是大学生西部计划给了我这个平台，这一年不仅是一种担当和奉献，更是开阔视野、丰富阅历、完善自我的机会。回到家乡，获取工作，这一切的一切都帮助了我。

回想那一年，春天嘴裂了，夏天脸黑了，秋天浮肿了，冬天生疮了，即便这样我仍然想念那一年的事，那一年的人，那一年永远刻在了心里，至今历历在目，愿一切安好，扎西德勒！

招小艳：在雪域高原绽放的雪莲花[①]

招小艳（中），岭南师范学院2017届毕业生，毕业后通过人才引进的方式到西藏工作，任西藏自治区林芝墨脱县完全小学科学学科教师、二年级班主任、科学实验室管理员和总务处干事。

“那会儿我就觉得，如果有要做的事情，就应该动手去做，不要等，不要拖。”这是跟招小艳交流过程中让我印象最深刻的一句话。

招小艳是岭南师范学院2017届科学教育专业的毕业生。2016年，尚在大三的她奔赴西藏林芝波密县易贡乡茶场小学进行援藏支教实习。2017年，大四毕业后的她因为机缘巧合再次选择在西藏工作，现任林芝墨脱县完全小学的科学老师兼班主任。

众所周知，波密县和墨脱县风景虽美，但因地形因素，两县极易发生自然事故。如著名的连接两县的墨脱公路，敢开上墨脱公路的自驾者，都是内心足够坚强，足够有经验的真正的“越野人”。墨脱在藏语意为“藏起来的莲花”，由于墨脱公路沿线地

① 本文由岭南师范学院2019年援藏支教实习志愿者郭凯仪采写。

质情况极端复杂，建国至今三度筑路未成，最近一次修建的道路甚至在已经通车的仅一天之后，便在塌方和泥石流中消失无踪。墨脱公路最危险的不仅是泥石流和塌方，如果运气不好，还有可能遇上雪崩。

不仅是墨脱公路充满着未知的危险，阻碍到人们日常生活的自然灾害也是招小艳在援藏支教中遇到的常事。问及招小艳援藏经历印象最深刻的事，她笑着回答："泥石流、地震、雪崩，等等啊，你想听哪个？"

"泥石流是怎样的呀？""把我们学校都冲没了"

提及往事，招小艳笑笑又继续说，那是她大三在波密县茶场小学支教的一次经历。当时，学校刚放完国庆节。而在某天下午两点多的时候，学生们都在上课。突然，有当家长的村民跑到学校通知说："水来了，快跑——"学校里面所有老师当场组织学生撤离到附近的小山坡上。过了一两个小时，冲破堰塞湖的水夹着远处木房子的残骸冲到学校，整个学校被淹到三分之一的高度。

"感觉就像是在做梦。"招小艳回忆到那一次经历，语气中充满了感慨。那时候，学校正好在准备义务教育均衡检查阶段，全校正属于一个大改造期。新的教学楼里面的多媒体和课桌还没用，一楼就被大水淹没了；放到平房里面的学生的新毛毯、新床垫等物资，刚运到学校没几天，还没来得及拆开包装分发，全被水冲走了。后来，所有的老师甚至局长还到山脚下将漂到水面上的毛毯等物资，顺着水面拖回学校。

"那一年，看着学校新教学楼建起来，学校的绿化也是老师学生一手一脚挖地、种花，还有在新教学楼前面种上茶苗，因为隔壁就是茶叶加工厂，主要的生源也是茶厂员工的小孩，所以学校里面设计了各种展览介绍本校特色这一系列的文化建设。学校里面的学前班教师还花了一墙的动画人物，所有都布置得好好的，学校怎么看都是越来越好、特有希望的那种……"

然而，泥石流的到来冲垮了这样充满希望的一切。

当时学校的校长非常年轻，才出来工作六年，泥石流来的时候，校长在县里面开会，路被水冲垮了进不来，校长只能在外面干着急，后面是教育局局长开着车，靠临时搭好的路才进来。经过这次泥石流，年纪轻轻的校长在几天内头发白了一圈。

那时候大家都很难过吗？

不，那时候恰恰是大家都最团结的时候。哪怕面对16年一遇的泥石流，老师们也没有说苦与累，而是默默地把自己能做的事情做好。当时，女老师应先去乡里面安置，留下男老师在学校看守剩余的物资。但是，女老师们都说还是想大家一起待在学校，哪怕是住帐篷，但还可以给男老师们煮煮饭，让他们吃口热饭，当他们的后盾。于是，学校里面的所有老师都挤在了安置帐篷里面住了两天。

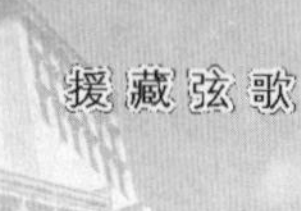

“泥石流结束后呢?”“老师、学生都安顿好了，学校——没了。”

把学校剩余的物资安顿好后，全校师生临时搬去附近的乡小学继续教学。教育局的同志将床、被子、脸盆等日常用品运了过来，教师暂时挤在教师宿舍的客厅，而学生则挤在学生宿舍。期间，有不少爱心人士给学生捐书包和毛巾，还会给老师们捐一点生活补助费，让老师们去买衣服。“当时，我就拿着爱心人士捐来的几百块钱，和另外一个老师坐着局长的车子去县城买衣服去了。在那会儿，连衣服都要买了才有得换，整个人看上去像难民一样”，提起当时的艰难窘迫，招小艳却是一笑了之。

泥石流过后，两间小学的老师、学生们慢慢融合在一起，而之后由于学校合并等原因，部分老师也调去了别的学校，而招小艳，也由于援藏实习的结束回来岭南师范学院继续读书。时间的齿轮就这样平静而缓慢地继续流动，但是，这一段经历却永远地留在了每个人的心里。“那会儿我就觉得，如果有要做的事情，就应该动手去做，不要等，不要拖。”招小艳说。

“那么后来，你做了什么事情呢?”

身为一名科学教育专业的学生，招小艳一直想在学校里面办一个科技节，让自己的专业特长可以在高原上发光发亮。于是，在乡的小学内，招小艳跟学生一起办了一个小小的科技文化节。由于当时当地资源匮乏，所以招小艳跟同事一起根据当地能提供的材料进行筛选，尽量选择一些可以进行的小实验小制作，于是，在综合组的全体老师和在校领导的支持下，主题为“展开科学的翅膀，放飞科学的梦想”科技活动节就这样办起来了。

当天，在班主任的带领下，各班学生排队依次参观了实验室内的各种模型和器材，并参与制作了各种科学小模型，如由三年级学生负责制作传声筒与旋转杯、四年级学生负责的小吊车和五年级学生负责制作笼中鸟、龙卷风、空气炮等科学小实验。笑容洋溢在学生们的脸上，鼓励声和欢呼声相互交织，荡漾在校园的上空。除了制作科学小实验，同学们积极参与了百科知识有奖竞答活动。招小艳带头举办的科技文化节取得了圆满的成功，也在学生们心中播下了小小的科学的种子，说不定，日后这些孩子里面，有人会成为了不起的科学家呀!

“在广东的话，这样的经历一辈子都不会经历吧?”

除了这一场冲垮学校的泥石流，招小艳还遇到过深夜两点的地震，以及封锁道路的雪崩。虽然地震和雪崩的影响不及泥石流大，但还是影响到了招小艳的日常生活。本来县上的物资就已经稀缺，如果再遇到天灾，断水断电、物价飞涨是家常便饭。最久的时候，招小艳在断电的情况下度过了一个月的黑夜。而断电伴随着的，是不定时的断水。

艰苦的环境，并没有打击到招小艳继续在西藏工作的决心，相反，在交流过程中，笔者无时无刻感受到她的乐观与幽默。“很多事，不经历过，真的不知道什么感觉。”招小艳笑道，“在广东真的一辈子都经历不到的。”这些不算美好的回忆，添了人情味后，在岁月悠长的日子里拿出来回味，才越发觉得里面的珍贵。正是由于西藏地理环境的“特殊”，所以才会引人向往，而敢于在这“特殊”中，在美丽的雪域高原上为祖国教育事业贡献出自己的一分力量，这就是支教的目的与意义所在吧！

“后悔来西藏吗？”

“后悔啊！”招小艳俏皮地开个玩笑，“父母催我回家哦，从我来到现在，每次回家都让我在家附近工作。”

“那是什么让你坚持了这么久不回家？”

“这里比家乡更需要我。其实不是因为在这边经历过地震，经历过泥石流这些让人刻骨铭心的日子，反而是支教期间的日常教学中，学生对于科学的热情，让我兴奋且感动。乡镇学校的学生虽然从小生活在乡村里，没怎么接触先进的科技馆、博物馆。但他们的动手能力特别强。给他们讲解过，又或者是课堂上没有完成的实验，他们会回家再去做一遍，然后带作品回来给我看。上科学课前，学生会跑过来兴奋地问我，‘招老师，今天是科学课吧，我们要准备什么材料，做什么实验呢？’看着这些学生脸上渴望的眼神，我就想，明明是同一片蓝天下的孩子，凭什么他们不能和内地的小朋友一样，享受科学课的乐趣？也许是这样的想法在我心底埋下了种子。”现在，招小艳不仅是一位科学老师，还是一位尚在不断摸索的新手班主任。对于调皮的学生，不同于其他老师的严厉，招小艳常会选择跟学生们讲道理，以理服人。在她看来，言传身教比惩罚更有用处。在课堂上，她也会跟学生讲一些故事及外界的新闻，让学生不止了解书本的知识，还能看到外面的世界是如此的精彩。

而在教学方法上，招小艳也有自己的一套。西藏的小学生不同于内地，他们的考试科目高达6门，比内地的小学生学习压力还要大。面对这些复杂的知识点，招小艳并不会让学生直接地记忆，而是会先让学生整理每个单元的知识点，然后制成思维导图，再让他们把思维导图画出来，然后按照自己的思路去背关键词，这样，看似复杂的一连串的知识点就可以轻轻松松地被串连起来了。她认为，老师需要教授学生的，不仅是知识，还有学习的方法。

在采访结束前，笔者好奇地问招小艳微信名字上的藏文是什么意思，招小艳俏皮地说：“招小艳。”看来，对西藏文化的热爱已经不知不觉中渗透进她的生活。招小艳如雪莲花，在这片雪域高原中默默绽放自己的美丽！

张金锋：雪域高原炼“真金”[①]

张金锋，岭南师范学院体育教育专业2018届毕业生，毕业后选择进藏工作，现任西藏林芝第二高级中学体育教师、体育组备课组长。

2017年4月12日，张金锋怀着对雪域高原的向往、对教育事业的执着，带着领导的嘱托、家人的不舍，和其他14名队员一起，在学校的统一安排下，从广东出发，走进西藏林芝工布江达县，开启了一段终生难忘的援藏支教生活。

与西藏结缘，与援藏支教同行

2017年3月，张金锋收到去西藏援藏支教的通知后，他辗转反侧，难以入眠。西藏支教一直是他的一个心愿，他非常希望能够将自己的满腔热情倾注到西藏地区那些渴望学习的孩子们身上，为西藏教育事业贡献自己一点绵薄之力。但身边的朋友们多

① 本文由岭南师范学院2019年援藏支教实习志愿者杨伟艳采写。

是劝阻，朋友们提醒他：此次援藏，既没有优先政策，也不分配工作，去那么艰苦的地方干吗？带着这种矛盾的心情，他主动与父母沟通商榷，在得到父母的充分理解和全力支持下，他主动提交了申请。面对整个学院只有一个名额的挑战，他非常担心自己会被淘汰掉，经过层层筛选，过关斩将，最后，他成了岭南师范学院 2017 年援藏支教成员之一，和其他 14 名队员一起，开启了他在西藏的支教生涯，传承岭南师范学院三十载“援藏良驹”的精神。

从广州到拉萨，耗时 54 个小时，又经过 9 个多小时的颠簸，终于安全抵达了的目的地——林芝工布江达县。这一路过来，他们领略了我国从南至北，从海拔几米到海拔 5 000 多米的不同景色，不同风貌，感叹大自然的美丽，真正地领略了祖国山河的宏伟壮观。

第一次进藏的经历，让他深深地爱上了这片充满诗意的土地，在这片纯美的藏土上，他觉得自己的全部身心，都已与它融为一体。

高海拔的考验，锻炼金子般的意志

工布江达县海拔 3 480 米，对于来自广东的支教老师来说，在高原上工作，最稀缺的是氧气，最宝贵的是精神。尽管高原生活将面临挑战，但他不畏艰辛。初来乍到，高原的气候让他感到氧气不够，呼吸不畅，胸闷气短，夜里经常失眠。经过两周的自我调适，渐渐适应了高原的气候。西藏的空气特别干燥，阳光刺眼，紫外线也特别强，尽管把帽子戴得严严实实，防晒霜涂了又涂，墨镜一直戴着，但在烈日的照射下，这些措施的效果微乎其微，皮肤日渐变黑。

昼夜温差变化大，稍不注重保暖便容易感冒咳嗽。在缺氧的环境下，病情不易痊愈，时常让人忧虑。高原环境下的感冒容易发展为肺水肿，当时，有一位队员因为感冒未能及时治愈而感染，最后得了肺水肿，在医院输了一周液才渐渐痊愈。大部分的队员也都有不同程度的感冒、发烧等症状，于是，医院便成了他们支教队的“熟路”。尽管如此，他们依旧不畏前行，热情依旧，在这热土上为教育事业奉献自己的青春力量。

因为高原气候，氧气稀缺。援藏支教的老师们平时运动还需比较注意，忌激烈运动，就连走路都不敢快步，只能慢步行走，否则气就不够喘。三层的教学楼，他们只能走走停停。在西藏饮食方面，单位有食堂，但菜都偏辣，对于饮食清淡的他们来说，大部分队员都吃不习惯，于是他们便在宿舍厨房开小灶。高原的气压低，米饭煮不熟，于是他们慢慢地适应了煮饭、烧菜使用高压锅的状态。

但正是这样一个艰难的环境，磨炼了张金锋的意志，锻造了他的身心，让他学会用积极乐观的态度去面对困难、战胜困境，以良好的心态、饱满的热情和昂扬的斗志去对待事业、对待人生。援藏支教，让他的心志变得更成熟了，为他今后的工作打下了坚实的基础。

面对学生的求知，奉献、给予

初到西藏，作为队长，张金锋被安排在县教育局体育办，并负责县小学篮球队训练。第一天课后，经过队员们的反馈，他们都有同样的感触，那就是沟通不便、孩子们的文化基础太薄弱，竟然有许多五六年级的学生连最基本的加减乘除都不会。除此之外，这里大部分家长都不重视孩子的教育，在学校很少有家长找老师了解孩子学习情况。但是，面对学生们的热情，淳朴，善良，他们对新知识求知的欲望深深地打动了他。于是他决定，要用自己平生之所学为这里的孩子贡献自己的青春和智慧，不忘来支教时的初衷。经过他这一年兢兢业业的教育教学，学生们积极配合，对待新知识认真学习。正是因为他的不求回报，奉献给予，学生们的身体素质和综合素质有了明显提高，达到了他的预期效果。

在西藏支教期间，他还有幸地参加了西藏自治区全民健身现场会、2017 年“第五届环巴松措国际山地自行车越野竞速赛”等大型体育活动的筹备、策划、服务等工作。经过这些工作的磨炼，他的工作能力和工作效率都得到显著的提高。

2017 年 12 月份，他的支教生涯接近尾声。12 月 11 日晚上是他们支教队的文艺汇演，表演结束后，有学生问他：“老师，您今年走了，我们什么时候能再见到您呢?”他语重心长地告诉学生，虽然他们相隔遥远，但他会一直关注着学生们的成长。只要他们努力学习，将来考上内地班，他们就会有机会再相见。孩子们不停地点头，学生们纯真的眼神让人动容。那天晚上他收到了学生很多珍贵的礼物，有苹果、明信片、野山楂等，都是孩子们从家里带来的，蕴含着孩子们对他的喜爱和不舍之情。

一年的支教生涯让他收获了许许多多西藏同学和老师们的友谊。喜马拉雅山提升了他的认识，雅鲁藏布江净化了他的灵魂。短短一年的援藏支教工作经历，是一次难得的历练机会，是一次神圣的精神洗礼，是一笔宝贵的人生财富，它丰富和改变了他的人生，为他的履历添上华丽的一笔，让他的人生从此变得更绚丽多姿。

以梦为马，不负韶光。一次偶然的机会，使张金锋与西藏结下了一生的缘分。2018 年 7 月，通过西藏林芝专项招聘，他成为林芝第二高级中学的体育教师。他又一次踏上了这片热土，此时的他不再是以支教的名义，而是作为一名光荣的人民教师在这里奉献自己的青春。再次抵达，没有初始的陌生，多了一份向往。西藏的风土人情，让他心生欢喜，让他愈来愈有一种归属感，更加坚定自己的信念和初心，为这片热土挥洒自己的青春汗水。

作为一名体育教师，张金锋向往自由，向往身上的每一块肌肉紧绷起来，爆发出自己力量的感觉。他的工作，大部分时间都在操场上。看着一个个热血激昂的孩子，跑、跳、投，尽情挥洒青春的汗水，也看着他们努力学习体育专业知识，见证他们不断纠正每一个细微动作的执着。他是欣慰的，能将平日所学知识运用到实际工作中，教会孩子们更多的知识和技能。空闲之余，操场是他常去的地方。一壶水，一个太阳，屁股一坐，便是一下午。似乎生活中没有什么烦恼能将这种内心的平静冲淡。冬去春来，学校体育学子不负众望，在2020年体育高考中取得可喜成绩。由他担任教练员的体育特长班23名学生中有5名同学进入全区前10名。

张金锋说，如果一定要给体育分个系，那他想，它一定和音乐一样，是‘治愈系’的，你跃动的每一个细胞就是生命弹奏出的音符，悠扬婉转，旖旎沉醉。学校领导们对体育的重视，好像在对他说，你放心大胆去干，你有坚实的后盾。这给了他更大的动力，让他有信心使孩子们以更加饱满的精神状态，去迎接他们每一天的生活和学习。都说身体是革命的本钱，他的职责就是让他们有一个好的身体素质去迎接每一天的挑战，因此，他热衷于自己的工作。

对于结束援藏支教后，坚持选择在西藏工作，张金锋是这样说的："因为这里缺乏体育教师，家长们、学生不觉得学生体育成绩好也可以上大学，包括老师也是这么认为。"由于西藏对体育的重视度不够，比较重视文化，因此，他想通过自己的努力，不断地去改变西藏农牧子女对体育的偏见，并以此促进全民健身。

回顾援藏支教工作的甜酸苦辣，他无怨无悔；畅想未来的人生，在这片圣土继续辛勤耕耘，他无比自豪！

第三章　青春支教鸿鹄志

林欣欣：想成为让自己感动的人

林欣欣（前排左四），岭南师范学院人文与传媒学院2013级汉语言文学专业学生，2016年援藏支教实习志愿者，现为中山市南朗镇榄边小学教师。

“你们是自己想来的吗？”

“是呀，看到通知就报名了。”

“你们竟然想来？！”

……

支教实习近一个月来，语文组办公室就是我除了课堂以外的工作宝地，由拘束到淡定自然，和组里的老师们渐渐熟悉起来。前天帮一位老师制作课件的时候，她问起了我来支教的想法，对于我的回答表示惊讶。

确实，对这段时间所经历的事情哭过，抱怨过，压抑过，也释怀过，但不后悔自己的选择。

开始总是刻骨铭心的。2016年3月5日，5人小组来到西藏林芝工布江达县小学，此后的两天都在忙碌奔波：布置好宿舍、在两位校长和其他支教老师的帮助下熟悉学校的情况、在宿舍不通水的情况下前去对面楼房备好生活用水……说实话，初来乍到就忙碌得让人感到虚脱。

正式上岗，抹不去的记忆。西藏自治区林芝工布江达县小学，二年级三班，3 月 7 日下午，被通知要带这个班级的早读，心情挺复杂的，但开心的成分更多。早上 8 点 45 分来到了课室，孩子们看到我都用高分贝的嗓音跟我打招呼：“老师好！”含完两颗润喉糖，我的嗓音还是没能超越他们尖锐的声音。整个早读最大的功劳当属两位带读女班长。她们高喊着，拿着棍棒提升自己的气势，让调皮的同学站起来，还带着斥责的口吻说上几句，颇有严师范儿。在课室逛逛的我，竟有甘拜下风的冲动。9 点 20 分，早读结束！心里顿时轻松了。可是，“林老师，我临时有事儿，你先帮我上一节课吧。”就是那么突然，没有任何防备、准备。本来第二天才正式上岗的……

没看过教材，努力让自己淡定，脑子浮现的是前一天听课的场景，记得“一定要凶，否则课堂一团糟！”的警言。于是，我立马吞了第三颗润喉糖，学着拿起棍棒，“都给我坐好！”检查带书情况，由于教材还没到，学生都是向高年级朋友借的，大部分学生都买了辅助书；齐读课文的同时把生字板书做好，从结构、偏旁、组词造句等方面讲解，期间穿插提问环节，反复读……最后 10 分钟布置作业，辅导抄写。整个过程下来，有吼的姿势却没有吼的气势和效果；极力掩饰慌乱中，学校送来了教材，然后继续讲课，嗓子在冒烟……

这样突如其来的第一节课结束后，我写下了：不想误人子弟，不想敷衍了事，应不枉此行。一切挫折，心不碎。为了所有的阳光天使，为了所有的用心祝福，为了自己所属的温暖团队，为了自己的大学青春……

“他们班经常换语文老师……这个班的语文水平很低，你一定要严格对待，该打就得打，不然课堂没法维持……”班主任一本正经地告诉我班级的基本情况，让我压力更大了，但又有信心去改善，就是觉得自己可以全身心投入去学习和教学。

此后的课大部分都是断断续续，短暂平静却长时间汹涌的情绪让我吃不消。第一次洗漱以后整个人彻底进入感冒的状态，鼻子一直流血……长这么大从未流过鼻血，也已经有几年没有感冒过了。虽然很痛苦，但我还是努力让自己开心，认真对待工作和学生。

嗓子沙哑干痛，一直是我最担忧的问题。天生沙哑，喊了几节课（尽管有小喇叭）更是“惨不忍听”，喉咙就像有小刀片在割一样，每个晚上都会痛醒……那三个星期，身边的伙伴都不想听我说话。想到学生还要听我讲课，忍受“没有水分而且鼻音严重”的嗓音，自己就更加难受。

除了喉咙疼痛外，处理班级问题上的不得力也让人担忧。好几次出现了学生打人的情况，被打者都是鼻子大出血，让人心疼、恐惧。面对突发情况，停止上课去找班主任一起处理；痛心、懊恼，实在不知道如何教育。而让我感动的，是学生总不吝啬把自己的小零食送给我，甚至给我他们自己的营养餐；有一次在课堂上我控制不住，对着无辜的学生流泪了，他们大声说对不起，我真的很愧疚；看到我嗓子难受，有的学生竟然掏出了用纸包好的药塞给我！其实，每一张纯真的脸，每一份灿烂的笑意，才是孩子们真实的名片，他们在成长路上所表现出来的让人恼火的调皮，是正常的，不针对任何人，而身边有真正温暖待他们的路灯在，就不至于闯大祸甚至酿成遗憾。

这样，对于一盏盏明灯而言，也是其存在的意义。

静心，便能体会所有小天使的可爱以及他们给予的感动，将其汇成鼓励自己继续前进的力量，相信也会让他们感动。

关于上课，愈挫愈勇，善于学习方法、运用方法方能进步。“老师，你一定要严格一点，要揍……”已经不是一个家长这么说了，发信息的，打电话的。三周的实习上课，一次次挫败，一次次笑着自信；喊破了喉咙，依旧坚持……“刚开始真的很辛苦，我刚毕业过来的时候也是这样子，前两年都不敢拿棍子，但没办法，课堂纪律必须尽快管好……你们现在很充实的。”同是语文组的一位老师颇有体会地跟我说了一番话，让我更加有信心了。

想起前不久湛江市第十八小学的校长谭永焕老师前来开课，我们有幸与专家进行面对面的交流，他还给予了前来支教实习的我们宝贵的经验之谈，确实受益匪浅；另外，3 月 29 日听了四节语文公开课，感受四位名师的语文教学风采，更重要的是思考优秀教法与环节背后的教育理念。有趣之处淡然一笑，情到深处潸然泪下，我也是学生，忘不了成长的幸福，有幸遇到这么好的旁听公开课，相比之下自己的课实在太逊色，深知进步空间很大，也清楚了要努力的方向。

校内亦处处有学习的机会。“太感谢欣欣老师的帮忙了！图片和背景音乐都是她帮忙弄的。”“音乐一出来就哭了……”巴桑拉姆老师上完公开课以后表示心里的大石头终于放下了。确实，《再见了，亲人》一课打动了我们，老师声情并茂地朗读的时候就想哭，尾声音乐《思乡曲》响起的时候，眼泪就无法控制了……第一次参与公开课的准备，虽不是上课的主角，但作为在课室后听课的一员，心情的紧张程度似乎与台上的老师一样，最重要的是学习的过程。

3 月 30 日再开了一次教研会议，其内容真切，让我深刻反思自己：备课（充分）、上课（质量、进度）、批改作业（激励性语言、二次批改）、听写（数量质量二次批改）等，都没做好，会议两次点出我的名字，还要进行全校公布，我成为下次抽查的重要角色……说实话，听到主任这么说的时候，心里不好受：本来就晚报到，如何赶上进度？课堂纪律好头疼……明明有两次听写，为什么说检查出没有？可是冷静思考后，对中途为自己插话解释的行为感到后悔。近一个月的支教实习，正式上岗，有何成效？主任和其他前辈都说得对，来到一个集体，有何不懂都应该请教，如何备课、上课、批改作业等；做任何事情都应该有责任心，做良心的事儿；规范作业书写、坐姿、作业本整洁度等任何细节都需要落实好；即便是评讲试卷和作业都要提前备好课，写好独立的教案，突出重点……真心佩服前辈们，真好能够跟优秀的人学习……

尽最大努力，想尽一切办法赶上正常的进度，虚心请教前辈并切实做好自己的工作。自从受到教育和启发以后，自己便沉思了很久，不想所有的热情成为过去式，更不想所有的梦想话语成为空洞的口号。崩溃，幸福；艰苦，成长；我要学会多点用理性的心态去对待一切……越挫越勇，自信与低姿态总要配合得恰当，相信自己与整个团队都会越来越充实。一颗心，想成为让自己感动的人。

钱小梅：为了学生，勇敢前行

钱小梅，岭南师范学院化学化工学院2013级化学教育专业学生，2016年援藏支教实习志愿者，毕业后进藏工作，现为西藏拉萨阿里河北完全中学教师。

那时，桃花还没盛开，我们就来了……来了就来了，工作安排也来了。我被安排到教初二3班和7班的数学，恰巧，3班和7班是整个年级数学最好的两个班。刚刚得知，心理压力挺大的，但是我既然接受了任务，就必须全力以赴！

第一天的第一节课，是在我的初二7班，刚好，我是这个班的副班主任。走到门口，迎面而来的是同学们好奇又期待的眼神。我们班的数学老师是长什么样的呢？她性格是怎么样的呢？上她的课会不会很好玩呢……我想，这大概都是他们脑袋瓜里翻转良久的问题吧！伴随着一声声的“欢迎老师，欢迎欢迎”，我走进了教室，看到那一张张喜悦而天真的脸，我实在掩盖不住我内心的高兴，还给了他们一声精神又热烈的“大家好”。孩子们都是那么纯真，看着他们羞涩地上台介绍自己，一笔一画地把自己名字写在黑板上，心里莫名的感动……

那天晚上，第一次感受到地震。其实我心里也很害怕，在这个陌生的地方，禁不住流下了眼泪。忽然，我想到了孩子们，连我都这么慌张了，那孩子们不是更加害怕？然后，看到孩子们陆陆续续地跑到操场，我也不自觉地跟了过去。我一边走过去一边跟自己说：没事的！没事的！我要淡定！要给孩子们安全感！嗯！找到了3班的孩子，男生还好，不怎么害怕，但是有几个女生害怕得哭了起来，我去和他们拥抱在一起，跟他们讲：“没事！没事！老师在！”其实我讲的时候，我也快要哭了，但是我强忍着眼泪，和他们讲笑话。后来把电话借给他们打电话回家，给家人报平安，电话在一个传一个，安心也就一份传一份！7班的孩子看到我，一直问我：“老师，你害怕吗？”我说：“老师是大人了，不害怕！”我看到有几个学生穿得很单薄，我就把我的围巾、外套、帽子给了他们，并跟他们抱在一起取暖，那感觉就像和家人在一起一样。后来，学校组织学生回宿舍拿被子，铺着一排一排的被铺，孩子们就这样睡了一晚上……看着孩子们睡得香甜，我也就心安了。

后来呢，很多7班的孩子在日记里都有提到了我，语文老师一个劲直说：“数学老师钱小梅出现的频率实在是高！”从日志里看得出，虽然孩子们的语言很简单，但是孩子们心里的感情很细腻，而且十分懂得感恩！

来到这里这么久，这还是第一次流眼泪……眼泪很甜，第一次感到流泪可以这样的幸福……我想大概所有老师都有遇到过特别捣蛋的学生吧！大概，也有很多老师都有忍不住要生气的时候吧！刚好不巧，我今晚就忍不住了……我生气了，我就说不上课了！自习！全班安静，前所未有的安静！我看时间也差不多下课了，我正准备打开门走了，然后全班学生都说：老师不要走……对不起……我们错了……求你啦！回来上课嘛……听着一群魔兽在那里吼，我回头了，居然看见有几个男生哭了。说着说着，我都要忍不住了，然后土登给我递了纸巾，接着下面全部人都在相互递纸巾，讲台下尽是泪眼……有几个本来很爱讲话的学生却哭得最凶！救命！我第一次遇到这种大场面，忽然有些撑不住了，我不知道我的一句话会给你们造成这么大的影响……然而我想说话，但却说不出来……三十几个人，和我就这样对望……最后我只能说，能来到这里，能遇见你们，能教到你们，真是我这一生里面，不可思议的一笔财富！然后，我的科代表益西多吉就送了一颗糖给我！最后，我被收买了！也许，是被益西多吉的糖收买了……也可能，是被你们的眼泪收买了……但是，最能收买我的是你们答应我的——以后一定好好学习！我会好好记住今天的！好好记住，你们带给我的感动的所有……

课余生活，我们会和福建援藏的老师一起出去走走，偶尔一起吃个饭。援藏的老师都对我们广东的志愿者很照顾，无论是生活还是工作，不得不说，来到这里能够遇上他们真的是很幸运，感谢！感谢所有！

在我的实习生涯里面，有一个人不得不提，那就是福建援藏的刘老师，他教初二4班和8班的数学，和我们一样教初二数学。我们本来就是实习生，上课的技能和方法都很欠缺。恰好遇上了刘老师，他的教学经验很丰富，教学成果也十分显著。是他，启发了我对教学的思考，教我们怎么备课，怎么灵活运用知识与技能。他告诉我说：一个老师在课堂上的表情、眼神、动作、着装、声音、语调、板书、举手、转身，无不要练就迷人的功夫！在通往一名合格的教师的路上，我还离得很远很远，但是我会慢慢、慢慢地往前爬，虽然很慢，但我不会因为任何困难而后退一步。只要想着可爱的学生们，想起他们的每一个人，说过的每一句话，给我唱的每一首歌……

李翠梅：倾心支教，实现梦想

李翠梅，岭南师范学院生命科学与技术学院2014级生物科学专业学生，2017年援藏支教实习志愿者，现为华南师范大学附属电白学校教师。

西藏，一个让人向往的地方。在桃花盛开的四月，我来到了这片陌生的土地，来到了我梦想实现的地方——工布江达县巴河镇中心小学；在烈日当空的7月，我离开了这个不舍的“家”，在这里，我实现了我的西藏支教梦。

时间流逝，我的西藏支教生活已经结束。在这个陌生到略有熟悉的地方，我度过了一百个日夜。一百个日夜，日日夜夜不同的收获、不同的心情，但最初的那份心从未丢失，一直都在。一百个日夜，让我爱上了这个陌生的地方，爱上这里的孩童、爱上这里的人、爱上这里的风景、爱上这里的酥油茶、爱上这里的藏面，还有很多很多说不完的爱。

一百个日夜，我的教学知识与技能更加了解与扎实。在大学课堂所学的教学技能知识，未经实践，无法更加深刻了解体会。在这一百个日夜里，我学会了观课、评课与集体备课，尤其是集体备课，印象最深刻的是中山市教育教学研究室冯玉生老师做了“如何进行有效的集体备课”专题培训及指导，在这个集体备课活动中我更深一层了解了怎样集体备课，集体备课的方式、规模等，尤其科学课程该怎样进行组织。

一百个日夜，我经历了各种学科的教学，如语文、数学、英语、科学、品德等，领导、老师都说我是多功能教师。不同的学科，感触不同。其中，最有感触的是数学

与科学两门课程。

数学学科，刚好一个月的教学，从最初的糊里糊涂、无所适从到稍有改变、达到目标。五一假期结束，上班第一天早晨，教导主任对我说："李老师，由于白宗老师住院，现在开始你要接手四年级的数学，下个星期一就要考期中了，麻烦你给他们复习了。"瞬间，把我吓到了。当时内心独白是：下周一考试，现在只有五节课给他们复习，如何下手呢？思考了好久，一位老教师普布扎西老师给我建议，把练习册的每类题讲一遍，基本都没问题的了，最好用多媒体教学，学生比较认真。听了普扎老师的建议，第一节课我尝试了，结果不尽如人意，课后反思了很久，其他老师说我静止了。想着，时间紧迫，不可能每道题都讲，只能挑自认为是重点的知识讲。于是，我开始精心计划每一节课，抓住一分一秒，时间很快，四节课结束马上迎来期中考。

期中考，我到兄弟学校监考，原以为考试期间不看到四年级那群孩子便不会担心焦虑，然而内心还是会波涛汹涌。当我看到试卷 80% 内容是讲过的，甚至题目是原题的时候，我简直开心到飞起来，但下一秒又是很担心，担心他们不认真看题，担心他们粗心大意计算错误，各种担心浮上心头。考试结束并没有结束我的担心，反而更是加重，连续几晚做梦都是关于期中考试成绩，直到公布成绩的那天。当我知道平均分是 35. 8 分的时候，眼泪莫名地跑出来了，那一刻，我很内疚，很惭愧，觉得自己很失败。不能说是学生的问题，我这个老师的责任很大。虽然校长和其他老师叫我不要想那么多，才接手五节课，不能怪我，但是我仍是很内疚。不能一直这样下去，必须要有所改变。

要改变现状，首先就要让自己的教学有效，教学方法恰当。还记得，这里的老师对我说："老师，这里的学生很调皮，你一定要严格对待，这边的学生跟内地的学生不一样，一定要想办法组织好课堂纪律……"话语中的忧虑，透出教学的不易。因此，我向各老师请教，听课，在听课中学习教学方法。同时，精心备好每一节课，设计好每一点，认真思考学生自身。老师们说我好认真，可是我自己知道我认真了而教学成果没出来，需要不断努力。新课刚开始，我的教学仍是不足，同一个知识点讲一两次不懂，要讲好几次才稍微弄懂。例如三角形画高，尤其是钝角三角形，讲了四五次，仍有很多同学搞不明白。那天，课堂的失序、情绪的失控、喉咙的失声……我感到无奈与无助，最后我忍不住流泪了。当时，孩子们看到了，向我道歉，可我更多的是自责、愧疚，我觉得我做得不够好。

那以后，即使再苦、再累、再无奈、再无助，我都告诉自己要先冷静，绝不轻易掉眼泪。平时在课堂上学生没掌握好相关知识，我便会在晚自习辅导他们，慢慢地，孩子们对我有了感情，作业情况有了改善，能把该掌握的知识基本掌握了，我能适应了他们，他们也适应了我。我相信自己会渐入佳境，也相信他们会进步。一个月了，我的四年级数学课堂教学虽总是磕磕绊绊，但三角形和小数的相关知识总算过关了。这一个月，我经常当沉思者，一有机会我就反思，努力提高自己能力。五月结束，迎来了阳光六月，白宗老师回来了，这意味着我要停止四年级的数学教学了，说真的我很不舍，我已经爱上了和四年级的学生一起学数学的日子。

终止了数学学科的教学，并没有结束了我的西藏支教梦，梦想仍在继续。科学是我一直的主教学任务，在六月开始，我全力教四年级和五年级的科学。作为生物专业出生的我来说，科学是我的挚爱。在进行科学中，我致力于创造科学实验，克服困难，竭力创造条件让学生进行科学实验，培养学生的科学素养，提高学生的动手能力与探究能力。例如，通过用制作纸绳进行拔河比赛同时联系生活来讲解纸的性质的知识；变色游戏中，用84消毒液代替漂白水、用食品干燥剂制作石灰水，用我所学换来一堂精彩的实验课。

科学学科，是一门综合能力较强的学科。在这里，小学科学需要进行测试，而我也需要迎接科学期末考试的挑战。100天的支教是否有成效，就看学生期末成绩了。在7月份进行最后的复习阶段，根据期中考试的情况分析进行针对性的复习，珍惜课堂上的每一分每一秒和孩子们一起复习知识，课间，在与孩子们聊天中复习知识。经过15天的复习，迎来了最后一天。考试这天，我不能陪在他们身边。到兄弟学校监考的我甚是紧张，比当年自己高考还要紧张，在千万分紧张中还夹杂着不舍。科学考试的结束，意味着离别。那是焦灼的心情，一心只想快点见上孩子们，来个完美的道别。

一百个日夜，我与你们留下了一段不会断绝的情感。纵使你们调皮捣蛋，我仍是喜欢你们。即使上课再恼火，改作业再抓狂，我还是很喜欢你们。你们让我又爱又痛，但爱远远超过痛。

酥油茶，很香。这里的孩子都习惯了有酥油茶的香味，看着他们，我更是觉得酥油茶有种淡淡的幸福香味。孩子们很单纯，很天真，他们愿意与我分享小零食、营养餐，他们愿意与我聊各种事情，他们仿佛把我当成了大姐姐，很亲切。我喜欢这里，喜欢这在这里支教，青春支教，虽痛却爱着。

阳光七月，阳光巴河，经过风雨雪洗涤过后的阳光一样美好，湛江的阳光也是如此。我们处在同一天空下，在西藏，抬头看到的蓝天白云，随手一拍发朋友圈，母校的伙伴们便告诉我，湛江也是蓝天白云。“都是蓝天白云，我们在同一天空下”，对啊，无论走到哪，我们都在同一天空下。

同一天空，可是同一天空下的景却不同。西藏林芝工布江达县，风景如画，唯美动人。也许大家在网络上都能看到美如画的自然风光，但有一种美景，我觉得更美。每天早上六点多，也许你还在梦乡中，这里便有一群孩子在晨跑，在读书。走在校道上，也许你会看到有好几个孩子蹲在路边写字、站在舞台下写字、坐在草地上看书，这是因为值日生在搞班级卫生。他们没有选择玩耍，而是在路边、在舞台、在草坪上学习。这在我看来就是一道美丽的风景，这就是一道与众不同的风景。

一百个日夜，我与学生们有了一段深厚的感情，我与老师们的情感更加不可断绝。你们对我的称呼——李老师、李、翠翠、梅梅、梅子、杰伦，我一直都记得。在这一百天里，非常感谢老师们的照顾与指导，让我在这支教实习中成长。你们对我说的“常回家看看”，我不会忘记，我会回“家”看看。

一百个日夜悄然流逝，我的西藏支教生活已经结束，但我们大学生西藏支教不会结束，我们岭南师范学院大学生西藏支教更加不会结束。还记得我到巴河小学的第二天，肇庆学院党委副书记叶峥嵘一行到巴河小学考察，我很荣幸地被索朗久美校长邀请一同接待叶书记一行。叶书记和我交流了这个学校的情况，从生活、教学等方面，更加着重的谈到了我们岭南师范学院西藏支教这个优良传统。叶书记问我："你是怎么来到这里的？"我说："西藏支教是我们学校的优良传统，从我进大一，我就有所听闻，一直关注着。今年三月底，学校正式了发放通知，然后我们这些有着西部支教梦想的同学就会申请，经过面试、体检、培训等一系列环节才有我们西藏支教的队伍。"虽然只是短短的谈话，但也感受到了我们岭南师范学院西部支教的优良传统正影响着其他高校、影响着社会。我相信，在我之后会有更多的师弟师妹到西藏支教，也会有到巴河小学支教。

我来自远方，但我喜欢这个陌生的地方——西藏。一百个日夜，我没有留下什么给老师与学生们，但你们却给了我很多，给了我知识与友谊。在一百个日夜里，我在不知不觉中爱上了这里，悄悄地爱上这个陌生的地方。

曾晓嘉：不忘初心，砥砺前行

曾晓嘉，岭南师范学院人文学院2014级汉语言文学专业学生，2017年援藏支教实习志愿者，现为阳春市春州小学语文教师。

时光如梭，岁月蹉跎，岭南师范学院2017年第一批赴藏支教志愿者已归来。一路风尘仆仆，一夜星光灿烂，一味苦乐酸甜，一曲人生凯歌，短短几个月，叫人百感交集。非常感谢岭南师范学院给予我赴藏支教的机会！感谢学校领导对我们无微不至的照顾！犹记得出发前在动员会上我以“不忘初心，砥砺前行”为主题进行发言，在藏期间我兑现了自己的诺言，做到了不忘初心，砥砺前行。

赴藏支教确实遇到不少困难，第一难关就是面对高原反应，身体出现不适。

踏上前往拉萨的火车，15位队员的心情是既兴奋又忐忑不安，每个人都拖着塞满了御寒用品和药物的行李。火车从广州南站一路向北，在青海西宁换坐供氧火车，接着在青藏铁路驰骋了21个小时才到达拉萨。随着海拔的升高和气温的降低，在西宁站出发不久有几个队员出现头晕呕吐的症状，2号车厢的玉洁甚至开始低烧。队长紧急集中所有队员们带的药品，统筹使用。玉洁虽然吃了药，但迟迟不见退烧。为了队员的安全，老师们决定如果到下一站玉洁还不退烧，就由一位老师带她原地返校。大家莫名紧张起来，期盼玉洁快点退烧。

在这期间，我们发现住2号车厢的队员们几乎都说头晕，感觉很冷，我们去2号车厢感受了一下温度才知道该车厢空调开得特别大，气味也很不好闻。于是就赶紧叫2号车厢不舒服的队员们在3号车厢队员们的床位休息，玉洁睡在我的床铺。到晚上九点半车厢要熄灯了，2号车厢的队员们都回到了自己的床铺，玉洁由于吃了退烧药，睡了好几个小时还不见醒，我不忍心叫醒她，就想着过去住她的床铺。结果一躺下，才发现一股很强劲的空调风直接吹到她的床铺，冷得我灰溜溜地回到3号车厢，然而其他队员都睡了，我只能裹上围巾戴上棉帽坐到了凌晨3点。队长发现我在车厢坐着不睡觉，提出和我调换他的床铺，无奈从未搭过火车的我实在爬不到上铺，最后实在受不了了，还是穿上所有的厚衣服，戴着棉帽子去2号车厢睡了。第二天醒来真难受啊，头要炸裂的感觉，但幸好第二天早上玉洁退烧了。

到藏后第一天，各位队员被分配到不同的乡镇小学。周红池、吴秋红、梁芳菲和我被安排到工布江达县海拔最高最偏远的学校——娘蒲乡中心小学，学校海拔3 888米，全校的用水都靠校门口的一口井，教师宿舍离抬水的地方约500米。我和红池住同一间宿舍，每天饭后都要赶紧提桶排队抬水回宿舍用于刷牙洗脸上厕所，下雨天井水会很浑浊，偶尔也会断水。而断电是常有的事，有时连续四天没电。

学校周围都是大山，山顶覆盖着常年不融的雪，昼夜温差大，气候异常寒冷。六七月份还会下雪，某个周末我和红池趁艳阳高照赶紧出外抬水，回来途中竟飘起片片小雪，有时看着天气挺晴朗的，猛地又往下砸冰糖块大小的冰雹，让人慌不择路，只得护着脑袋到处躲避冰雹。

刚到西藏两个星期，我的手脚就开始长冻疮，又痒又痛，涂了一个星期冻疮膏仍不见好，且伤势越来越严重，只好去县城医院就医。验血后，医生诊断是气候过敏，开了一大堆药，听闻我在娘蒲乡支教，又加了一倍药量，特意叮嘱在娘蒲乡尽量不要出去河边碰冷水，要多晒太阳，有多少衣服穿多少衣服。然而，回去后我已涂完三支药膏，手脚上类似冻疮的疤痕却越来越大，穿上袜子和鞋子简直在受刑，又不能用手挠。于是放周末大假时校园里便会晃着一个穿着羽绒服，戴着帽子口罩，脚上却踏着一双拖鞋的女生，美其行为曰运动兼治疗。

和爸妈视频是万万不能露出手脚的，免得他们担心。事实他们也不会注意到我红肿的手脚。他们往往都会对七八月份竟开暖炉盖两床棉被还穿着毛衣戴着棉帽的我表示不理解，处于佛山35℃室内的他们说看到我都会流汗。

然而比我更紧张我的“伤势”的应属娘蒲乡小学校长和老师们了，他们担心如果因气候过敏脸上也长了这种冻疮，估摸我的婚姻大事怕是没着落了。老师们把自家的藏药给我，校长提出要不把我调到海拔低一点的学校，我回答只愿在娘蒲乡！我辛辛苦苦教的娃不能快到期末了又换老师！

克服了生活的难关，还要闯教学的难关。我在娘蒲乡中心小学担任五年级2班的语文教师。在西藏，学生们尤其是乡镇牧区的学生汉语水平很低。我所教的五年级班级仍有4个孩子汉字识字量不足一百，这几个孩子上课完全跟不上老师的节奏，于是我每天会利用中午或者晚修后的时间给基础较差的孩子补课。班里学生整体写字潦草，写字不顺不对或缺笔画，我就给班里每个孩子买了字帖和圆珠笔，要求他们课后每天练字十分钟。

在教学方面，笑过哭过。每一次批改作业，每一次课堂上学生主动举手回答问题，他们的进步都给予我强烈的满足感，就像培植一朵花，每天浇水松土，期盼着它一天天从抽芽到开花。但偶尔会有叶子凋谢，偶尔会怀疑自己是不是浇水太多甚至怀疑自己种的是草，根本不会开花。

快到期末那段时间复印了大量的卷子给学生做，学生疲倦，老师也疲倦。有一天语文课后，我在讲台上整理刚收上来的作业本，几个男生围上来聊天，我提醒语文课代表晚上晚修后要收昨天发下去的卷子。其中一个男生嘀咕了一声“又要做卷子”，接着又用藏语抱怨了几句。不知为何，我的眼泪“叭”一声滴到了课本上，我慌了，课代表也慌了。我赶紧收拾东西走出教室，眼泪却像决堤般，课代表和一个女生跟了出来，抢着帮我拿课本和作业本，一直替班里的男生道歉，骂他们还不懂事。我狼狈极了，低着头安慰她们老师没事。回到办公室却哭得根本停不下来，像是要把这几个月的困苦委屈都痛痛快快哭出来。办公室外有窸窸窣窣的声音，应该是班里的学生们守在门口了。快到下午两点了，我戴上帽子，塞着耳机走出宿舍，快到宿舍才发现我班全部男生怯怯地跟在我后面。我并不是生他们的气，轻声问他们吃饭没，他们反问老师吃了吗。下午出门上课，看到门提手挂着一袋面包，里面塞了一张道歉的纸条。

期末考最后一天下午，学生考完试了，都在收拾东西回家。我在值班室整理文件，听到校门熙熙攘攘的声音，想到这一别可能再也看不到我班的 19 个娃了，悲从中来，眼泪竟又在眼眶里打转了。校长和老师们打趣我，我不好意思地压压帽子掩住红肿的眼。过了一会班里的次旺欧珠来值班室找我，请我去一趟操场。去到操场看见 19 个娃手里都拿着洁白的哈达在等我，我的眼泪瞬间流下来了，孩子们依次给我戴哈达，道谢。脖子上挂着 19 条哈达，多得直不起腰，看着一张张红扑扑可爱的脸庞，我再也忍不住蹲在地上号啕大哭了起来，把哈达拿回宿舍后一掏口袋发现还有张纸条，写着：祝老师一路顺风，谢谢曾老师！

除了教学工作，我平时也会负责校简报工作。在完成教学任务之外，会主动进行教学调研工作，与校长共同成功申请了西藏自治区林芝“十三五”规划子课题项目。经过一学期的努力，我教的班学期末班级语文平均分 45 分，超过校奖励分数线，获得奖励金 800 元。

能够闯过各种难关，保持初心不改，使命在肩，也离不开当地教师的教育和影响。

五六月是挖冬虫夏草的季节，乡里大部分村民一年的收入都来自这两个月挖虫草换取的钱。一根虫草价值 50 元左右，然而好的虫草都生长在高山顶或悬崖边上。我所教的孩子都来自牧区，假期都要去挖虫草。每每放假回来都明显感觉他们的高原红更红了，指甲都是脏兮兮的泥土，上课都累得坐都坐不直。有一天正上着课，听见语文课代表旦央趴在桌子上压抑的痛哭，吵吵闹闹的课堂突然就安静下来。我一下子反应不过来，一是旦央是班里最懂事成绩最好也是最开朗活泼的女生，想不通她会因什么事在课堂上痛哭；二是班里从未试过如此安静，也不曾见过全班孩子们都是一脸怜惜的表情。班里只有19个孩子，都来自一个村，据说都是亲戚关系，而藏族人尤重亲缘关系，例如会把表妹也当成亲妹妹般看待。旦央哭得太大声，其他孩子的反应又如此奇怪，不得不中止课堂，我先轻声问旦央不舒服吗？孩子们都摇摇头，气氛严肃。我再询问班长，他不好意思地挠挠头，小步跑上讲台说："格拉（老师），旦央的哥哥昨天挖虫草从悬崖摔下来，走了。"

我不由得倒吸一口冷气，藏族的人民十分看重生命，尊重一切生命，然而因地形高和气候恶劣，生命又是如此的脆弱。我眼前的这19个孩子几天前可也是从悬崖边挖虫草刚回来啊！我赶紧叫旦央同桌带她到操场散步，安慰旦央，其他同学继续上课。课后我找到旦央，她仍止不住泪水。我实在不知道用什么语言安慰这个失去哥哥的藏族女孩。操场风很大，我把她带回我宿舍，倒一杯热水给她暖手，陪她坐着。她一边抽泣一边道歉。我问要不让她一个人静静地待一会，她点点头。紧接着我就去值班室找班主任，班主任听了事情的来龙去脉，叫我带旦央过去值班室，让他来谈。

在值班室里有一位很憨厚慈祥的门卫叔叔，据闻之前是镇上拉如寺的喇嘛，空闲时间就会见他坐在门口念经或看经书。旦央过来后，班主任和门卫叔叔用藏语和她交谈了很久，旦央终于不再哭了，回教室继续上课。我请教班主任是如何安慰旦央的，班主任认真地给我讲解了一个多小时藏族人民的生死观及其他习俗。不得不说我听后是很震惊的，一是从未听闻这种生死观、价值观和世界观，二是学校的老师们竟了解班里所有孩子的一切，班主任也只有24岁，但是班里的孩子都把他当成爸爸，他也把学生们当成自己的孩子般关爱。

借着对藏族老师们的崇拜，我努力向藏族老师们学习，教学方面多请教、多听课，平时积极主动地帮助班主任完成班级管理任务，参与学生的成长。慢慢地发现班主任星期六会带着学生到河边洗头洗衣服，每月定期帮班里男生们剪头发（乡里没有剪头发的地方，他们要搭3小时的车出县城），而班里孩子的洗发水、洗衣粉和理发工具都是班主任自己掏钱给他们买的。发现很多老师家里偶尔会住着父母出外挖虫草家里无人照顾的学生，发现老师们会让肚子痛、感冒、发烧的学生睡在自己的被窝，开暖炉，递开水……

再也不会有这样神奇的经历了，故事很多，现在用电脑敲打出这些回忆仍觉震撼与感动，仿佛嗅到那酥油的清香，听到央培的牧歌在耳边响彻，看见孩子们穿着藏袍即兴起舞，那色彩亮丽的经幡飘在尼玛堆上。

简单至美，纯净的天与地、单纯的孩子，简单的藏族群众，好像这里与外隔绝，路上那些背包客的身影让我羡慕，踏上净土开始，我就在感受、收获这片土地给予我心灵上的震撼与洗涤。想念午后裹得严严实实坐在草地上晒太阳的日子，想念甘甜的青稞酒，想念热情的藏歌藏舞。既已归来，便不忘初心，砥砺前行。

刘小玲：不忘初心，方能坚守[①]

刘小玲，岭南师范学院生命科学与技术学院2015级生物科学专业学生，2018年援藏支教实习志愿者。

时光总是悄然而去。转眼间在西藏工布江达县错高乡中心小学已经实习一年了，回想这一年，记忆里全是快乐、幸福、美好的回忆。人生的道路上，有选择，有放弃，有挫折，有担当，有成功，有失败。感谢自己曾经义无反顾的选择，选择了援藏支教，并坚持美好的初心，在西藏度过这一年。有失就会有得，援藏支教这一年，虽然我错过了很多东西，失去了很多东西，但是在这里我也收获到了很多。在这里，我体验了很多美好的事情，欣赏了祖国的大好河山，认识了可爱天真的孩子们……援藏支教，让我丰富了人生经历，增加了人生阅历，开阔了视野，拥有了这么多美好的记忆，并在生命中留下了深刻的记忆。

① 该文获得广东省教育厅“让青春之花绽放在祖国最需要的地方”征文活动一等奖。

援藏情怀——坚定的信念

援藏支教是我读高中以来的一个想法。高中在讲青藏高原地理时，地理老师曾稍微提及援藏支教，当时“援藏支教”这一词语就在我的脑海里留下了印象。看了感动中国的人物事迹以及慢慢接触更多关于援藏支教的事情后，我心里就萌生了有机会要参加援藏支教的想法。到了大学，大一时在学校的微信公众号里看到关于参加援藏的师姐师兄们援藏支教经历感想的推文。那时，我想要援藏支教的想法更加强烈了，可惜的是只有大三才能报名参加援藏支教。当我大三时，一看到学校发的通知，就毫不犹豫报名了，选择了援藏支教。很幸运，我被选上了，成为援藏支教的一名成员，来到了西藏林芝工布江达县错高乡中心小学。正因为当初有着坚定的意志，不变的初心，来到这里后收获到的东西才更多。

初见学生——纯真的笑容

初到学校时，走在校园，学生们那一双双明亮透彻的眼睛，一张张红彤彤的小脸蛋，那一个个纯真烂漫的微笑，让我感受到了孩子们的热情。孩子们那天真无邪的笑容，也让我感觉到除了天上那轮耀眼的太阳能带来温暖外，还有比太阳更温暖的是他们的微笑。每一位学生从身边路过都会微微一笑，说声“老师好!”刚开始因为不习惯，每听到一声“老师好”，心里就会感到很大压力。也因为我已经是一位老师了，我该如何才能成为一位好老师，才不会辜负他们那一声声亲切的问候。这边的乡小学都是上十天课才放一次周末假，学生们在一年级开始住宿，从七八岁开始就要自己照顾自己，学着独立、坚强。相比内地有些进了大学才离开家住进学校的学生，西藏这边的孩子们早早就学会了独立，他们学着自己整理衣服，自己叠被子，自己照顾自己。有时候看到比较小个的孩子在那自己动手叠被子，我心里总会莫名其妙的难受。十天中的第五天是家长探望日，那一天，来的家长们会带来很多零食，孩子们则安静地等着广播叫他们的名字。孩子们和家长一起坐在校园里的草地上，一起吃水果零食，一起度过这一天的美好时光。孩子们与父母一起真是最温馨快乐的时光！虽然他们生活在相对比较差的环境下，他们没有内地孩子们在物质上的富有，但是雪域高原的孩子们却是那么的快乐，不是因为物质条件的富有，而是因为拥有精神上的财富。

师生之情——难忘的回忆

在这里，学生们和我有着很多美好的回忆。我们时而认真，时而玩闹，欢快地度过每一节课。有时候晚上给学生们补课，每到下课时，学生们都会投来一个个温暖的笑容，说道，“谢谢老师！老师早点休息!”“老师，晚安!”“老师，明天见!”“老师，我们这节课学的认真吗?”……我们之间的点点滴滴，虽然都只是些小事，但每一件都是让我觉得快乐幸福的回忆，是难以忘怀的记忆。

一个叫大贡觉旦增的学生，有时候上课不够专心听讲，我发现后就故意用生气的眼神看着他，他意识到了自己的错误会立刻害羞地对我笑笑，并立刻认真听讲。看着这烂漫无邪的微笑，我心中的怒气立刻消失得无影无踪。当同学们发呆，不集中精神听课的时候，我会加大音量，大声说道：“认真听课，别发呆!”在做练习时，个别同学在聊天，我会走到他们面前，提醒道：“别聊天了，好好做题!”在讲解题目时，当有人不看黑板时，我会习惯讲道：“看板!”……渐渐地，大贡觉旦增就发现了我这些说话的习惯，每次当我准备讲这些习惯话语出来时，比如，同学们在发呆，我刚想说“别发呆了”，话还没讲出来，就听到大贡觉旦增喊道：“别发呆了!”他说完后还会对我微微一笑，那一刻我就算再生气也会被他逗笑，他像是一个慢慢开始了解我的朋友。班里还有很多“人才”，我布置作业说全部要完成，话一说完，耳边就响起了“全部都是你，心里都是你……”我说“oh!”就会有歌声传到耳边“oh, my love！咱们结婚吧!”我说“这题和这里一样吗”，学生们回“不一样，我们不一样……”很多时候学生们的灵感大发，都让我哭笑不得。

还有一个叫白玛龙追的学生，他长得很可爱，很憨厚老实，也是一个很勤奋努力的学生。无论哪一科的作业，他都会很认真地完成，就算同学们全部都在教室外玩耍，他也会自己在教室写作业。每一次看到他，我都会想到以前努力的读书自己。我喜欢摄影，有时候我拿着相机到他们班，其他同学都会一窝蜂挤上来，喊道“老师，老师拍我，拍我!”但是白玛龙追不会挤过来，反而是在一旁微微一笑。当我要拍他的时候，他会露出可爱天真的笑容，然后会很害羞地走开。和他之间有很多记忆深刻的事情，其中有一件可能会让我以后抬头看到星空都会想起他。有一天，他和我说，“老师，昨晚我看到了北斗星，像勺子一样，很漂亮。今晚我带你去看!”听到这里我被感动到了，因为他们当我是朋友，想要和我分享他们眼中的美好。到了晚上，我们一起到教室外面仰望星空。那一晚的星空真的很美，因为有你们，所以显得更加美丽。他们抬头看着星空，我转头看着坐在我身边的他们，心中的暖流化作为眼泪从眼角流出，真的很谢谢你们！你们无意间带给了我很多感动与快乐！正因为有了生活这些点点滴滴，才使得我的教师生活变得更加有趣快乐。

放假对学生和老师来说本应是一件放松而又开心、快乐的事，但是每次周末放假，我却觉得心里空空的，好像要失去什么似的，不知所措。上课和孩子们天天在一起尽管有些累，但我还是乐此不疲，也感到很充实，很快乐。

三尺讲台——重塑自我

孩子们给我带来的除了快乐，还有改变。我原本是一个耐心不足的人，在这一年里，我慢慢地被孩子们那明亮透彻的双眼以及向日葵般灿烂的笑容深深打动了。当把自己学到的知识尽心尽力传授给他们时，当他们学会时，我会有种幸福满足的感觉；看到他们的成绩有所进步时，心里会很开心激动，因为这体现了自己的价值。有时候从孩子们的身上能发现自己的不足以及很多需要改变的地方。现在的我对“教师之路”更加坚定，对教育事业更加有信心，我相信只要我努力认真对待好每一节课，在课前都做好充分的准备，尽心把知识传授给学生们，对每一个学生都充满爱心、耐心、恒心、细心、信心，我一定可以成为一名优秀的教师。

援藏支教——收获情谊

援藏支教，我认识了真诚友善的藏族老师们，收获了友情。他们一直很照顾我们，在这里师生间的交流氛围很好，上级与下级之间没有隔阂，就像朋友一样。在和谐的氛围下，我对教师这一行业更加有信心，让自己更加轻松愉快地教学，每天走进课堂都是开心的状态。这里虽然离家很远，但是有他们，他们像亲人一般，我深深感受到了他们满满的热情以及无微不至的关怀。

援藏支教，让我欣赏到了祖国大好河山的美。西藏这边风景独好、空气清新舒服、人文风俗民情独特，让自己原本浮躁满载压力的心灵得以平静下来，去思考、去想想未来的事情。在这快一年的时间里，在西藏，我活出了自己想要的生活，我活出了属于自己的精彩人生。我喜欢摄影，喜欢大自然，在周末空余时间拿起相机，踏上这片土地，用心欣赏身边的风景，并开通了一个微信公众号记录这一切。只有让自己心静下来，才能更好地发现更多美丽的事物！

在若干年后，回想起人生的经历时，西藏这段经历将会是我人生中最美好的回忆。朋友们，孩子们，谢谢你们出现在我的生命里，谢谢你们给予了我如此幸福快乐的回忆，希望你们永远健康快乐！再见了，这永远不能让我忘怀的西藏生活！

郑婉婷：二十五年的乡村教育守望——记最美乡村教师寻访[①]

郑婉婷（后），岭南师范学院物理科学与技术学院 15 级地理科学专业学生，2018 年援藏支教实习志愿者，现为茂名市第四中学教师。

2018 年 3 月的中旬，我来到西藏自治区林芝工布江达县江达乡中心小学，在这里开展了九个月的支教工作。

在这次长达九个月的支教中，让我收获最大的是遇到了一位在乡村教育事业中坚守了 25 年的教师——拉巴旦增老师，是他让我读懂了什么是教育。

教育是一种坚守

教育是一种坚守。25 年的乡村教育坚守，由最初的墨脱县到工布江达的朱拉乡、加兴乡和江达乡，拉巴老师的多次调动都是在乡村。1993 年毕业以后，很多人都不愿意放弃在城里留教的机会，但为了让父老乡亲和自己的孩子们能够享受更方便、更优质的教育，推动家乡教育事业的发展，拉巴老师选择回到乡村，把根扎在这，踏踏实

① 该文获得岭南师范学院“寻访最美乡村教师”征文活动一等奖。

实当一名乡村教师。这个决定，让拉巴老师将根扎在这片渴望知识的西藏乡村土地上一干就是25年。作为山村里打拼出来的师范生，对教育有着一份朴实的情感，因而工作中能够尽心竭力，所有的艰难也能够坦然面对。由此我想到自己，是啊，拉巴老师这25年都坚守过来了，而我只是支教9个月，这样的我有什么理由抱怨放弃呢？所以在后面的日子里，无论遇到什么困难我都咬牙坚持下来了。

教育是一种责任

教育是一种责任。谈及教育，拉巴老师给我说了他任教经历中最难忘的一件事：劝学。荀子言：“吾尝终日而思矣，不如须臾之所学也；吾尝跂而望矣，不如登高之博见也。”

西藏自1985年实施教育“三包”政策，在免费接受义务教育的基础上，对农牧民子女实行包吃、包住、包学习费用。意思就是，只要家长你把孩子放到学校接受教育，一切费用国家承担。学生的校服、学习用品、床上用品以及所有的零碎用品都是学校免费发放。

拉巴老师刚开始工作时的时候，乡村里的孩子宁愿留在家里干农活也不愿去上学，加上家长也觉得读书无用，教室里曾一度出现没有学生，只有老师的情况。碰到这种现象，有些老师会想没有学生来上课我也可以照样拿工资，但拉巴老师偏不。出于教师的责任和自己的心愿，教书育人，能为改变家乡文化落后面貌做贡献。拉巴老师到每家农户中去劝说，给家长讲述了文盲的害处和没有知识的悲哀，让学生们重新去上学。苦心人，天不负。拉巴老师的执着与坚持终于有了回报，家长们的思想开始有了很大的转变，他们支持教育，相信教育，相信知识可以改变孩子，改变命运。

从此，学校里基本没有逃学的情况了。拉巴老师的责任感让他用了25年的时间，去改变家长们的教育观念，这一切也证明了他的抉择是正确的，如今乡村的孩子们都能坐在教室里接受教育，为他们自己的人生打下重要的基石。25年的乡村教师经历，让拉巴老师获得了“乡村奉献教师”的称号。拉巴老师用双手和信念成就了孩子们，同时也成就了自己。

教育是一种关爱

教育是一种关爱。拉巴老师献身于教育，还体现在对每个学生和老师的关心和照顾。在得知自己被单独分到一个学校时，我的内心充满了担忧与恐惧，在一个完全陌生的环境下，我也不知道是否能够一个人照顾好自己。但拉巴老师的关爱照顾打消了我的顾虑，每当我稍微出现不舒服的征兆，老师总是能快速察觉到，然后将我送去医院接受治疗。队友们都调侃我像多了一位父亲。拉巴老师真心对待每一个孩子，帮助他们融入班级，适应学校生活。他反复教导顽皮的孩子，不区别对待叛逆的学生，给叛逆的学生和其他的学生以相同的关爱。

一生很短，我不想让自己留下过多的遗憾，希望自己可以在 20 岁的年纪留下令今后三四十岁的我无比怀念的回忆。在实地接触到了乡村教育，感受到了乡村教师的处境，我也理解了拉巴老师一生的教育理念。而像拉巴旦增老师一样默默把青春奉献在乡村，奉献给乡村教育事业的教师还有很多。他们一路走来不曾抱怨、不曾放弃，永远把学生放在第一位，始终为中国的教育事业而奋斗！而这些也正是当代大学生需要学习的高尚品格。

苏芷丹：做雪域高原上的“吉拉”①

苏芷丹（左），岭南师范学院2015级汉语言文学专业学生，2018年援藏支教实习志愿者。

这世间有许多声音，我听过最悦耳的便是那来自雪域高原一声声的“吉拉”。藏语中，“吉拉”是老师的意思，而“语文吉拉”是他们对我最爱的称呼。

因为需要，如约而至

习近平总书记曾号召年轻一代“到祖国最需要的地方去”，好不容易等到了赴藏支教实习这个机会，在家人的鼎力支持下，我报了名。经过层层选拔，我成为40名支教队员中平凡的一员，带着对雪域高原的向往和支援西部的热情，踏上了那片净土。三月如冬，温暖的春风没能随我们踏上这雪域。尼洋河穿过的工布江达县有些清冷，牦

① 该文获得广东省教育厅“让青春之花绽放在祖国最需要的地方”征文活动二等奖。

牛、藏猪在这雪山下生活得悠然自得，花苞也悄然攀上了桃花枝头。

积极适应，敬畏高原

强烈的高原反应和缺氧情况超出了我的预期，母亲在电话里絮絮叨叨，在一句“既然选择了西藏，你应当全力以赴”中结束了我们的对话。心跳加速、头痛晕眩使得我行动艰难，甚至说一句话都难受不已，期待已久的工作也难以接手，煎熬的夜晚将久未流下的泪水逼了出来。“在高原工作，最稀缺的是氧气，最宝贵的是精神。”领导及老师多次来慰问我们，每次看到他们担忧的神情，我都心怀愧疚。自己是来这里援助的，不是来被援助的，缺氧也不能缺了精神。我和另一位“高反”队友相互扶持，怀着一颗敬畏之心，互相督促着对方戒急躁慢动作，用了两天的时间适应了当地环境。

用心对待，用爱浇灌

刚踏进八年级二班，“吉拉！”“语文吉拉！”“语文吉拉！”……一声声的“语文吉拉”让我有些好奇，后来他们告诉我“语文吉拉”就是语文老师的意思，从此我就多了一个很有意思的代名词。在学校指导老师的提点以及自己的了解后，我明白了身为一名支教实习生，光有无限的热情与激情是不够的，还需要有科学贴切的教学方法。在研究了历年考题的基础上，我针对八年级学生的特点改进了教学方法，从放慢自己的上课语速开始，注重基础教学，降低教学难度。为了活跃自己上课的氛围，我会在课堂上融入一些他们喜闻乐见的东西，引起他们的兴趣，在课堂上尽量让他们有意识地成为主体。经过一段时间的努力，学生对语文课的兴趣越来越浓厚，课堂氛围也进入了佳境，班级成绩也有了不小的提高。期末的时候，一位叫达措的小女孩给我发了信息“语文吉拉，谢谢你，这是我的语文第一次取得这么高分，感谢吉拉，在我心里你是一个好吉拉。”

那时候，我只知道自己要遵守各项规章制度，按时积极完成各项教学任务和学习任务。在一次与学生的相处中，他眼神里的距离感和面对我时无处安放的小手使我意识到自己并没有被他们真正接纳。这时我才明白，身为一名教师、一位“语文吉拉”，我要做的不仅仅是传道授业解惑，更重要的是育人，学生需要教师们的关心与爱护。此后，我开始尝试着多与学生交流谈心，每晚坚持走访宿舍，关心他们的衣食住行与学习，分享自己的成长经历，必要时会利用周末时间进行家访。

由于小时候缺乏家长和学校老师的有效管教，许多孩子没有养成良好的行为和学习习惯，为了改变这种现状，我常常告诫他们“要先学做人，再学知识，要做一个对社会有用的人”。为此，我与他们一起制定了属于我们自己的学习公约，如上课不认真听的同学下课要在班里做广播体操；作业不会的不可以抄，可以来办公室问我或者求助同学，我一直都在，在校按时完成作业的同学周末不会收到我布置的作业；对待烟瘾严重的同学，我会帮助他们循序渐进地控制着直至戒掉。一学期以来，我还成了他们的“苏妈妈”，经常挂在嘴边的就是“做有用的人”“考高中”“别抽烟”“别打架”。其实他们已经听烦了，但是依旧会给我一个响亮的回答“是！语文吉拉!”，还要附赠一个大大的微笑。

念念不忘，必有回响

令我真正感受到自己被学生接纳的是一个寒冷的夜晚，晚修快下课了，一只颤抖的小手悄悄地举起，却又羞涩地藏了回去。其实我关注这个内向的小女孩很久了。她叫达娃卓玛，汉语基础比较薄弱，害怕与人交流。下课后，她抬起苍白的脸庞和我说头疼，她拒绝了我想背她的意愿，只是紧紧地跟在我身边，一双湿漉漉的大眼睛防备地看向周围。一路上，我们的交流只局限于我在说，她点头或者摇头，偶尔加个“嗯”。看着她局促不安的模样，我忍不住拽着她的手，她竟然没有拒绝！我按捺住自己激动的小心情，试探性地慢慢与她进行更多的交流。

到了医院，医生检查不出病因，让我联系学生家长，带她去拉萨做进一步的检查。一听到这话，她猛地摇头，脸上写满了不愿意和紧张。当我多次劝说无果，已经黔驴技穷时，突然一只小手轻轻地拉了一下我的衣摆，“老师，别难过，我从小就是没有人要的孩子。”看着我震惊疑惑的模样，她轻轻地、很努力地将一个字一个字表达清晰，“爸爸去世了，妈妈改嫁了，哥哥挖虫草的时候不小心从山上摔下去死了。爷爷奶奶年纪大了，我不想让他们担心。”一时间，内心五味杂陈。片刻后，我轻轻地拉起她的手，带着还没吃饭的她买了八宝粥和馒头，与她商量好将这件事告知班主任。所幸，班主任是一位来自中山的资深援藏教师，他借助着自己的人脉与实力，替她募集到一些物资，并且带着她去了八一医院看病。从那以后，很多个晚读后的夜晚，总有个小黑影踌躇在我办公室门口，将口袋里所有的好吃的都拿给我，还要悄悄地拉着我诉说一些小心事。

离别的前一晚，学生们紧紧地抱着我，“老师，能不能不走?”

我摇摇头“老师还没有毕业”，哽咽道。

“老师，你毕业后能不能回来?”

“老师回来了，你们也即将毕业了。”

“哇”的一声，小卓玛突然扑向我大哭，小小的肩膀不停地抖动着，一句话也没能说出口。第二天她默默地帮我收拾行李送我到校门口，将一封亲笔信郑重塞进我的怀里就跑开了。紧接着，我收到了一条又一条哈达、一封又一封的信。

飞机即将离开地平线的那一刻，我蓄着眼泪录下了答应给学生看的飞机起飞的视频，同行的韶关学院的支教队员倚在窗边看着手机里的照片泣不成声，原来，前行的道路上可以遇到这么多志同道合的人。打开学生写给我的信，眼泪如断了线的珍珠，原来他们一直有听进我说的话。

“语文吉拉，你相信我，我一定会考上高中的!”

“语文吉拉，我会做一个对社会有用的人的。”

“语文吉拉，不要忘了我们在内地的约定，等我。”

“语文吉拉，这是我第一次喜欢上语文课。”

我担心自己不在学校，他们会忘记我的叮嘱，写了 9 万字的信件给他们，希望他们带着我的勉励继续踏上人生的征程，勇往直前。

带着不舍与牵挂回到岭师，有一群师弟师妹们如同当初的我那般来听西藏支教分享会，青涩的脸庞充满了向往。十年树木，百年树人，我知道要想转变西藏孩子们的学习观念不是一朝一夕的事情，那需要我们很多代人的努力。而我相信，他们在未来会遇到很多优秀的人，而未来也会有越来越多的人会到祖国最需要的地方去奉献自己，挥洒青春。

吴小青：给孩子的离别寄语[①]

吴小青，岭南师范学院物理科学与技术学院2015级地理科学专业学生，2018年援藏支教实习志愿者，现为湛江市四中滨海学校教师。

2018年3月份，我作为广东省赴藏支教志愿者来到林芝工布江达县巴河镇中心小学，你们一张张单纯干净的笑脸，一双双好奇可爱的眼神，让我一扫初来乍到及不懂小学数学教学的忐忑，也让我深深体会到了自己肩负的责任和使命。转眼间9个月的支教实习工作已结束，我也离开了这远之令人神往，近之令人喜欢的神秘而又亲切的雪域高原！在离别时，我不禁感叹时光的稍纵即逝，而今，身处母校的校园中，回忆往昔，才知往昔岁月已不回头。感谢相遇，于我风华之际，于你如梦年华。

第一次作为人师，也是第一次和你们这样大的孩子相处，为了能教好你们，我算是拼尽了全力，使出了十八般武艺：教学中，课件配上各种音频、动画、图片，制作各种适合你们的教具，黑板上画各种简笔画，黑板报上制作各种主题墙等等，只为使你们更容易理解和记忆，只为使你们了解更多知识，只为让你们知道这世界有多大。为此，我的美工水平大幅度提高，而在夜深人静的时候，自己还能静下心来拿起丢弃多年的画笔画一画。生活中，关注你们的情绪变化，关注对你们的鼓励与评价，关注你们的兴趣爱好等等。感谢你们——我的孩子们，是你们让我在浮躁的阶段静心做事、

① 该文获得广东省教育厅“让青春之花绽放在祖国最需要的地方”征文活动二等奖。

自我沉淀，是你们让我发现了一个不一样的自己。

每天我总是忍不住地去握住你们的双手，捏捏你们的小脸蛋，摸摸你们那充满新奇古怪想法的小脑袋，甚至抱起你们在空中旋转……虽然你们双手总是满是泥巴、脸蛋像小花猫，但我很享受这种感觉，也很享受和你们在一起的每一刻。9岁的白玛曲珍和索朗拉姆总是喜欢和我比身高，并边踮起脚尖边对我说："老师，看！我比你高！"；次仁曲珍总是会在她觉得重要的日子，送我一些她精心准备的小礼物，有她精心写好的一封信，有她自己拼接的心形花环，还有她心爱的小发卡，甚至有她上课做完的一道练习题；旦增曲扎总是喜欢缠着我，让我课余时间带他去我办公室学习，并辅导他；贡觉桑旦总是喜欢在我夸奖他之后，兴高采烈地手舞足蹈，嘴巴咧得超级大，仿佛要向全世界宣告他很开心……孩子们，你们总是给我无尽温暖，我爱你们！

记得我刚来你们班的时候，拿着你们的花名册，一个一个地喊你们的名字，当时磕磕碰碰地，读不准你们的名字，但是你们扬起天真纯真的笑脸，对我说，"老师，别着急，慢慢念"，到后来，我终于把你们的名字说得滚瓜烂熟。"丁真土登，嘎玛曲尼益西，旺堆次仁，索朗旺久，阿旺平措……"孩子们，我多想再听到你们喊一声"到"。感谢你们给我成长的时间，初为人师，对于教好你们我是一点儿也没有信心，是你们一张张单纯干净的笑脸，一双双好奇可爱的眼神，是你们毫不保留的信任和喜爱，让我一扫初来乍到及不懂小学数学教学的忐忑，谢谢你们。

不瞒你们说，其实老师对你们生气过，对你们失望过，对你们恨铁不成钢过，但是，每当你们拿着题目虚心好学地对我说："老师，这道题我不会，教我一下"时，每当你们伸出双手对我说："老师，看我的手，是不是很干净"，渴望获得表扬时，每当你们高高举起你们稚嫩的手想要发言时，每当我抱着作业或者拎着东西，你们争着抢着要帮我拿时，每当看到你们认真努力学习，成绩进步时……我的心里瞬间感到欣慰和满足，同时被你们小小的举动感到温暖。还记得天寒地冻，我的手被冻得红肿，还生了冻疮，你们发现了，心疼地说："咦，老师，你手好红，还有伤，疼吗？"其实，你们的手比我的更惨不忍睹，为了提高你们学习数学的兴趣，同时找借口给你们买手套，我在给你们发手套时说，这段时间学习特别认真，这是奖励你们的。我至今忘不了你们在领奖状和奖品时那激动的眼神，孩子们，你们是那么纯粹，那么可爱。

离别时你们每个人写纸条让我不要走，留下来，再也不惹我生气，继续做你们的老师，还说你们非常喜欢我，而当听到我确定要离开的消息时，都围着我、抱着我，趴在我的怀抱里，哭着喊着让我别走，那一刻，我泪奔了，能得到你们真情的回报，这9个月，我为你们所做的一切，都是值得的。孩子们，虽然舍不得，但是"天下没有不散的宴席"，我还是要离开了。

孩子们，老师不在身边，要像小鹰一样学着自己飞翔。认识你们时你们是一年级学生，离别时你们已经是二年级学生。经过一个学期的学习，你们应该已经知道二年级和一年级不一样，你们可能需要一定的适应期，不过我相信新老师会耐心地帮你们度过。孩子们，二年级的学习任务重了，遇到了难题，不要害怕，更不要放弃，欢迎你们带着问题到家长群找我解答，为了能时刻关注到你们，老师并没有退群，老师一直都在。孩子们，老师还有一点点私心，就是希望你们也能记住我们相处的时光，不要很快地忘记我，好吗？还记得你们给老师说过的梦想吗？你们想去北京看天安门的梦想，你们想去上西藏内地班的梦想，你们想开飞机带着全家去旅游的梦想……都还记得吧？我们的国家领导人习近平对我们说，“希望越来越多的青年人到基层和人民中去建功立业，让青春之花绽放在祖国最需要的地方，在实现中国梦的伟大实践中书写别样精彩的人生”，希望你们能怀揣梦想，努力学习，将来用知识改变自己，用知识回报家乡，用知识建设美丽西藏，让青春之花绽放在祖国最需要的地方，用实践书写别样精彩的人生！最后说一句，亲爱的孩子们，感谢你们！

殷佩仪：孩子，我心怀愧疚[①]

殷佩仪，岭南师范学院物理学院2015级地理科学专业学生，2018年援藏支教实习志愿者，现为阳西县贝斯特外国语学校教师。

“老师，你的眼神很温暖，就像我的母亲在注视我。你走了以后我会想念你。”

学生写的小纸条安静地躺在我的书架上，提醒着我经历过的一切。

怀着不舍的心情写下这些文字，我将灵魂的一部分留在那片土地，便是我的牵挂，若一颗心无处安放，那里就是我意识的归属。

我记得冬天越来越冷，水泼出去没一会便结冰，将窗帘拉开，冰花结了一窗，分不清外面是雪花还是霜，这般场景我永远记得。

3月份的时候，刚到学校，有许多戴黄色帽子的孩子向我敬礼，让我感到受宠若惊，这在内地很难见，但每个孩子都敬了礼，标标准准，没有水分。我吃力地带领着他们朝前走，但仍然对教育事业满怀信心，对教育行业充满了期待。因为下一代在成长，成长势头喜人。在学生的身上我看到了希望。我觉得现有的问题并不是不能解决的，等现在的学生长大以后又投身到教育事业当中来时，这些问题就不是问题了。

① 该文获得广东省教育厅“让青春之花绽放在祖国最需要的地方”征文活动二等奖。

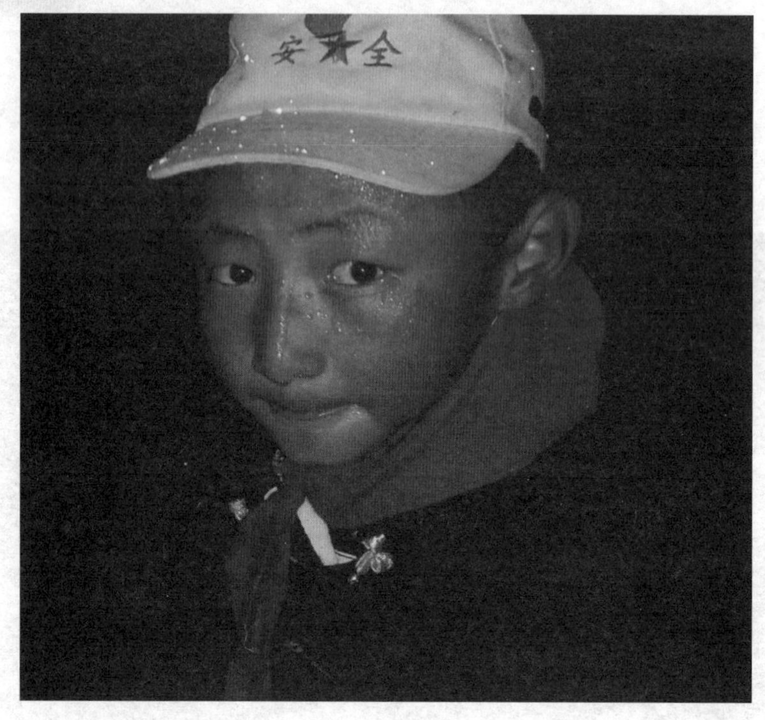

学生的眼神

作为科学教师，我喜欢带领学生走出教室，去见识课本上学不到的知识，我也喜欢给他们一组发一把放大镜和记录单，让他们自己去发现、去探索，我更喜欢用目之所及的物体来当上课的素材。我认为教师和学生的关系也像牧羊犬和绵羊，绵羊自己吃草，吃饱了以后由牧羊犬带回羊圈。

学生户外学习

课外的时候我喜欢和学生聊天，他们的问题总是非常天马行空，充满童心。

“宇宙外面会有花吗？”

“人可不可以长出翅膀？我喜欢吃鸡翅。”

“古代人吃土豆吗？他们穿什么衣服？”

“青蛙会变成人吗？”

哭笑不得后，我选择了耐心解答。问题是最好的老师，学生在心中开始有问题的时候，便是学习的开始，所以我常常挂在嘴边的词语就是“为什么”，假装我也不懂，问题的答案要和同学们讨论才行。我不喜欢界限分明的师生关系，也不喜欢不敢提问题的课堂。课堂应该是自由的，人人敢说敢问，不怕别人笑话，就算是再荒诞的问题，也会有最正常的讨论。我学会了如何与孩子打交道。

令我惊喜的是，我的努力并不是单方面的，我看着学生对科学课无精打采转变到每个学生见到我都会问一些天马行空的问题，这些问题有些是我上课简单带过但他们想深入了解的，有些问题是看课外书或日常生活中不理解又想了解的。有些问题纯粹是瞎聊，有些问题却是真真切切想充实知识库。我害怕随便回答会让他们觉得我不在意，所以每次就算是很简单的问题，我也会假装思考一下再回答，我希望以行动让学生知道思考的重要性。

科学课学生做课堂实验

我每天都与学生打交道，从起床到睡前，时间都放在学生身上。夜间值班，学生睡着后查寝，年纪小一些的孩子会睡姿不端，被子容易滑落。我巡夜的时候，看到了便顺手拉正，然后替熟睡的孩子们关上灯再离开。这样有重心的生活非常好，如下雪天能窝在被窝里的幸福感。与学生相处我会感到安心，为单纯和善良。随着年龄的增长，我越来越喜欢纯粹的东西，不管是颜色抑或人心。

孩子们问我世界长什么样，我说要出去看过才知道。

学校后山的草地被我踏过，如画一般的沼泽湿地，牛羊悠闲地吃着草。再往前走一些，便是被我称为“朱拉观景台”的空地，站在空地往前眺望，能望见一年四季堆满雪的冰川，黑鸦掠过，有沧海桑田的感觉。我喜欢绿色的巴松措，也喜欢夜晚来临时折射月光的山峰，我最喜欢的还是日光之城，曾经我会在心里构建心中的拉萨，但当我真正站在布达拉宫的广场上，才发现拉萨真正的样子，一座古老但又能年轻的圣城。

户外踏青

这里有最神秘的文化，也有渴望洗涤灵魂的青年人。骑行客翻越一座座海拔令人咋舌的雪山，年轻的汗水洒在布满故事的318国道，曾经最艰险的国道，迎接了一个个有勇气有毅力的人。对远方有向往的青年人们看了大大小小的游记，被充满江湖气息的故事吸引，他们想来找书中的痕迹。但光明茶馆的甜茶已经卖到一块一杯，大昭寺什么时候都人来人往。他们大呼被骗，但拉萨就是这样的拉萨，西藏不会因别人的话就改变自己，喜马拉雅山也不会。

我想给孩子们看到这样一个美好又真实的世界。孩子们也用自己的行动告诉我关于生命的可贵。他们说，一个人是生命，一只蚂蚁也是生命。佛教认为众生平等，我在他们身上看到生命的厚度与高度，生命与大山大河同在，生命的辽阔更让我觉得其可贵，应且行且珍惜。每当一片雪花融化，是大自然的馈赠，我极其有幸能见证；每当一片树叶飘落，是生命的来来往往，周而复始回到最初的起点；河流汛起汛退，是光阴走过的痕迹，提醒着我万物在发生着变化，人身处其中，不能没有进步，如逆水行舟，不进则退。我在米拉山口、纳木错、巴松错见到的尼玛堆，是藏族群众对生灵、对佛、对众生的美好祝愿。人在天地间走，有三见，一见天地，二见众生，三见自己。我见到了辽阔苍美的天地，认识了世界光彩的更替；见到了五光十色的人心，认识了善良与虔诚；见到了空白无力的本我，认识了弱小与强大，学会与不友好的、负面的、另一个我自己相处。

孩子们教会我的，比我教会的珍贵得多。

我心怀愧疚，没带给他们更多。

学生做早操

我不知道，一个无意的眼神的作用，我也不知道，他们的成长需要我。若能早点知晓，我会更好好珍惜与他们相处的时光。我感激这次的经历，在这些时光中得到的永远不会褪色，不会淡忘，也不会消失。与其说我带给西藏什么，倒不如说西藏带给我什么。这些岁月改变了我对世界的看法，改变了我对生命的认识，让我能更有勇气地走下去，不至于浑浑噩噩，不至于得过且过，不至于无动于衷，也不至于沾沾自喜。

师生课余的开心时光

郑月霞：走进西藏，感悟中国

——“感受沧桑巨变，坚定理想信念”新中国成立70周年伟大成就西藏研学感悟

郑月霞（前排右一），岭南师范学院外国语学院2016级英语专业学生，2019年援藏支教实习志愿者。

今年（指2019年），是中华人民共和国成立70周年，西藏民主改革60周年的喜庆之年。我很幸运成了今年我们岭师援藏队的一员，踏上了西藏这片神圣的土地，在这里，我深深地感受到西藏不再是家里人口中的“穷、苦”。当我从拉萨坐车前往工布江达县时，我被震撼了，我大脑里涌现的唯一一句话是：中华民族是个勤劳、勇敢、充满智慧的民族。那是一种怎样的感觉，我无法再用其他语言来描绘。

驰骋在这条不收费、有红绿灯的高速公路上，不由哼起了那首“那是一条神奇的天路，带我们走进人间天堂……”看着窗外的风景，一排排有着藏族特色的民房，葱翠的山林，一条绿得如翡翠般的河流，心里很激动。就在这时，眼里突然闯入了一句让我印象深刻、也让我瞬间对西藏人民的敬重之情油然而生的话，它说：重要水体，

谨慎驾驶。是的，没错，就是这八个字，这句短短的话，深深地拨动了我的心弦。在我的城市里，不知是我没留意，还是怎样，在公路上，我没有看到过这样的话语，告诉世人要保护水源。而如今，在雪域高原上，我看到了。这八个字，反映了我们藏族人民对环境的保护意识，对这条河流的爱护，对这片土地的热爱，对这片高原的深情，我由衷地为藏族群众的纯朴点赞，他们很好地践行了“金山银山不如绿水青山”的生态理念。一路上，群山环绕，而公路则通畅无阻，道路的建设非常完善。我不禁为我们的道路建设人员表示敬佩，在这片高海拔的土地上，他们克服了种种难以想象的困难，建设了这样一条造福藏族群众的公路，留下了他们的足迹，他们是伟大的，是可敬的，是可歌的。

当我来到支教点时，我是感到惊喜的，但更多的是感动。因为学校领导对我们两个支教老师非常照顾，给我们布置的宿舍也相当温馨，该有的设备都齐全，洗衣机也给我们准备好了，就连热水也给我们煮好了。看到宿舍的那一刻，我感受到了家的温暖，学校老师的贴心、暖心、爱心。学校的教学设备也是比较齐全的，教室有多媒体，有科学室、美术室、电脑室、音乐室、塑胶跑道……其实，这些都是出乎我意料的，因为，我来之前，做好了心理准备，这里什么都缺，甚至没有想过会有音乐室，有音乐器材这些。当时，内心偷偷地说了一句“我错了，西藏不再是以前那个落后、贫穷的西藏了”。同时，我也感到了一丝惭愧，对这片土地，我了解的真的是太少了。于是，我暗下决心，一定要好好利用这段时间，了解西藏，学习西藏，感受西藏，不仅是这里的美，还有这里的人，这里的情，这里的味，这里的文化，我定要把这里的“人情味”尝遍，“色香味”看遍。

在接下来的学习和生活中，我了解了很多属于西藏的过往、西藏的回忆、西藏的崛起和西藏的将来。

20 世纪 50 年代，当时的西藏，神权、政权仍融为一体，分别从政治、经济、精神上控制着西藏人民，维护着官家、贵族和寺院上层僧侣三大封建领主的野蛮统治。1959—1961 年，中国共产党审时度势，顺应西藏人民要求，顺应人类历史发展规律，带领人民，让翻身农奴当家做主。时光荏苒 60 年，学校的老师回忆道：近些年来，西藏发展得很迅速，这多亏了国家政策的扶持。从 1956 年西藏义务教育阶段实行“三包”政策到 2015 年，西藏全面落实 15 年义务教育免费“三包”政策，再到 2018 年，为了进一步改善学生学习生活条件，促进学生健康成长，持续增加教育“三包”政策保障能力，西藏自治区相关部门决定在现行基础上进一步提高教育“三包”政策补助标准。他说道，就拿我们错高小学的变化来看：学校的教学设备也逐渐改善了，2016 年教室安装了电子白板，修建了塑胶跑道、球场，娱乐设施得到很大改善。这一切，都离不开我们党的领导，离不开 1959 年西藏民主改革。过去西藏 60 年的发展和建设，说明了民主改革是西藏近现代历史一座高耸的丰碑。

老师们还说道：近几十年，在中央的亲切关怀、全国人民的大力支援下，西藏地区各族人民用勤劳的双手建设美丽家乡，西藏的社会面貌日新月异。大到国家修通了川藏、青藏两条公路，小到免费医疗政策，每个行政村有文化室、农家书屋。党的十八大以来，党中央制定符合西藏发展实际的治藏方略，提出了“依法治藏、富民兴藏、长期建藏、凝聚人心、夯实基础”的西藏工作重要原则。一系列民生举措加速落地，生产生活条件得到极大改善；同时，在扶贫上精准发力，在中央关怀、全国支援和西藏各族人民努力奋斗下，西藏2020年全面建成小康社会的目标即将变成现实。都说“要想致富，先修路”。就我们工布江达县错高乡来说，十八大以后，修建了一条公路，交通便利了。同时，当地人民因地制宜，发展旅游业，巴松措成了工布江达县唯一一个5A景区，很好地带动了当地的经济发展，增加了就业机会，当地人民的生活越来越有质量。“短短六十载，跨越上千年。”在西藏，学有所教、病有所医、老有所养、住有所居的多层次民生保障正使雪域高原成为幸福家园。

风雨砥砺，岁月如歌。今年（指2019年）是中华人民共和国成立70周年，70年筚路蓝缕的艰辛和辉煌告诉我们，“艰难困苦，玉汝于成”。40年改革开放的探索与开拓告诉我们，“为者常成，行者常至”。我国正处在中华民族伟大复兴的关键时期，正处在社会伟大变革的重要时期；然而，今年，也是西藏民主改革60周年，如今的西藏，曾与全国人民一道经历站起来、富起来，并正在经历强起来的伟大时代；如今的西藏，正以开放的姿态面向世界，积极吸纳人类文明优秀成果；如今的西藏，正沿着中国特色社会主义道路，阔步前行。

70年的硕果累累，西藏民主改革的伟大实践和发展进步昭示了一个颠扑不破的真理：没有共产党就没有社会主义新西藏，就没有西藏各族人民今天的幸福生活。未来的西藏，属于全体西藏人民，属于整个中华民族；未来的西藏，也必须更加坚定不移地坚持中国共产党的领导、坚持中国特色社会主义制度、坚持民族区域自治制度、坚持党的治藏方略。

学校的嘎玛老师，已经在西藏基层教育上工作了12年，他说“他会继续留在基层，因为这里的学生需要他”。嘎玛老师，是一个很有自己想法的老师，他和我说“一名合格的教师，要用心对待学生。要对得起家长，孩子，自己，对得起每一个40分钟，对后进生要积极进行转化，努力做到问心无愧。”当时听完老师的话，心里很暖。是的，作为一个教师，我们需要用心去呵护学生，每一个孩子都是一朵绚烂的花儿，只是每个人的花期都不一样，我们需要尊重每一个含苞待放的孩子，静待花开。

此刻的我，就在这片神圣的土地上书写着属于我的故事，描摹着属于我的画卷，编写着属于我的回忆，绽放着我的青春，留下我的足迹。我感到很幸福。新时代，我虽平凡，也有“苔花如米小，也学牡丹开”的精神，做好自己的本职工作，用五心——爱心、暖心、贴心、耐心、责任心呵护着每一个孩子，作典范，为人师表、立德树人，努力成为“四有”好老师。我知道，这绝不会是我的唯一一次进藏，这里的孩子，纯真、浪漫、质朴，当迟了见你，他会说“老郑，你咋才来呀，想死我们了……”这里的孩子，调皮却不失地气，没写完作业的借口是“卷子被牛吃了”；这里的孩子，学习基础有点差，六年级的学生，24用英语读作two four，15读作ten five，星期六是 six day……这里的孩子，需要我们！这里的人，这里的情，这里的味，这里的一切，让我为之动容；正值青年的我们，应该到祖国最需要我们的地方，“芳林新叶催陈叶，流水前波让后波”。让我们把自己的理想同祖国的前途、把自己的人生同民族的命运紧密联系在一起，充分发挥自身优势，勇于担当、敢于创新，坚持做到心中有爱，肩头有担，胸中有识，腹中有墨，目中有人，更加紧密地团结在以习近平同志为核心的党中央周围，不忘初心、牢记使命，为实现“两个一百年”奋斗目标，以奋进汇聚蓬勃春潮，谱写雪域高原更加灿烂辉煌的历史新篇章。

江家玲：与国同梦，我也是追梦人

——“感受沧桑巨变，坚定理想信念”新中国成立70周年伟大成就西藏研学感悟

江家玲（前排左二），岭南师范学院数学与统计学院2016级数学与应用数学专业学生，2019年援藏支教实习志愿者，现为英德市乡镇小学数学教师。

人云“七十古来稀”。

对于人来说，已经迈入了耄耋之年，充满着智慧却也要接受身体的日渐衰弱；但对于我们的新中国而言，建国70周年正值青春年华，在激情澎湃的同时也散发着勇于创新、不断探索的光芒。70年披荆斩棘，70年风雨兼程，中国人民走的每一步都充满试探，每一步都付出了巨大的牺牲，也因此，我们离中国梦才更近一步。

如今的祖国已经取得了“乘长风，破万里浪”的迅猛发展：仰望蓝天，“神舟飞船”太空穿梭；俯瞰大地，三峡工程旷世神奇！中国桥、中国路、中国车、中国网等一个个举世瞩目的超级工程已经成为中国的新名片！与国同梦，我也是追梦人！

不辱使命召唤，不负格桑花开，一棒接一棒，作为岭师学子的我也踏上了援藏之

旅，奔赴一场青春梦，享受三尺讲台，因为只有这样用来奉献的青春才不叫浪费。

从广东的最南端出发，直到踏实地踏在雪域高原的土地上，这是我有生以来度过的最漫长的旅途。期间，我也有幸看到了最美的风景。

我们坐上了从湛江驶向广州的大巴，期间走过了我最熟悉的路程。当沿途似曾相识的景物一一从我眼前掠过，我便清楚地知道：自己的援藏之梦已经正式启航了，想想都觉得激动！为此，我的大脑都放空了很久很久。

从广州到拉萨，有 54 个小时的火车路程。我一直觉得，在经过自己的家“英德”后，才是真正的告别，而这也会是一个新的开始。

在火车上，各路站点都在发生着许多不同的故事。在郴州遇到了行李位置的纠纷；在长沙有纷纷下车买盒饭的旅客；在凌晨三点多的武昌站，有爬起来买水果的小伙伴、有在窗外劈叉拗造型准备乘车的青年们；清晨时分的河南，人们吃着糍粑畅聊、抽出报纸细读、低头望向窗外的向日葵……

对很多旅客来说，在火车上几天的生活应该都是他们的常态，窄窄的车厢反而有在和谐小区生活的味道，三言两语互知心意。不知怎的，列车里就响起了吉他的声音，音舞院的小伙伴跟车厢里的所有人来了大合唱：《童话》《好久不见》、邓紫棋的《画》，还有《我和我的祖国》和《天路》等，美声、流行都结合在一起，为祖国的强大欢呼，车厢里的大叔也跟着来了一曲《天路》，我们就这样唱着歌走在这条神奇的天路上，火车里是情绪格外高涨的岭师援藏人，火车外是沟壑纵横的黄土高原及梯田。

最难忘的莫过于西宁到拉萨这一段了，所谓的“青藏铁路”就是从这开始的。我们集体换乘了供氧列车，在路上邂逅了青海湖、措那湖、念青唐古拉。湖水梦幻般一样的蓝，云似窈窕的少女宁静而舒缓，山像横卧的舞蹈演员，体形优美流畅；金灿灿的草地宛若一层毛茸茸的毯子亮晶晶的，洁白的羊群在上面尽情地享受着；遥远有节奏的峰影如梦如幻，隐现在云水深处，玲珑得像神话中的仙境；远处的雪山在阳光的照射下闪闪发光，像是对我们频频招手。金色的草地和流动的羊群，不断地向我们讲述着这青藏铁路的美妙故事。

20 世纪 50 年代初，西藏没有一条可通汽车的公路，进藏部队又迫切需要物资给养，时任西藏运输总队政委慕生忠想尽一切办法开始施工。在格尔木到拉萨的路段，地势开始爬升，每前进 100 公里，海拔就增高 1 000 米，最高处接近 5 000 多米，修路难度越来越大，但天大的困难也挡不住施工队伍前进的步伐。1954 年 12 月 15 日青藏公路终于顺利通车，而后的青藏铁路也在 2006 年全线通车。青藏铁路由西宁至拉萨全长 1 956 千米，在高原上，行走都极其困难，更别说是修建这么庞大的工程了，但我们中国工人就是顽强不屈，有着愚公移山的精神，打破了《游历中国》一书中所说的“有昆仑山脉，铁路就永远到不了拉萨”的说法。

在路上的某一瞬间，我也猛然发觉，祖国的强大和便利的生活远远超出了我的想象，数据通信已经走到了世界前沿！比如出门只带手机，比如西藏的一些特产在网上销售，比如不必翻越米拉山口而改走隧道就可到达林芝工布江达县，比如在四面环山、山外还是山的地形下几乎都布满了高压线桩，再比如修到各个乡镇的几百公里的公路和通往各处的高速公路，中国的基建工程成长到让我无法想象。这些都离不开一代又一代中国青年的努力与创新，为了同一个理想、同一个目标，当作使命来完成，并且对这种使命有着高度忘我的奉献精神及不惜一切做到最好的工匠精神！

西藏的基建工程真是让人赞不绝口，但除此之外，这里还有满满的人间温情。在到达西藏工布江达的第一个清晨，街上都是互相问候的身影，还遇到了一位小姐姐蹲下来给老奶奶擦鞋的一幕，随后便牵手而去，这就是藏族人民春回大地、充满温情的一天的开始吧。在这儿，街道不多，但有一半以上的商铺都是茶馆。藏族同胞们都喜欢早上一起聚在茶馆喝茶聊天，喝甜茶或酥油茶，再来点糌粑蘸牛肉，接着再上班。对藏族人民来说，早晨就是最惬意的时光了。

在工布江达县的近一个月时间里，很幸运能够跟随学校的老师一起到乡镇走访，走进学生的家里、藏族群众的家里，体验了一番藏族风情。三四月份在本地是个忙碌的时节，跟我们所说的秋收差不多，因为不管是家里的大人还是小孩，都会一同往山的高处去挖虫草，因为虫草有着很高的商业价值。而现在九月初，虽然已经过了本地挖松茸的季节，但我们到了藏民家时，他们同样会用他们刚上山挖的新鲜蘑菇等菌类跟奶渣一起煲汤来招待我们，还有牦牛奶、煎饼、香菇饺子等，当然也少不了酥油茶。而不管客人喝了多少或者没喝，他们都会继续满上，把藏族人民的热情展现得淋漓尽致。

藏族的特色还有他们的生活方式，在衣食住行方面，他们绝大部分会穿着自己的民族服饰，特别是在家的妇女们，在牧场放牛的牧民们也有穿民族服饰的；他们很少吃米饭为主食，都是以糌粑充饥，若非有外来客人，都不会煮米饭炒菜；他们居住在两层的楼房里，房子的色彩主要是他们哈达的颜色：红、黄、蓝、绿、白，一个大客厅就包含了所有，有一天到晚都在生火取暖或者做饭的灶台，有贴墙而建且可用于存储衣物等的小柜子，类似嵌入式的柜子，有围绕四面墙的沙发等，这沙发到了夜晚便是一家人的床铺；他们的出行除了常见的摩托车、拖拉机、汽车等交通工具外还可以骑马，驰骋在漫山遍野中。在乡镇生活的他们，不仅能享受路修到家门口的待遇，就连他们居住的地方都是国家扶持修建而成的统一风格的建筑。在建国 70 周年及西藏民主改革 60 周年的今天，西藏人民与全国人民一起携手定会创造更精彩的明天！

在藏的时光，看过了雪域高原的景物，接触了不同民族的文化习俗，还少不了自己的本分工作，那就是支教。工布江达县中学是工布江达县的最高学府，聚集了县小学及错高、巴河、金达、江达等乡镇的所有学生。虽是最高学府，但学生的基础却不太好，这也就是为什么需要支教的原因。

即使是有了先进的教学设备，教师资源匮乏、没有学习上的引路人，就跟竹篮打水一般，到头来还是空的。学生在小学阶段没有学习到该阶段的知识，但又随着年龄升上初中，所储备的知识自然不多，但他们在学习的热情上却丝毫没有退却。每天 6：20 都能听到各教室里的读书声，还能看到学生互相背书的情景。依据学生的学情，我

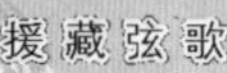

慢慢地调整自己的上课节奏，用较为通俗易懂的话语和形象的图形演示来解释知识点，把知识点进行总结，一步步地引导学生。

在实习的这一个月，不仅在自己的教学过程中不断反思，还在空余时间进行听课学习，听了两位不同老师两节数学课，但他们同样是来自广东的老师，同样是来县中学援藏支教的老师。每位老师都有着自己的教学风格：一位注重教学细节，一位严肃而不失风趣幽默。我在想，在自己还没有太多的教学经验和较强的教学趣味性时，还是必须要严格地对待学生，再慢慢形成自己的教学风格。

在县中度过了第一个有意义的教师节，就要始终坚定自己的初心，把支教当作热爱，把支教进行到底。记得最初的想法：作为教师，就要用自己的一言一行、态度学识去影响学生，让每一位学生都能喜欢上数学，爱上数学。一起跟随祖国的脚步，圆自己一个支教梦！

黄紫君：援藏无悔，青春逐梦

黄紫君（左），岭南师范学院商学院2016级财务会计教育专业学生，2019年援藏支教实习志愿者，现为鹤山市沙坪镇第七中心小学学校教师。

来西藏前我觉得这是个神秘的地方，阳光是灿烂的，云是洁白的，天空是干净的，雪山连绵，湖泊静怡动人，江水滔滔不绝。人若如初初若世，天地我心空灵境。面对如此美景，奇怪的是，让我印象深刻的并不是名胜景点，而是这支教过程的人和事！

八月中旬，带着直面未知的紧张和勇气，带着未完工作的遗憾和不舍，带着学校领导的嘱托和期许，带着对教师生活一如既往的热情与钟爱，在家人亲友的依恋和担忧的目光里，我来到了神秘的雪域高原，来到了美丽的工布江达县——金达镇中心小学，开始了一学期的支教生活。

刚开始的一个月，由于藏族孩子不大听得懂汉语，特别是我所教的一年级2班，他们大部分的都是第一次接触学校生活。所以刚开始的时候，我和他们的交流比较困难，教学方法也实施不了，很多时候我跟他们解释课本上的知识点他们是接纳不了的。后来，我多次去听其他老师的课堂，去改变自己的教学思路和过程，情况就有所好转了，课堂效率渐渐出来了。退去最初的恐惧与迷惘，我不仅渐渐适应了高原缺氧环境对身心的考验，而且慢慢收获了支教生活的美好记忆。

第一次真正认识白玛拉宗同学，是在第一次周测讲评的课间。她从教室里追出来，右手抚弄着额前的头发，怯怯地问："老师，你放学有时间吗?""你叫什么名字?""我叫白玛拉宗。""是坐在靠门的后排吗?""是的。""这次数学题考了多少分?""20多分。""确实不高。你准备怎么办?""老师，你能给我补补吗?""当然可以。我很愿意帮你，只要你愿意努力，相信我可以帮到你。那我们一起想办法吧?""谢谢老师，我是不是学数学特笨啊？我怕我跟不上。"看着小姑娘渴望进步又极不自信的表情，我很坚定地告诉她："光有聪明不付出是学不好数学的，可是呢，数学就是教人聪明的。待我给你讲完一道题后，我再告诉你学数学是不是'聪明'，好吗？不过以目前的判断，至少你一点儿也不笨，有多'聪明'咱们以后再说好吗?"白玛拉宗同学快乐地和我说再见后就去上课了。虽然许多女生学数学总是不那么顺利，但小姑娘眼里透射的光告诉我，她只要有了一定的学习方法，一定可以成为数学学习轻松的那类孩子。我不能加重她的不自信，但也不能给她盲目的自信。只有给她实在的、有针对性的指导才是真正的负责任。小姑娘的上进心深深打动了我，我快速地梳理了一下学校的作息时间安排，向班主任了解了一下学生的日常生活要求与安排，便与两个班学生相约，"每周一、二、三的七点，我会在足球场场对面的长椅上，欢迎每一位数学学习需要我帮助的同学。"

就这样，从起初和白玛拉宗同学一起的两三位同学到后来的二十多位，由最初的只是女生到后来的十多位男生加入。九月的林芝，六点半的阳光依然很明亮，而在我心里，比"日光城"的阳光更耀眼的是我眼前的这些孩子们！他们多次进入我的镜头，成为最美丽的风景！

像白玛拉宗这样一直坚持的学生还有尼珍、贡旺、达曲、小拉等。白玛拉宗同学也在我给她第一次讲题时，清楚地了解自己的高悟性和强理解力，确信了自己也是学习数学"聪明"的学生。想起在湛江辅导班带过的学生也有类似的，根据白玛拉宗这样学生的特点，我决定推荐《思维导图》这本书给学生们阅读，启发他们的数学思维，这比起我在课堂上多头兼顾求而不得的窘境来说一定会有实效的。由于我在课堂上根据学习内容特点多次板书采取过"思维导图"方式，因而孩子们并不陌生。一个星期后，平时的作业由最初的洋洋洒洒而不知所云到现在已是思维有条理且逻辑清晰。本次期中考试也已经取得了预期的理想成绩。

让每个孩子都能干干净净地坐着，看着他们坐在上面，三三两两地讨论着、交流着……我的心里升腾起莫名的感动，感动于孩子们努力向上的模样，更感恩这群如澄净蓝天和祥和白云一般的孩子们，是他们让我体悟到支教之真义。

是的，在四个月的生活里，没有丰功伟绩也没有豪言壮语，有的只是许多普通与平凡、简单与细小，让人感动与值得感恩的故事。感恩能得到学校信任，荣幸地成为岭师2019年援藏大家庭的一员，感恩几个月来两个故乡的小伙伴给予的深切关怀和诚挚帮助，感恩身边所有人的真情惦念和信任包容，学校老师们的关心和指导，更感恩家人对这份工作的充分理解和坚强支持，默默奉献和辛苦付出……

作为一名普通的援藏教师，我将继续带着一颗感恩的心，更加勇敢而智慧地走好每一步！湛蓝纯净的蓝天，温暖明媚的阳光和热切纯真的目光，让我对这份工作更快融入，更加热爱。只愿今后再多努力一点，再多付出一点，再多爱你们——金达镇一年级 2 班的孩子们，让这美好的记忆再长久一点！

西藏是一片充满故事的土地，也让我成了一个有故事的人。人生总有那么一些岁月令人终生难忘，人生总有那么一些事情成为新的起点。四个月的援藏工作可能只是自己生命中的一瞬间，但此经历我会永记在心。援藏是一种洗礼，从中所学、所想、所知、所得都将使我受益终生。不悔援藏，为之骄傲！

李家仪：这个世界的美好与我环环相扣

李家仪（左一），岭南师范学院音乐与舞蹈学院2016级音乐学专业2班学生，2019年援藏支教实习志愿者。

我于2019年4月提交了援藏支教申请表，我于2019年8月踏上了我梦想已久的西藏支教之路。当我知道岭南师范学院有这个大学生援藏项目的时候，我就立下一定要去西藏支教的志愿。很多人问我，你为什么想去援藏？其实我也解释不出来，就知道内心说，一定要去一次，那将是我人生中最宝贵的经历。所以当时学院通知可以报名的时候，我想我应该是我们学院第一个提交申请的人吧。

当我真真切切踏在青藏高原这片土地上，之前在电视和电脑上看到的美景浮现在我的眼前时，我不禁惊叹，原来世界上最后一片净土，真的是那么美，那么纯净。在来的路上，我以为，搭火车搭三天三夜来西藏，肯定是很无聊的一个过程。可是我错了，在两位带队老师的带领下，我们在火车上就有了一场非常棒的回忆。我们在火车上，首先熟悉了我们这个队伍来自不同学院的队友们，我们从互不相识的陌生人一下子建立起那种团结友爱的队伍，无论是男生还是女生，我们都相互帮助，这为我们接下来的支教之路建立起一个很好的氛围。在火车上令我记忆最深刻的是，由于我们需要跟其他旅客坐在同一个车厢，可是我们的行李太多了，难免一些旅客会有意见，所以我们尽量去协调，后来，当旅客们知道我们是去西藏支教的大学生，都给以我们赞赏的目光。当队员在火车上自弹自唱时，旅客们都纷纷加入我们，一起高唱《青藏高原》《我和我的祖国》等一系列爱国歌曲，我真的非常感动。这种场景只是在电视中见过而已，但却真真实实发生在我的面前。这趟旅程注定充满了爱。

“嘎啦、嘎啦……”我来西藏学到的第一句藏语是扎西德勒，而第二句便是这句“嘎啦”。嘎啦是老师的意思，孩子们总是喜欢“嘎啦嘎啦”地叫我们，我很喜欢这句嘎啦，更深知这句嘎啦所蕴含的意义。这么多孩子中，我对于四年级的印象是最深刻的。我刚来到第一天，四年级的女生就把我团团抱起来，几个小女孩居然能把我抱起来。我实习的第一节课就是四年级的音乐课，让我印象最深的是，对于我课堂提出的问题，班里的同学们都非常积极回答，可是大部分回答都是错误的。一开始我认为这样的课堂气氛非常好，老师说我们是还没看清楚他们的“真面目”，后来我就懂老师们说的话了。老师都喜欢活跃的课堂气氛，可是过度活跃给我带来了麻烦。我教学中的烦恼来了——四年级在课堂上太吵，我的课堂纪律就完全被这堆孩子打破了，所以经历过四年级过度“活泼”的课堂气氛，我专门请教了几位教四年级的老师来寻求方法解决，不过四年级一直都是所有老师头疼的班级，所以得来的方法并没有取得非常明显的效果。

虽然上课的时候调皮了点，但是他们打心底地尊敬老师，每个都是善良的好孩子。在去办公室的路上，学生会在那里打扫，他们会一个个地喊老师好，我每次去办公室签到，都会一路上回复他们，有一些孩子在离我很远的地方扫地，远远看见我，也会跑过来跟我打招呼。记得有一次，我不小心踩到坑崴脚了，孩子们围着我着急得不得了，其他老师来扶我起来时候他们也争着要扶我，后来他们每天见到我问我第一句就是：“嘎啦，你的脚好了没?”在高原上最暖心的莫过于他们的关心了。

作为一个广东人，我来西藏最想做的事情就是看一看雪、摸一摸雪。我经常问孩子们：“你们这里什么时候下雪呀，老师没见过雪。”孩子们就这样把我的话记在了心上。到了10月份时候，这里的山顶上会覆盖上一层银色的雪，这时候孩子们就会过来跟我说：“嘎啦，下雪了。”可是因为海拔不够高，天气也还不算是西藏冷的时候，雪下不来地面，11月1日那天难得雪居然下到地面了，孩子们和我都非常兴奋，但是他们会“扎心”地问我一句：“嘎啦，雪下到地面就融了，你伤心不?”还有一次，我值班的时候感冒了，晚上要去查寝的时候他们又问我：“嘎啦，你病好了吗? 没好的话要把你家里的零食给我们吃哦，医生说病人不能吃零食。”

我来到这里给我的感受是，这里的孩子保存了孩子应该有的童真和快乐。刚来到时候，还是学生带我们去附近玩，他们会爬上树摘野果给我们吃，一开始我们也很怕孩子爬树会不会摔下来，可是明显他们熟手得很，眨眼工夫就摘下来了，他们会在田野快乐的奔跑，下课了永远活跃在操场玩耍中，课间操他们会开心地跳着锅庄舞，活动时间都在踢足球或者跳绳子，这才是孩子应该拥有的童年。

自从来这里当了“嘎啦”，我深知能成为一位老师是真的不容易。上课时候会有孩子打架，那时候嘎啦就变成了调解员，告诉两个孩子打架是不对的，要他们握手言和；有孩子不小心把铅笔弄到手里，这时候老师就变成了心细眼尖的护士姐姐，帮着他把铅笔弄出；有孩子不见东西了，说是另外一个孩子拿的，这时候老师又变成名侦探柯南，调查到底是谁在说谎。但是我喜欢这里的每一个孩子，我不仅感觉自己是个老师，还像一个妈妈，一个大姐姐，照顾着他们。

在准备离开的12月，我终于期待到一场不大不小而且能堆雪人的雪，让我难以忘记的是，孩子们与我一起堆的雪人，我们一起打的雪仗，我们一起玩雪的合照，我们一起笑得多么开心。虽然我只陪了孩子们一个学期，但是这段记忆会深深烙在我心上。

承蒙江达乡中心小学三位校长对我的照顾，感谢每一位老师对我们的教导，感谢我可爱的孩子们带给我那么宝贵的回忆，感谢这里的每一个人。

李秋平：感受教育的真谛

李秋平（右二），岭南师范学院文学与传媒学院16级汉语言文学专业学生，2019年援藏支教实习志愿者。

相信大多数人都有西藏情结，那是一种说不明道不清的情愫。或许是想去领略318国道的旖旎风光，或许是想去看看那一抹高原红，抑或许是作为一名师范生想把自身的学识传播到祖国最需要的地方去……我怀着满腔热血，毅然决然地来到了西藏工布江达县中学进行为期一学期的大学生支教活动。

然而我一到工布江达县中学，校长就给了我一个“大惊喜”，由于八年级的一位英语老师临时休产假了，加上校英语老师本身就严重稀缺，我只能临危受命，担任了八年级3个班的英语老师。这对语文专业且长期没有接触过初中英语的我而言，无疑是巨大的挑战，我必须要付出比别人更多倍的努力。

第一节英语课我就遇到了难题，我发现学生基本上都不会说英语，也无法听懂我课堂上的讲解，相当一部分学生甚至连二十六个字母的大小写都不会，最头疼的是学生那高涨的热情，一到提问环节他们几乎全部都举手，但提问时又一问三不知，而且安静不下来，使得课堂纪律极差。在课后我了解到，学生小学几乎没有学英语，一个大周十天仅有三四节课，并且有时还会被其他科任老师占用，因为英语小考的分值只有15分，是名副其实的副科。当我得知这种情况时，我立马向当地英语老师请教，并且辗转找到大学的英语老师请求指导。在两位老师的悉心指导下，我终于找到了路子，二十六个字母不会我就利用课间进行一对一辅导，每天教三个字母；下晚自习后进行半小时的口语训练；每天上课提前七分钟进教室播放英文歌或是一段小视频；课下一见到学生就用英语问他在做什么，导致学生课下见到我就如同老鼠见到猫。每到假期我便组织在县城居住的学生开展免费的英语指导，虽然辛苦，但见到他们眼里满满的求知欲，便觉一切足矣。另外，我每天都利用空余时间去听各个科任老师的课，参加学校组织的观课、议课、评课活动，学习老教师们的教学方法及课堂管理的小妙招。我们的努力在两个月后的期中考得到了回报，期中考试中我任教的班级在全年级取得了第一、第二名的好成绩，原先其英语平均分一般是十几分、二十几分，如今上升到了三十分，我不禁欣喜万分。除了日常的上课，我亦积极参加教育系统举办的各类活动，并获得多项奖项。

在担任三个班英语科任老师的同时，我也兼任语文老师和兼任班主任。由于工布江达县中学为寄宿学校，学生家远在百里之外的各个乡镇，学生一有事不是找家长，而是大事小事都找班主任。除了每天要检查公共卫生区的打扫情况及人员到达情况，我还需监督学生的一日三餐，引导他们养成不挑食、不浪费的习惯。另外，学生下晚自习后还需检查他们是否全部归寝，是否洗漱完毕。最暖心的是每次帮学生掖好被子时，她们总是把我的手拉进被子里，老气横秋地对我说："老师，你的手好冷啊，放在被子里暖和暖和，要不……你和我们一起睡吧！"每次我一到宿舍她们便把所珍藏的零食跟献宝一样拿出来给我，"老师老师，请你吃糖果！""老师老师，这是我妈妈做的牛肉包子，你吃嘛吃嘛！"即使我每次都谢绝她们的好意，但她们依然乐此不疲。

另外由于西藏地区多发腮腺炎及棘球蚴病等，学生经常生病，我时常一送学生到医院看完病就要策马奔腾回校上课。让我印象深刻的是一名叫次仁旺姆的女生，查寝时我见她在哭，我一再询问原因，她闭口不谈，我以为她考试失利，便安慰她道："以后还有很多考试，总结经验，努力学习，相信你下次肯定能取得好成绩的。"但第二天早上还没上课，她便佝偻着身躯，脸色苍白地对我说："老师，我不行了，我实在是太痛了，昨天到现在我一直在拉肚子，还一直想吐，老师我真的受不了了！"我立马送她到医院，在休息时，我连忙问她："你昨晚就肚子疼了，那你昨天晚上为什么不告诉我？不知道生病了要立马告诉老师的吗？"她却委屈巴巴地说："老师，昨天太晚了，我不想打扰你，我想你好好休息，我看你最近太累了，我想你好好睡觉，我忍忍就没事了……"说着说着便抽噎了起来。不久后，次仁旺姆从楼梯上滚落下来，而我又无处寻车，就只能和两位女同学三人轮流背她到医院，一行四人顶着零下一度的寒风却跑得飞快。那是我在海拔3 000多米的雪域高原上做过的最剧烈的运动，当时并不会感到不适，当得知她无大碍时一阵眩晕之感便席卷大脑。

让我为之感慨的是不久前的一次家访，我们来到远离县城的一名学生家中。他的家在农牧区，家里虽破败，但为了迎接老师，早早地便打扫好卫生，备上一壶酥油茶，摆上家里的珍果。由于生活在牧区，家长年轻时并没有接受过教育，早早地过上了放牛郎的生活。我和家长聊学生在校生活及学习情况时，家长即使听不懂，但脸上总是挂着憨厚的笑容，满是风霜的脸上布满了一道道沟壑，肤色是雪域高原常见的黝黑色，双手皲裂。结束时一个劲儿地用着藏语说："老师，对不起对不起，谢谢你，谢谢你！"即使我们的交谈并不顺利，但他们依然对我们怀有极高的崇敬。在此之前，我对我支教的来意并不明确，如今我深刻地懂得了支教是帮助一名又一名学生成才，是帮助他们走出牧区，给他们带来更为新奇的世界，拉进民族的距离，促进民族融合。

看不尽的是西藏景，品不完的是西藏情。岁月匆匆，一学期的实习支教生活已结束，但此次西藏支教所给我带来的影响却远远没有结束，它将伴随着我的一生。再也没有一抹红使我如此难忘，再也没有一道景使我如此留恋。在这里我深刻地感受到了教育的真谛，教育是一棵树摇动另一棵树，一颗心温暖另一颗心。教育不仅仅是传授知识，教育最高的境界是爱的教育。

李淑玮：唱响西藏支教曲，奏遍人民服务歌

李淑玮（前排中），岭南师范学院音乐与舞蹈学院2016级音乐表演专业学生，2019年援藏支教实习志愿者。

公元二〇一九年八月十九日——一个注定终生难忘的日子。怀着难以言表的心情，我和支教团队一起乘上了Z264次列车，踏上了我进藏支教的征程。虽然路途遥远、气候迥异，海拔也在分秒中递增，但我并没有觉得艰辛与畏惧。在两昼夜的火车车厢里，我们一路高歌，充满欢笑地到达了目的地。迎着凛冽的雪域寒风，呼吸着高原稀薄而清新的空气。当领导、老师和藏族同胞一同为我们赠献哈达的一刹那，我意识到了我人生中不同寻常的援藏支教的音乐篇章正式掀开了首页。

依稀记得，临出发前，我带着首批支教前辈的“你们不一样，你们一开始就站在了最高的地方”的深切寄语，怀揣传承了三十二载援藏良驹情愫，聆听“白鸽奉献给蓝天，星光奉献给长夜，我拿什么奉献给你，我的小孩……”感人又无私的话语，一路开往工布江达县。当初的新鲜与激情逐渐散去，留下的更多是使命和责任，执着与信念。

八月的工布江达，格桑花盛开，看上去好美。山脚下，清澈的尼洋河水奔流不息。我有幸被分配到了巴河镇中心小学。

如果要问我为什么选择来西藏支教？其实从大一开始我就下定了决心，一定要争取参加我们学校的支教队伍，到西藏去，来锻造磨炼自己。能拥有一份在西藏任教的亲身经历，这仿佛就是那份冥冥之中一定要来的那种执着所带来的。我也特别想把自己在学校学到的专业知识带给这里的孩子们。因为我知道藏族的孩子们对音乐常识的了解特别少，我想让孩子们学习到更专业的音乐知识，加深他们对音乐的认知，让他们快乐幸福地生活在祖国的大家庭里。

其实，在我看来，"活在当下，一个人是很渺小的"。在出发之前我曾不断的设想，我来这里可能发生的一切：孩子们会不会喜欢我？自己能否适应这里？和老师们相处是否融洽？会不会……真的有无数种结果在我脑海里浮现。但现在我可以说，这里的一切都比预想中的更好！知之非难，行知不易，但我愿意用这难得而仅有的 126 天，在这片神奇的雪域高原践行我的教育梦，去追逐和学习前人的援藏步伐，把国家的施教良策传递给这里的藏族同胞，让他们感受到党和政府的关怀和温暖。

今天是我进藏的第 117 天。西藏给我的触动很大，也带给我很多感动。不仅仅是因为这里漫天遍地的美景和异域风情，更多的是当地藏族群众给予我们的温暖。他们的生活朴实简单，虽没有都市的繁华丰溢，但每个人脸上都洋溢着满满的幸福感，使我充分地意识到了党的民族政策深得人心，有着无比的优越性和正确性。

平日里，学校的每一个老师，附近的每一位村民，他们个个笑脸相迎，非常热情，觉着有一种神奇的魔力，让我实实在在感受到那种朴实无华、简明祥和的民风。我很庆幸担任巴河镇中心小学 1 ~5 年级的音乐老师，在这里的讲台上，我才真正体会到一名人民教师的责任感与荣誉感；更认识到"百年大计，教育为本"和"少年强则中国强"的深刻内涵。我要全身心地投入，将自己的专业知识毫无保留地教给这些可爱的孩子们。

我的第一节音乐课是在二年级，因为不想耽误每一节课的时间，就直接开讲了。由于孩子们的汉语基础薄弱，我就先读歌词标拼音，再带他们一起打节拍，慢慢地跟着录音一起吟唱。同学们喜欢上课时进行歌唱表演，我就分小组让他们发挥自己的表演天赋，一个个上台后全班都是笑声。看到他们从最初的脸红害羞不敢上台到现在的"老师，老师！我、我、我……"争相上讲台，我打心眼里高兴，至少孩子们学会了勇敢的展示自我。清楚地记得有一天上课中，一个叫次仁旺姆的小女孩给我手里塞了一个带着她体温的山楂果，当时我很惊讶……随后其他同学都上来给我塞小面包和糖果，在那一瞬间，我看到了孩子们脸上灿烂真诚的笑容，我落泪了，真的好感动！那种被孩子们众星捧月般的感觉真的很开心，开始有了融入孩子们的成就感和自信心！

接下来的日子里，无论上下课，一听到孩子们一口一个老师的叫，心里都美滋滋的！看着他们吃饭，给他们上课，一块做课间操，一起升国旗……走上教师岗位是我人生的目标，在这里我感受到了学生们对老师的尊敬喜爱，有了做教师的幸福感。我多么希望给他们留下的不仅仅是音乐课，而是一段永远珍藏的美好记忆。也许多年以后，他们长大成材后会再次记起曾经的我……在这里，我渴望每天“慢下来”的瞬间，坚持写日记，因为每段行程都有结束的那一刻。为了以后不让这段唯一而又珍贵的经历慢慢褪色和流失，我把每天所见所闻所想用文字记录下来。这个日记本将是我的“无价之宝”，这段特殊的经历更是我一生的财富！

几乎每天早晨醒来，我都会站在窗前，望着校外的大山思索，这些生活中的点点点滴滴、细细碎碎，那些洁净的、朦胧的自然风貌……这片神奇的土地着实让我迷恋、兴奋、为之努力。这里的学校因各种原因，一般是上十天课休息四天，所以每个小周末我们都会用来开展各种兴趣班，我带的是电子琴班，其他还有街舞、绘画、书法、篮球和足球等。这里的条件设施特别的好，好于内地的许多学校，连我自己都难以置信、特别羡慕，我很想长期留在这里，享受这里的一切！学校领导说这里所有的多媒体设备、球场、跑道以及孩子们的吃住，都来源于党和政府的大力支持和援助。通过支教这段时间的所见、所闻、学习、实践，我进一步体会到党全心全意为人民服务的根本宗旨，这一切决策都是从人民的利益出发而做出的。因此，作为一名一心向党组织靠拢的积极分子，更应该严格要求自己，不忘初心，牢记使命，尽自己的所能全心全意投入到为人民服务的事业中。

记得有一天，我正在办公室写教案，校长突然打电话给我：“淑玮，镇政府领导打电话，这个月要去县里参加一次大合唱，你能帮忙指导排练一下吗？”当时我的内心是很兴奋的，毕竟我的音乐专业有了用武之地！随后，我便联系了镇里具体的负责人，自己课下开始视频学习。虽然指挥我是业余的，但我一直在学习，经过连续一周的夜晚集训，功夫不负有心人，最终我们取得了一等奖的好成绩！在公布名次后，我的心里跌宕起伏，久久不肯离开，因为我想感受一下努力的成果。宣布我们第一时，我的泪水流了下来，这是我人生第一次和团队一起拿到的奖项。我很感谢巴河镇政府给我的这次机会，让我变得更加自信，同时也懂得了团结和凝聚力的重要性。

赛后回来，当接过书记给我的荣誉证书、哈达，还有政府赠送的那件藏袍，我真正明白了，只要用心付出了，就真的有回报。接下来我们又代表支教队去县里参加的朗诵及演讲比赛也分别获得了一等奖和二等奖，这些荣誉对我们来说不仅仅是光荣，更是我们支教队团结协作的见证。

在这美丽如画的雪域高原，为了感受当地的风土人情，国庆前夕，我们支教队员相约去了拉萨。那是我只在电视上才见过的风景，那一刻竟然真的出现在眼前，真是太震撼了！布达拉宫是一座金碧辉煌的宏伟建筑。广场上白天来来往往的游客争相拍照留念，夜晚灯光四射，来自祖国各地的年轻人载歌载舞，那一幕幕让我感受到了各民族大融合的温馨氛围！再来说说大昭寺吧，那里到处是手拿经筒、口念佛语、步步叩首的朝拜者，让人感觉到了坚定信仰的力量，无论来自哪里都值得互相尊重。校长还带我们去了巴松措，那里的风景更是宜人，青山绿水、金黄的树叶、公路上随处可见的牦牛……看着来自五湖四海的背包客、骑行者，真正体现了祖国人民安康幸福的生活！在一次次的体验中荡涤着心灵。因此，我说不到西藏是一种"病"，只有来过了才能"痊愈"！

在临走之际，我会坚持把自己的工作善始善终、尽善尽美。因为终有离开的那一天，一想到陪伴孩子们已不剩几日，心里就有说不出的滋味。我喜欢他们每一次奔向我的瞬间，喜欢他们课间偷偷送给我的糖果和亲手做的卡片，喜欢他们淘气后向我认错的模样，喜欢他们的太多太多……

回首这四个月的支教过程，我可以骄傲地说，援藏让我的心灵得以净化，让我的生命再一次升华。我一直在告诫自己，读万卷书，行万里路。趁年轻多历练、多出去、多实践，积累更多书本以外的知识，改变自我，提升自我，即便过程中有诸多磨难，也要坚持梦想，保持初心，持之以恒，不懈努力，用我这次援藏支教的实践，去感染更多的人去投身教育事业，全心全意为人民服务！

第四章　立德树人援藏情

不忘初心　续写“援藏良驹”荣光[①]

印象中，这是我第三次参加援藏支教学生出征仪式了，感觉这次特别隆重，感受也特别多。记得去年12月26日，我们就是在这里举行座谈会，隆重纪念援藏三十年，我还代表学校与工布江达县政府共同签署大学生社会实践基地共建协议。转眼到今天，第五批援藏支教的学生又要在同一个地方整装待发，续写援藏荣光。在出发前，我讲一下三个方面的意见。

一、关于这次援藏支教的特点与风貌

三十而立，2018援藏再出发，让每一位岭师人都倍感振奋、自豪与感动。三十年来，我们初心不改，情怀不变，同学们援藏支教的热情空前高涨，书写了我校新时代援藏的奋进之笔。在学校的精心组织和各个二级学院的全力配合下，这次援藏创造了我校援藏支教实习的三个“最”！一是学生规模最大，通过选拔产生的援藏支教实习志愿者有41人；二是学院参与最广，全校14个二级学院有12个派出了支教学生；三是服务覆盖最全，学生们在西藏的服务单位涵盖了幼儿园、小学、中学和教体局，几乎实现了对工布江达县教育单位的全覆盖。这三个突破性的“援藏三最”，从不同侧面说明了岭师的精神风骨与师生风貌，让人心生感动又肃然起敬。

岭师的精神有传承。三十年的援藏精神、厚重绵长的家国情怀，在不知不觉中已经融入了代代岭师人的血脉。当前教育中仍然存在德育不断被知识挤压空间的状况，对情感、态度、价值观的教育关注不足或浮于表面。新时代，我们要将培养学生的家国情怀作为立德树人工作的起点，以家国情怀统领育人方式变革，实现个人价值与社会价值的有机统一。

岭师的学生有担当。音舞学院杨圆同学是去年国庆迎新晚会的主持，在晚会粤藏连线《歌唱祖国》的歌声中，明白自己应有的担当，做出了援藏支教的选择。化工院盘志镅同学是一名从基础教育学院专升本来的同学，也选择了在两年的本科时光中用一年的时间去支教。有一种选择叫担当。在这浮躁的年代，我们在座就有41位同学选择了使命，选择了担当。我想每一位老师都会为有这样的学生而骄傲。

岭师的干部有格局。第五批的援藏支教实习，应工布江达县的要求，为期一年。那么多学生，一走就是一年，安全怎么保障，管理怎么跟上，课程怎么学习？对许多

---

① 岭南师范学院党委副书记、项目负责人黄达海在第五批援藏支教实习学生出征仪式上的讲话，2018年3月14日。

学院来说，对干部来说都是新问题、新压力，但是各位还是以高度的政治自觉促成了此事，展现了良好的政治格局与育人格局。

二、关于这次援藏支教的背景与意义

第五批援藏支教实习的出征，正处在国家教师队伍建设改革、师范专业认证、广东“新师范”建设的开局之年，与师范生培养模式的改革浪潮正相适应。实习一年，有人觉得会不会太长？《中共中央　国务院关于全面深化新时代教师队伍建设改革的意见》（中发〔2018〕4 号）明确要求师范生教育实践不少于半年。师范专业认证基本条件要求教育实践起码要在 18 个教学周以上。注重师范生教育实践，延长实践时间是大势所趋。《广东“新师范”建设实施方案》要求实施师德养成教育工程，培养具有道德规范和教育情怀的教师，强调采取公益支教、志愿服务等方式，提升师范生职业认同感和社会责任感；还要求建立“政府—高校—中小学”协同培养体系，建设实践基地、开展教学研究；实行高校教师与优秀中小学教师共同指导教育实习的“双导师”制度。

我们的援藏支教实习模式正与改革的方向和要求相吻合，正好可以作为师范生培养的创新试验区。今天，二级学院党委副书记和分管教学的副院长都一起来参会，大家要以此为契机，以援藏支教实习为试点，进一步深化人才培养模式改革，构建“大”育人格局。我想，这是这次援藏支教的最重大的现实意义。为了把这个工作做好，学生处、教务处要联系工布江达县教体局为支教学生选配实践导师。各二级学院要为支教学生安排好实习导师、论文导师和思政导师。一位支教学生和四位导师结成支教共同体。在援藏支教过程中，处于后方的实习导师、论文导师和思政导师要实时为前方的支教学生提供教研支援，做“有求必应”的精准指导，为我校师范生的培养和工布江达县教育事业的发展贡献力量。

三、关于这批援藏支教学生的要求与希望

对即将启程赴藏的同学们，我想借用近期很火的三部电影，跟大家提三点要求和希望。

一是不忘初心，无问西东。电影《无问西东》有句动人的台词：“这世间不缺完美的人，缺少的是从心里往外的真心、正义、无畏、同情。”前行的路上，会有艰险、挫折、困难与失败，还有世俗的非议和嘲笑，还有名利的侵蚀与诱惑。许多人不得不向世俗低头，不得不为生活而取舍，不得不放弃曾经的率真和激情。能真正改变这个世界，推动时代车轮向前的，永远是那些不忘初心，坚持自己信念，遵从自己内心的人。人生的路是这样，援藏的路也是这样。希望同学们不忘初心，排除万难，让信念无问西东。

二是知行合一，绽放芳华。豆蔻年华如何能不负青春，绽放芳华？我给出的建议是：知行合一，厚积薄发，自成芳华。同学们在校学习近三年，雄心万丈进藏去，想要大展拳脚。然而，知易行难，我们要学习的还有很多。专业知识要深化、西藏历史文化与民俗习惯要学习，校情、学情要了解，教学水平要提升……特别是这一次援藏为时一年，缺下的课程、学业，自己务必要抽出时间，密切联系学院，保持谦虚谨慎，知行合一，完成学业和实践，以知促行，以行促知，不断提升个人水平与能力，才能逐渐结合西藏实际，发挥自身优势，为西藏教育事业多办实事、多做好事，让青春在雪域高原绽放芳华。

三是同向同行，厉害我国。电影《厉害了，我的国》激起了一股点赞狂潮，带来满满的国家和民族自豪感。我们生在这个伟大的时代，生逢其时，躬逢盛世，与有荣焉。厉害的国是由一代代人矢志不渝的奋斗所创造的。国家未来的厉害，民族的伟大复兴，就有赖同学们与国家命运同向同行的奋斗创造。同学们在校期间，选择援藏支教，也就选择让青春之花绽放在祖国最需要的地方。我校已有 35 位毕业生、校友援藏，把个人的人生理想和祖国的需要融合在一起。去年的援藏支教队队长张金锋，目前已经确定在西藏签约就业。希望我们的同学们继续传承和发扬岭师援藏精神，用新时代的历史方位对标自己的人生航向，用新时代的历史强音对标青春脉动，在实现中国梦的伟大实践中书写别样精彩的人生。

儿行千里母担忧。面对即将远行的同学们，学校和老师们也像母亲一样在心中充满祝福与牵挂。今年，我也将送君千里，一直把你们送到工布江达县，用实际行动告诉大家：援藏路上，我们一直在一起，你们从来都不是一个人在独自奋斗，学校永远是你们坚强的后盾。希望同学们平安顺利，在服务中奉献，在奉献中成长！

牢记使命　创新援藏支教工作新模式[①]

提起西藏，大部分人印象中都是茫茫的戈壁、雪山、荒山，但很多人还不知道西藏地区还隐匿着一个温柔多情的雪域江南。暮春三月藏东南，紫华如梦桃花境。三月林芝，寒意未尽，却已是花的海洋。相约林芝，寻找中国最美春天，早已成为国人的心之向往。这个时间进藏，交通便成了最头痛之事。

二月份开始，我们就求不到一张火车票了，同学们想象中的坐上火车去拉萨，现在变成了搭上飞机去林芝。即使这样，买齐 48 位师生的飞机票也不是一件轻松的任务。于是，我们化整为零，兵分三路，按照函约时间，今天终于胜利会师工布江达县，实属不易！

能够如期抵达，离不开工布江达县的鼎力支持。早在去年 12 月 26 日，何立副书记、王静局长、刘岩副局长一行，不远千里专程到我校参加岭师援藏 30 年工作座谈会，并和我校达成了共建大学生社会实践基地的协议，充分见证了两地之间的情重谊长，开启了两地之间合作交流的新时代。在此，我代表学校对工布江达县一直以来对我校援藏工作的重视和支持表示衷心的感谢和崇高的敬意！

今天的仪式上，我想就如何推进教育援藏事业谈两点思考和三个建议，讲得不对的地方请大家批评指正。

第一点思考：不断升级的援藏模式与援藏体系如何优化？

自 1987 年第一个援藏学生龙家玘进藏工作以来，我校已经走过了 31 年的援藏路。很多人都在问，你们学校 31 年来初心不变，情怀不改，矢心不渝走在援藏路上，为什么？刚才发言的杨圆同学也讲到这个问题，每个援藏的学生都有援藏三问：援藏为什么？援藏干什么？援藏留什么？

屈指算来，我是第四次带队进藏了。如果大家要说我是援藏亲历者、见证者和推动者，也不为过。31 年来，我见证了学校教育援藏模式的不断升级，经历了零散派人进藏支教、建立基地系统援藏和成为政府援藏行为三个台阶的渐进升级。至今为止，我校已先后选派了 94 名在校生进藏支教。同时，留藏工作的校友达 35 人，援藏的学生占了广东省援藏学生的 70% 以上。在这过程中，2009 年建立教育实习基地；2017 年建立大学生思想政治教育基地；今年我们又建立了大学生社会实践基地。这三个基地的

---

① 岭南师范学院党委副书记、项目负责人黄达海在岭南师范学院与工布江达县共建大学生社会实践基地揭牌暨援藏支教实习大学生欢迎仪式上的讲话，2018 年 3 月 20 日。根据录音整理。

建立，初步构建起一种全时段覆盖、全方位支撑、全要素挖掘的“三全”援藏模式和援藏体系。

刚才，何书记通报了工布江达县教育事业的发展情况。党的十八大以来，西藏教育事业发展突飞猛进，硬件条件日新月异，中考小考质量不断提升。昨天，林芝教体局的领导也通报了一个情况，去年林芝中考的分数比前年高出了55分，这是一个大幅度的跨越。我想，这个跟正在如火如荼开展的教育援藏事业是分不开的。

党的十九大报告指出，中国特色社会主义进入新时代，我国社会主要矛盾已经转化为人民日益增长的美好生活需要和不平衡不充分发展之间的矛盾。新的矛盾反映到教育上，就是人民群众接受更好教育的需要与教育发展的不平衡不充分的矛盾，这个矛盾在西藏教育上也是非常突出的。在全面建成小康社会的决胜阶段，教育肩负着“有学上”到“上好学”的新使命。

经过多年的发展，目前工布江达县基础教育的硬件建设取得突飞猛进的进步，所有的校舍面貌一新，很多学校诸如塑胶跑道田径场、教工学生食堂、多媒体教室、礼堂都是标配。这样的设施放在内地中小学一点也不逊色，现在最缺的就是高素质教师。随着教育内涵式发展的转型，提升质量是当前教育要回答的最重要问题。作为友好共建单位，岭南师范学院对帮助工布江达县提高基础教育质量责无旁贷。应该说，我们一直也是带着这样的使命和责任来援藏的。进入新时代，我们要站在贯彻落实十九大精神，推进教育转型发展，办人民满意教育的高度去谋划援藏工作，推进援藏事业的不断发展。

第二点思考：四方联动、精准施策的援藏机制如何建立?

2017年，我们原来自动自发的援藏行动上升为省教育厅主导的政府行为，全省13所高校和西藏林芝对接共建。据了解，到目前为止，岭南师范学院的力度最大，工作落实最到位。我们这次来了41位支教同学，实属不易。别说41人，就是4人，很多学校也未必能做到。因为，这是一个系统工程，不仅需要四方联动，更需要精准施策。这次援藏支教创造了三个记录：一是援藏学生人数最多，达到41人，为历年之最；二是参与学院最广，全校14个二级学院有12个派出了支教学生；三是服务覆盖最全，同学们在西藏的服务单位涵盖了幼儿园、小学、中学和教体局，实现了对工布江达县教育单位全类别的覆盖。这突破性的“三个最”，没有四方联动做不成，没有精准施策也做不好。况且，应工布江达县的要求，今年的援藏支教实习期由原来的半年改为一年，难度更大。那么多学生，一走就是一年，身体的适应、课业的学习、安全的保障、管理的衔接，对学校和学生都是新问题。面对压力和风险，我校师生以高度的政治自觉，上下同心促成此事，展现了岭师师生良好的精神风貌与育人格局。今天的现场更是如此，我们学校有关职能部门来了，西藏电视台来了，《中国青年报》来了，工布江达县委县政府、教体局、中小学、幼儿园、各县（镇）区的学校都来了，这些力量四方联动，八方合作，才有现在这个良好局面。

41 个支教老师同时开展实习，对县教体局的管理也是一次重大考验。为此，教体局专门出台了援藏支教的管理办法，进一步规范支教实习的各个环节，确保援藏支教有条不紊地开展。按此操作，援藏支教管理得到再升级再规范，四方联动、精准施策的工作机制得以再深化再完善，援藏事业与支教效果也会越来越好。

下面，我讲三个工作建议，仅供大家参考。

这批援藏支教的启动，正处在国家教师队伍建设改革、师范专业认证、广东“新师范”建设的开局之年，正赶上师范生人才培养模式改革的浪潮。我们援藏支教的许多做法，都是与这一场改革的方向和要求同向同行，比如建立“政府—高校—中小学”协同培养体系、注重教育实践、强调师德养成等，正好可以作为改革的先行试点。在这样的背景下开展援藏支教工作，我提三个建议，希望双方进一步加强合作，协同创新援藏工作新模式。

一要协同组建“非常 5 + 1”援藏支教共同体。

我们有了完善的援藏工作体系，有三个完整的援藏基地，还有三支援藏工作队伍。对支教实习队伍的建设，我在这里提出一个新概念，取名“非常 5 + 1”援藏支教共同体。这个叫法不一定准确，但大概的意思很明晰。“非常 5 + 1”就是一个支教实习生配五位导师。岭师配实习导师、论文导师和思政导师；工布江达县教体局配教学导师、班主任导师，五位导师围绕一个支教学生构成一个共同体，可以实时为支教学生提供教研支援与实习指导。支教实习生有多重身份，既是支教实习老师，又是学校在读学生，他们必须要同时完成实习任务及学习任务。“非常 5 + 1”共同体的建立，对实习学生的学业进行不断线的精准辅导；同时，也有效解决了学生在支教实习上的实践困难，为学校的人才培养和工布江达教育事业的发展闯出一条新路。

二要协同强化以家国情怀为核心的师德养成。

广东“新师范”建设要求实施师德养成教育工程，培养具有师德规范和教育情怀的教师，强调采取公益支教、志愿服务等方式，提升师范生职业认同感和社会责任感。习近平总书记在北京大学师生座谈会上强调：“道不可坐论，德不能空谈。”师德教育不能停留于坐而论道的空谈，而是要在实践中养成。我校与工布江达县协同开展的援藏支教实习，正是探索师德养成的有效渠道，把理想信念、价值理念、道德观念的教育融贯到知识传授、能力培养的全过程。围绕家国情怀这个核心，培育“为实现中国梦而教书”的时代教师，形成我校学生师德养成的鲜明特点。去年十月，我校国庆迎新晚会，7 000 多名大一新生与千里之外的援藏学生视频连线，共同唱响《歌唱祖国》成为晚会最动人一刻。很多同学就是那一刻开始萌发了援藏选择，学生的家国情怀和师德养成就是通过这样的细节慢慢培养出来。对于如何进一步加强和改进师德养成，进一步突出家国情怀的熔铸，我们需要与工布江达县一起共同探索研究。

三要协同健全严管厚爱相结合的安全保障。

在师范生培养模式的改革中，加强教育实践是大势所趋，延长教育实践会成为一种常态。面对全员投入、长时间在外的教育实践，校地双方怎么协同做好对实习生的管理，保障安全底线？这是加强教育实践必须要迈过的门槛。我们一年的援藏支教实习正好可以提供经验和蓝本。我们要协同健全严管与厚爱相结合的实习安全保障体系。无规矩不成方圆，对实习生的管理务必要“严”字当头，以严格的制度和过硬的执行保障实习安全顺利。守规矩才能打胜仗，全体援藏支教实习生也务必要进一步增强纪律观念，严格遵守各项规章制度。同时，严管也要与厚爱相结合。我们的支教实习生从今天开始，就要成为一名准老师了，但说到底他们还是一个没完全长大的孩子，还有许多不成熟的地方。恳请各位校长、老师也把他们当作自己的孩子一样去包容和关爱，在心理上疏导，在行动上帮扶，帮助他们顺利走过生命中一段特别的旅程。具体我们双方要怎样协同健全严管与厚爱相结合的实习安全保障体系，请工布江达县提出宝贵意见，我们好好总结和探索，逐步形成成熟的体制机制。

最后，再次感谢工布江达县政府、教体局给予我们的支持和帮助！衷心祝愿工布江达县各项事业兴旺发达，人民幸福安康！祝各个实习学校桃李芬芳，花香、书香满园！祝本次支教实习圆满成功！同学们平安健康，取得更大的成长和进步！

铿锵前行　推动援藏支教再上新水平[①]

今天，我们在这里召开这个会议，主要是回顾总结2018年援藏支教的成绩和经验，进一步明确今后一个时期援藏支教工作的基本思路和重点任务，努力开创援藏支教工作新局面。

首先，我代表学校党委，向顺利完成2018年援藏支教任务、安全返校的41名同学们致以诚挚的问候和崇高的敬意！向一直以来关心和指导援藏支教学生成长的各位老师表示衷心的感谢！

刚才，几个援藏同学和指导老师作了很好的发言，我听了很受感动，很受启发，也很受教育。

下面，我围绕会议主题，讲三点意见与大家交流。

一、充分肯定援藏支教工作取得的成绩

刚才，援藏归来的同学们汇报了寻访“最美教师”的感触、分享了最美的“援藏时光”，讲述了动人的“援藏故事”，带给我们触动心灵的震撼，让我深深地回忆起一年前送同学们进藏的时光。去年三月，在桃花正艳的春天，我把同学们留在了工布江达县，也把我的牵挂与思念留在了工布江达县。学生处每一次来汇报援藏支教的情况，说到哪一位同学发烧、感冒、身体不适，都深深地牵动着我的心。直到去年冬至，知道大家全部平安归来，我才放下了心中的大石。特别是今晚，大家穿着整齐的衣装，戴上醒目的绶带，英姿飒爽地出现在我面前，我感到十分欣慰：这一程，大家成长了。

去年，在支教队出征仪式上，我借用当时最火的三部电影向大家赠言，希望同学们不忘初心，无问西东；知行合一，绽放芳华；同向同行，厉害我国！可以自豪地说，同学们用实际行动交出了一份满意的答卷。今晚，我借用去年三家媒体报道的标题来概括这一年援藏支教的亮点。

（一）是落实立德树人根本任务，三十一载“援藏良驹”跃上新高度

“援藏良驹”是《人民日报》对我校援藏学子的美称，是我校援藏精神的代名词。过去一年来，我们大力发掘“援藏良驹”所蕴含的精神财富，作为培养大学生家国情怀的重要抓手，推动课程思政、思政课程与思政实践三维深度融合，让援藏精神发挥

① 岭南师范学院党委副书记、项目负责人黄达海在2018年大学生援藏支教思想政治教育实践总结会上的讲话，2019年4月29日。

立德树人的重要功能，让传承三十一年的“援藏良驹”跃上了新高度。去年3月，中央重点新闻网站——光明网就以“岭南师院：支教传承‘援藏良驹’的家国情怀”为题做了报道。我校教育援藏项目也入选了教育部高校思想政治工作精品项目，成为广东省教育厅10个立项资助的思政工作精品项目之一。

（二）是落实“新师范”建设要求，人才培养“组合拳”打出新力度

去年6月，《信息时报》对我校做了一个整版的报道，其中指出我校援藏支教实习的培养机制正是对“新师范”建设的贯彻落实，把师德养成教育工程真正落到实处。去年8月，《中国教育报》在头版以“岭南师院：打出教育援藏‘组合拳’”为题，报道了我校教育援藏的做法。在过去的一年里，我们以援藏支教为试点，优化一套机制，建立三类基地，完善“三全”实践育人体系，创设“5+1”精准指导机制，打出了师范人才培养漂亮的“组合拳”，获得了学校教学成果一等奖。

据学工部统计，41名援藏同学在藏期间获得各类奖项198项，人均获奖4.8项，部分同学成长为支教学校的教学骨干、教研骨干，殷佩仪等同学的任教科目在全县教育质量检测中拿到了第一名的好成绩。学校正在公示的校级奖学金评奖结果也显示，97.56%的援藏支教实习生获得奖学金，其中47.5%获一等奖学金，92.7%的学生获奖学金等级比参加实习前有提升，其中有30名学生在实习前从未获得过校奖学金。援藏同学们在求职过程中也不断传来好消息，援藏的经历让用人单位感兴趣，良好的从师任教素养更让用人单位心动。

去年学工部还面向援藏同学开展了专项调研。调研报告显示，与普通教育实习相比，援藏支教实习时间更完整、投入更深入、效果更突出、意义更重大。受访者认为，援藏支教有效提升从师任教技能，改变了他们的职业价值观和就业方向，充满了对教师职业的向往和热爱。一位同学说：“以前一直想的是到珠江三角洲发展，现在的想法是想回到老家那个山沟沟里去，为家乡做出自己的贡献。”调查中，有58%的受访者表示有意向毕业后进藏工作。现在已经有部分同学报名参加了西藏招聘。

（三）是落实全面小康战略部署，教育扶贫“粤藏情缘”闪耀新亮度

2018年是决胜全面建成小康社会的关键一年。习近平总书记指出，“改变藏区面貌，根本要靠教育。”我校发挥师范院校优势，创新教育扶贫模式，精准破解西藏基础教育发展不平衡不充分的难点。去年我们选派了41名学生赴藏作为期一年支教实习，主要是应工布江达县的函请，致力帮助他们精准解决师资短缺和师资结构不平衡的难题，迎接国家义务教育素质教育评估。

我们的同学一去就成了“救火队员”和全科教师，补上了当地师资的短板，开出了以前开不出的课程，助力林芝在全西藏率先基本实现“五个100%”教育目标。工布江达县多项教育指标也从两年前在全市排名倒数攀升到目前的排名前列。我们支教的海拔最高、最艰苦的娘蒲乡中心小学也终于在建校二十多年来，收到了第一份内地班

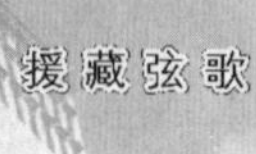

录取通知书。去年10月，工布江达县教体局给学校发来表扬信，感谢我校的支持，表扬41名支教同学。西藏电视台还主动上门联系、跟踪摄制，播出了专题片《粤藏情缘》，讲述了我们支教实习生的故事。广东省教育厅也将我们的援藏支教扶贫项目推荐参评教育部省属高校精准扶贫精准脱贫典型项目，让教育扶贫的“粤藏情缘”闪耀新亮度。

二、在新的起点上深入推进援藏支教工作

在充分肯定援藏支教工作取得成绩的同时，我们必须清醒地认识到，援藏支教工作还存在一些不容忽视的问题。一是指导不充分。过去一年，学生处、教务处先后四次发布正式通知，要求二级学院组建“5+1”支教共同体，做好援藏支教实习学生教学与管理、课程学习指导、缓考、思想政治教育实践指导等工作，但各学院的指导工作很不平衡。有的学院高度重视，领导到位、要求到位、指导到位，如物理学院和化学化工学院院领导、系主任专程进藏作实习指导。个别学院的指导却是流于形式，形式上组建了“5+1”支教共同体，但实际既没有交流更没有指导；

二是联动不充分。支教队人数多，分布在12个单位，单位距离远，缺少强有力的组织联系，难以集中力量开展活动，典型人物、典型事例的发掘乏力，支教过程性材料特别是影像材料的收集质量不高。这些问题的存在，制约了援藏支教工作的长远发展，迫切需要我们采取切实有效措施，认真加以解决。

今年是新中国成立70周年，是我校贯彻落实第一次党代会精神，实现申硕核心目标的关键之年，援藏支教工作面临着极为难得的历史性机遇。学校最近印发了《关于选派学生参加2019年援藏支教实习项目的工作方案》，对2019年的援藏支教工作做出了新的部署，在新的历史起点上，我们必须从讲政治、提质量、促合力三个方面入手，努力开创援藏支教工作新局面。

（一）讲政治，着力增强工作的责任感、使命感

思想是行动的先导。做好援藏支教工作，基础和前提是提高认识、统一思想。要充分认识到，援藏支教工作是进一步满足西藏地区人民群众接受优质教育需要的迫切要求，是维护区域政治稳定和保持民族团结的重要举措。因此，在援藏支教工作中，特别要讲责任、讲使命、讲奉献。同时，也要充分认识到援藏支教工作的长期性、艰巨性，在新的时期，要深刻把握援藏支教工作规律，一步一个脚印，持之以恒地坚持下去，不断提高援藏支教工作水平。

（二）提质量，在艰苦磨炼中培养人才

不断提高人才培养质量，是援藏支教工作的初心与宗旨，必须贯穿始终。到艰苦地方去，到祖国最需要的地方去磨炼，是我们一直坚持的办学导向和办学传统，也是

不少同学的理想与追求。三十二年的援藏坚守，不仅见证了一大批高质量教育人才的产生，还锻就了一种勇于吃苦、甘于奉献的高原精神，找到了一条在艰苦地方提高人才培养质量的新路径，这将是我们不断优化人才培养模式，提高人才培养质量的有效补充。

（三）促合力，推动援藏支教工作取得新成效

援藏支教工作是一项系统工程，只有形成学校、学院、部门、地方合力推进的局面，才能取得实实在在的成效。促合力，首先要建立健全长效机制，形成全方位、多层次、宽领域的援藏支教工作格局。促合力，要建立和完善职能部门、二级学院、受援地方的指导体系。促合力，还要援藏团队多方联动，合作互助。

三、把加强援藏支教工作的各项任务落到实处

当前和今后一个时期，要按照党委关于援藏支教工作的总体部署，围绕立德树人根本任务，结合援藏地区和援藏个人的实际，研究新思路，提出新举措，全力以赴抓好落实。我认为，目前加强援藏支教工作要在五个方面下功夫：

（一）在进一步加强岗前培训上下功夫

今年学校决定将援藏支教实习期调整为 8 月至 12 月，以保障不影响援藏同学考取教师资格证。这也为我们的岗前培训提供了充足的时间。除了教务处、学工部按常规开展安全教育、纪律教育的集中培训外，各二级学院还要按照学校教育实习工作的规范，在本学期抓好支教实习生的观摩见习、模拟教学等工作。

（二）在进一步加强在岗指导上下功夫

援藏支教实践也是教育实习。要落实教育实习的校、院及指导老师三级教学管理机制，明确相关二级学院作为教育实习的管理主体，选好配强各类指导老师，监督考核实习指导工作，把“5 +1”支教共同体的建设落到实处。

（三）在进一步组建援藏队伍上下功夫

这是提高援藏支教工作水平的关键。要在支教团队中建立党团支部，充分发挥支委和队干作用，提升支教队的组织力与战斗力，加强对全体队员的组织联络，做好支教过程素材的收集，在支教过程中培养、教育和考察入党积极分子。

（四）在进一步完善机制上下功夫

这是做好援藏支教工作的重要保证。要加强对援藏支教工作的领导，各二级学院党委副书记要亲自抓，分管教学副院长要具体抓，有关职能部门要合力抓。要坚持并

不断完善例会制度，定期召开援藏支教工作会议，研究解决援藏支教工作中的重大问题，推动援藏支教工作顺利开展。要加强与援藏地区的深度联系，建立和完善相应组织机构，促进援藏双方深度合作。

（五）在进一步凝练宣传上下功夫

这是加强援藏支教工作的重要方法。我校坚持开展援藏工作32年来，创造了很多好经验、好做法；涌现出了很多先进个人，呈现了一幕幕感人事迹。各单位要把宣传工作贯穿始终，会同社会新闻媒体，运用各种宣传手段，讲好援藏支教实践故事，塑造援藏支教典型，传播“援藏良驹”精神，深化教育情怀养成，深入宣传援藏支教工作的新思路、新经验、新做法，营造良好的舆论环境，带动整个援藏支教工作再上新水平。

老师们、同学们，推进援藏支教工作，意义重大，责任重大，使命光荣，影响深远。希望有更多的同学担起责任，继续扛起岭南师院西藏支教队光荣的旗帜，传承和弘扬“援藏良驹”的宝贵精神，在实现“中国梦”的伟大实践中书写别样精彩的人生！

以“四得”教学互促推动师范生教育情怀培养的岭师实践[①]

一、成果形成背景

自2001年以来，我国“师范教育”逐渐被“教师教育”所代替，师范生的专业知识和现代教育技术能力在整体上得到提高，但服务与奉献祖国教育事业的社会责任感和教育情怀却明显削弱。“去大城市、去高薪单位”成了许多师范生甚至教师教育机构的目标。免费师范生毁约进城已成为教育的尴尬。社会对教师教育情怀不乏批评之声，教育部多次发文要提高教师师德水平。我校作为全省师范生规模最大高校，传承115年师范教育积淀，坚持师范性、教学型，地方性、应用型的“两性两型”办学定位，在师范生培养上坚持把师德尤其是教育情怀的培养放在首位。自2010年以来，逐步形成了以“四得”教学互促推动师范生教育情怀培养的岭师实践，并取得了很好的教学效果和社会效应。

教育情怀是指在深刻理解教育的意义上产生的一种高尚的心境、情感和胸怀，是师德素养的核心内容和动力源泉。教师的教育情怀具体表征为热爱教育事业，充满教育理想，乐于奉献，追求卓越。

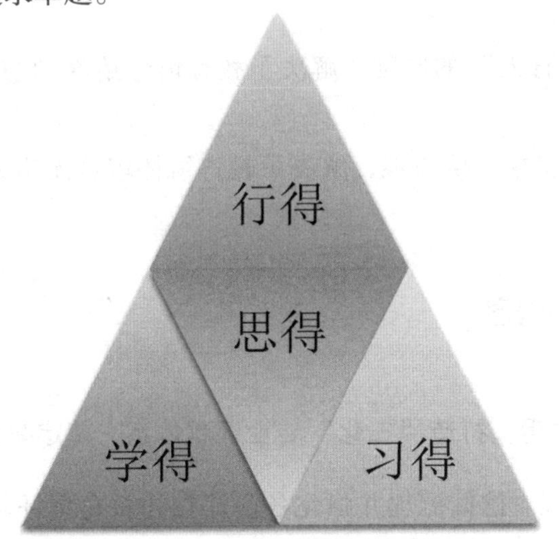

图1　“四得”教学互促教育情怀培养结构示意图

① 该成果获岭南师范学院2019年教学成果一等奖。成果完成人：黄达海、周立群、何增光、邓倩文、关天冲。

“四得”是培养学生教育情怀的四种路径：学得，通过理论课程的显性学习，认知教育情怀，培养对教育的认同感与归属感，奠定教育情怀基础；习得，通过打造师范文化生活类的隐性课程，以家国情怀为底色，在潜移默化中厚植对教育的责任感和使命感，汇聚教育情怀动能；行得，“行”即为践行，通过教育实习、社会实践等实践课程激发教育成就感与幸福感，畅通情怀的血脉；思得，通过在学习、实践、生活中的感悟和反思，加深对生命意义和教育意义的理解，做到理智与情感的融通，增强教育参与感与获得感，促成情怀的升华。“四得”立足于学生的“得”，四者相互融合、相互促进，共同构建培育学生教育情怀的“教育场”。

2010 年 12 月，学校颁发了《湛江师范学院关于创新人才培养模式的意见》，提出了培养“负责任、强能力、善创新”的高素质应用型人才的培养目标，首次明确“负责任”具体到师范类学生中就是要培养教育情怀，具体到教师教育，教育情怀和职业信念是“负责任”教师的重要内涵；2012 年，学校颁发了《湛江师范学院强化实践育人工作实施方案》，强化了实践教学对培养师范生教育情怀的作用；2013 年，学校根据《教师教育课程标准（试行）》重修人才培养方案并配套出台了《湛江师范学院关于大力推进师范专业课程改革的意见》，逐步构建了以“情怀教育为纲，以‘四得’教学为目”的教育情怀培养体系。

本成果有效解决如下教育问题：

（1）坚持“师德与师能”并重的培养理念，解决了师范毕业生教育情怀缺失和社会责任感不强的问题。

（2）坚持“三全育人”的原则，解决了教育情怀培养知与行分离、学与习分隔、情与思割裂的问题。

（3）坚持社会主义核心价值观，解决了教育情怀培养无魂无神，难以影响学生个人价值体系的问题。

二、成果的主要内容

（一）立足学生学得，打造“三化”专业课程体系，奠定教育情怀培养基础

一是强化思政课程。挖掘梳理并强化各门课程的教育情怀培养元素，如在思想道德修养与法律基础课程中专设教育情怀专题，融通“思政课程”与“课程思政”渗透教育情怀的培养。

二是广化学科课程。通过人才培养计划的修订和课程改革等途径，让师范生及时了解学科前沿理论知识的同时也了解和熟悉中小学学科课程发展的现状，更好地认识

与亲近中小学教学。

三是优化教师教育课程。从2010年起，逐渐加大教师教育课程比例，达到20学分以上，分为基础课程、学科教学课程、通识教育课程三模块。基础课程由教师教育学院承担，主要包括中小学教师职业道德规范、学生发展心理学、教育哲学、教师技能等；学科教学课程由各二级学院（含外聘的中小学教师）承担，主要包括学科教学论、名师成长等；通识教育课程，由通识教育中心承担，包括教育名著选读、中外教育家思想与实践等。

（二）立足学生习得，创建“三维铸魂”隐性课程体系，汇聚教育情怀的动能

以家国情怀为底色三维铸魂，厚植教育使命感与责任感。

师范校园铸魂：建设师范特色校园，建成凝聚雷阳书院文化的书院广场、记载学校百年师范历程的百年师范纪念广场和积淀深厚教育情怀的师道园、立德园、博学园，从历史维度让学生感受师范教育与国家、民族的命运的紧密联系。

师范精神铸魂：传承学校三十二载“援藏良驹”荣光，将援藏支教精神作为教育情怀的象征，从现实维度让学生体会教师为国家、民族培养人才的神圣职责。

师范文化铸魂：连续举办十五届教师教育文化节，让师范文化渗透日常生活与从师任教素养的训练之中，从参与维度让教育情怀养成生活化。

（三）立足学生行得，构建“三相三全”融合渗透实践课程体系，达成教育情怀的强化

实施《湛江师范学院强化实践育人工作实施方案》，设立社会实践周，规定师范生见习、实习和实践为必修的20学分，限定师范生教育实践不少于18周，落实生均标准不低于800元的教育实习专项经费，与湛江市教育局联合开展师范生“校地实习”，创新援藏支教实习，优化实践指导，构建与专业教学相配套、与基础教育需要相衔接、课内外实践相融合，学生全员参与、大一到大四全程覆盖、见习、练习和实习全方位渗透的教育情怀实践养成课程平台。

（四）立足学生思得，创立贯穿全程的“三自”研习体系，促成教育情怀的升华

贯彻自主学习观和互动教学观，将学生社会实践省思报告、实习反思性总结作为课程考核和学分认定的依据，让学生的自觉省思、自主探究和自我完善贯穿教育情怀培养全过程。

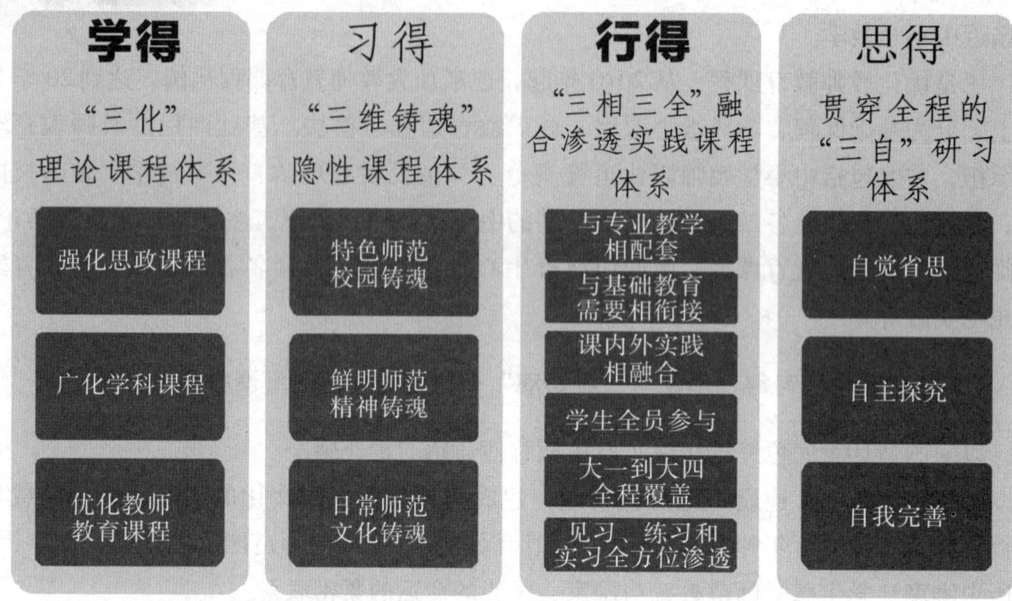

图 2 "四得"教学互促教育情怀培养主要内容示意图

三、成果的创新点

（一）提出"以教育情怀为未来教师铸魂"理念，让师范生培养有魂

学校超前确立"以教育情怀为未来教师铸魂"的理念，从根本上回答了"为谁育师"的问题，因应当前教师教育改革的要求。《中共中央 国务院关于全面深化新时代教师队伍建设改革的意见》明确了要培养"教育情怀深厚的高素质复合型教师"。教育部《关于实施卓越教师培养计划 2.0 的意见》（教师［2018］2 号）也将"教育情怀深厚"作为高素质专业化创新型教师的第一要求。《广东"新师范"建设实施方案》也强调加强教育情怀养成教育。

（二）创新"三化"教育情怀培养理论课程体系，让教育情怀培养有形

通过强化思政课程、广化学科课程和优化教师教育课程，让抽象、感性的教育情怀形象化、具体化、理性化，让教育情怀培养有了具体的课程载体，帮助师范生感知教育情怀、提升认知水平、理解"何以为师"，解决了教育情怀无形无迹，难知难教的问题。

（三）创新以家国情怀为底色的"三维铸魂"法，让教育情怀培养有神

通过师范校园、师范精神、师范文化三个维度的养成熏陶，以鲜明的校园价值导

向引导师范生切身感受教育事业的历史使命和时代责任，将人民群众的教育福祉整合进自己的个人价值内容体系，明白“为何为师”，让教育之爱不再空洞，激发从师任教的强大内在驱动，解决了以往教育情怀培养无魂无神，难以影响学生个人价值体系的问题。

（四）创新“三相三全”融合渗透实践课程体系，让教育情怀培养有道

精准对接校地实践需求，充分保障实践时长与深度，通过“双导师”的配置和支教“5+1共同体”的组建，提升从师实践质量，让师范生实践“何以成师”，在服务人民教育能力的不断增长中体验个人价值的实现，累积教师荣耀感与幸福感，形成对教师职业的不舍情怀和持守情结，解决教育情怀养成知行分离，欠缺实效的问题。

（五）创新贯穿全程的“三自”研习体系，让教育情怀培养有韵

让学生的自觉省思、自主探究和自我完善贯穿教育情怀培养全过程，思考“成为何师”，打通教育情怀培养由外而内的突破点，也让教育情怀培养有了个性化的韵味。

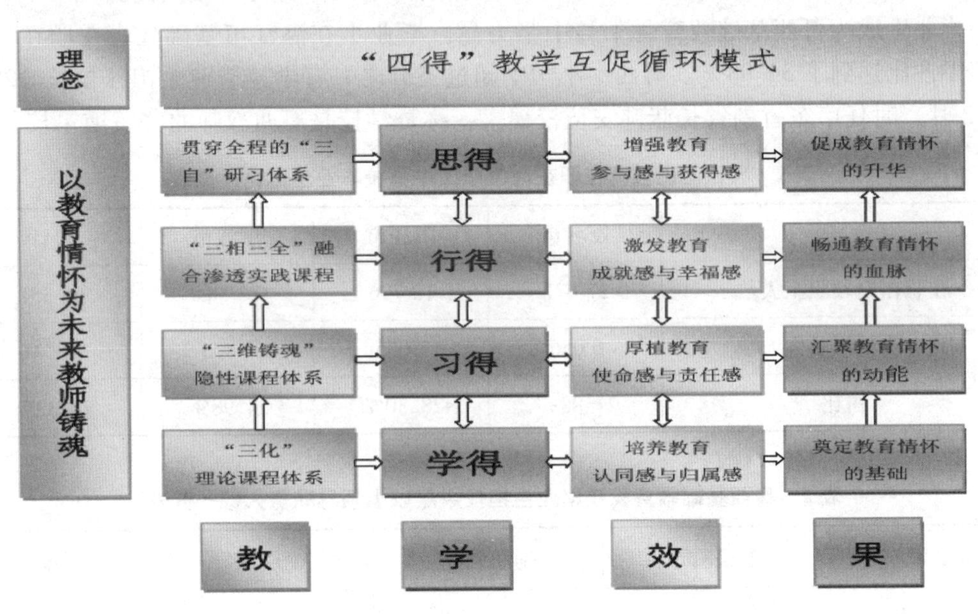

图3　“四得”教学互促教育情怀培养循环示意图

四、成果推广应用效果

（一）教育情怀养成探索被教育厅推广到13所高校，获教育部立项

2017年，教育厅将学校试点探索教育情怀培养的援藏支教项目提升为“广东省教

育厅与西藏林芝、昌都共建大学生思想政治教育实践基地项目”，遴选出13所高校共同参与，安排学校党委黄达海副书记在共建仪式上作经验介绍，并委托学校起草《支教大学生选拔指南》。

2019年，学校援藏支教项目成为教育部高校思想政治工作精品项目和广东省教育厅资助的十大高校思政工作精品项目。《中国教育报》在头版对该项目进行报道，西藏卫视摄制了专题片《粤藏情缘》。《信息时报》作了整版报道，指出学校师范生培养机制正是对“新师范”建设的贯彻落实，把师德养成教育工程真正落到实处，有效提升师范生职业认同感和社会责任感，培养具有道德规范和教育情怀的人民教师。

（二）培养优质师范生扎根基层教坛，成为粤西基础教育骨干力量

毕业生就业首选教师职业，师范生就业对口率不断提升。2018届师范类毕业生中80%流向教育领域，比2016届提升了18个百分点。

毕业生从教报国成传统。已有44位毕业生进藏工作，是广东省高校毕业生援藏大户，目前仍有35名校友在藏工作，被《人民日报》等媒体誉为“援藏良驹”。

毕业生成为粤西基础教育骨干与中坚力量。毕业生在湛江市基础教育在职在岗教职工中占比达到了34.98%。粤西中小学中超过三分之一有学校毕业生担任校长。2016年12月，时任广东省副省长蓝佛安莅校视察，称赞学校是粤西教师的“黄埔军校”。

表1　粤西基础教育在职在岗教职工中我校毕业生占比一览表

	茂名市	阳江市	湛江市	合计
在职在岗教职工人数	27 677	10 796	26 884	65 357
其中我校毕业生人数	6 056	3 055	9 405	18 516
占比	21.88%	28.30%	34.98%	28.33%

表2　粤西基础教育我校毕业生担任中层以上领导职务人数一览表

区域	正职领导	副职领导	中层领导	合计
茂名市	105	97	485	687
阳江市	61	91	311	463
湛江市	175	238	929	1 342
粤西	341	426	1 725	2 492

毕业生师德与教育情怀受用人单位评价最高。粤西基础教育用人单位对学校人才培养11项指标评分中，对师德规范和教育情怀的评价分数最高，均在96分以上。

表3　不同地区用人单位对我校毕业生践行师德能力的综合评价

地区	师德规范能力	教育情怀能力	师德能力综合得分
茂名市	97.09%	96.65%	96.87
阳江市	97.65%	96.03%	96.84
湛江市	96.59%	96.20%	96.89

毕业生普遍扎根基层教坛赢得良好社会声誉。光明网以《岭南师院：乐为南粤教育作“母机”》为题报道学校毕业生大部分扎根基层教坛，将学校称为“广东名副其实的教育‘母机’”。

（三）在校生支教服务热情高、崇教爱教成传统，获全国、全省奖项

师范生在校期间自发参加支教公益服务，深入基层街道和乡村支教服务成为常态。周末有周末乡村支教、留守流动儿童家园服务、“2+5”精准扶学等日常公益助教活动。每年暑期“三下乡”乡村支教组队数量和参与人数居全国前列。学校多次被评为全国大中专学生“三下乡”社会实践活动优秀单位，多个实践队荣获“全国十佳公益团队”等荣誉称号。教师职业成了学生的志业。2017年，在广东省大学生职业规划大赛中，杨嘉文同学以“做有情怀的小学语文教师”为人生目标，获全省本科组一等奖和省“十佳职业规划之星”。

岭南师范学院援藏支教实习单位满意度调查报告

为了解岭南师范学院开展援藏支教实习以来相关实习单位满意度，科学评估学校援藏支教实习影响效用，项目组于2019年8月至9月开展了岭南师范学院援藏支教实习单位满意度调查。

一、调查概况

本次调查抽取《岭南师范学院支撑粤西基础教育发展能力调查用人单位问卷》中的满意度调查部分制作了《岭南师范学院援藏支教实习单位满意度调查问卷》进行调查。《岭南师范学院支撑粤西基础教育发展能力调查用人单位问卷》是由学校招生与就业处牵头，邀请广东省中小学教师发展中心和学校教务处专家指导编写的，其中的满意度指标按教育部《普通高等学校师范类专业认证实施办法（暂行）》（教师〔2017〕13号）中的毕业要求分4大类能力11个项目进行满意度考察。

调研组走访了西藏林芝工布江达县，随机抽取15个实习单位中的9个实习单位发放调查问卷，请实习单位负责人现场填写，现场回收。问卷回收率100%，全部为有效问卷。问卷回收后，通过SPSS21.0进行数据分析处理。

二、调查结果

（一）县小学和高海拔乡镇小学接纳最多实习生

9个实习单位均为小学，每个单位曾接纳实习生数量起码有3人以上，累计接纳实习生最多的是工布江达县小学16人，之后是海拔最高的三所乡镇中心小学接纳实习生数量较多，如：加兴乡中心小学11人、娘蒲乡中心小学10人和金达镇中心小学7人。具体人数分布见表1。

表1　各实习单位接纳实习生数量一览表

实习单位	娘蒲乡中心小学	金达镇中心小学	加兴乡中心小学	江达乡中心小学	错高乡中心小学	工布江达县小学	巴河镇中心小学	朱拉乡中心小学	仲莎乡中心小学
接纳实习生数量	10	7	11	5	3	16	5	5	5

（二）实习单位普遍认为实习生带来较大帮助

对“您认为支教实习生能给贵校带来多大的帮助?”这一问题，11.1%的单位认为“有非常大的帮助”，77.8%的单位认为“有较大帮助”，11.1%的单位认为“一般”，没有单位选择“较少帮助”“没有帮助”选项，实习单位普遍认可实习生带来的帮助，详见表2和图1。

表2　实习单位对实习生带来帮助程度的评价一览表

		频率	百分比	有效百分比	累积百分比
有效	有非常大帮助	1	11.1%	11.1%	11.1%
	有较大帮助	7	77.8%	77.8%	88.9%
	一般	1	11.1%	11.1%	100.0%
	合计	9	100.0%	100.0%	

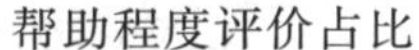

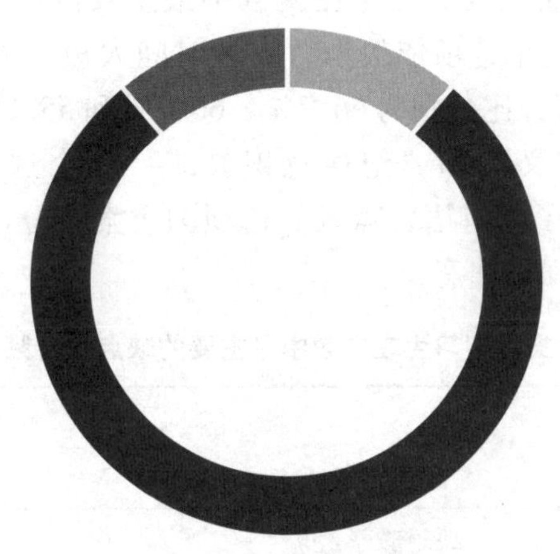

图1　实习单位对实习生带来帮助程度的评价占比圆环图

（三）实习单位认为实习生最大的优势是能有效补充紧缺师资

在对“您认为支教实习生在支教中最大的优势是什么?”的多项选择中，最多实习单位选择的三个选项依次为“能有效补充紧缺师资”“热情大、干劲足”和“思维活跃、有活力”，选择的个案百分比分别为77.8%、66.7%和44.4%，详见表3，可见岭南师院“因需设项”“按需点单”的精准支教的确有效补充了当地紧缺师资，优秀大学生的到来带给了实习学校热情与活力。

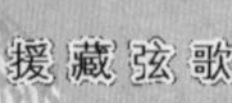

表 3　支教实习生在支教中最大的优势评价频率表

		响应		个案百分比
		N	百分比	
支教实习生在支教中最大的优势 a	能有效补充紧缺师资	7	26.9%	77.8%
	教育理念新	3	11.5%	33.3%
	教学方法有创新	3	11.5%	33.3%
	信息技术运用水平高	3	11.5%	33.3%
	思维活跃、有活力	4	15.4%	44.4%
	热情大、干劲足	6	23.1%	66.7%
总计		26	100.0%	288.9%

a. 值为 1 时制表的二分组

（四）实习单位认为实习生最主要的缺点是支教时间太短和缺乏教学经验

在对“您认为我校往届支教实习生在支教中最主要的缺点是什么?”的多项选择中，最多实习单位选择的三个选项依次为“支教时间太短”“缺乏教学经验”和“不了解学情”，选择的个案百分比分别为66.7%、66.7%和55.6%，详见表4。值得注意的是，选择“过于理想主义”和“纪律意识欠缺”两个选项的个案百分比分别为44.4%和22.2%，均超过了“有语言障碍”选项的个案百分比，需要往后的实习生个人注意做好期望调整和加强纪律意识。

表 4　支教实习生在支教中最主要的缺点评价频率表

		响应		个案百分比
		N	百分比	
往届支教实习生在支教中最主要的缺点 a	缺乏教学经验	6	25.0%	66.7%
	支教时间太短	6	25.0%	66.7%
	不了解学情	5	20.8%	55.6%
	过于理想主义	4	16.7%	44.4%
	有语言障碍	1	4.2%	11.1%
	纪律意识欠缺	2	8.3%	22.2%
总计		2	100.0%	266.7%

a. 值为 1 时制表的二分组

（五）实习单位对实习生从师任教素养满意

1. 实习单位对实习生从师任教素养没有不满意项目

实习单位对实习生从师任教各方面素养的评价没有一项是不满意的。对实习生从师任教素养总体满意度评价100%为满意，其中22.22%非常满意，77.78%较满意。在11个分项目的满意度评价中，获非常满意评价比率最高的五个项目并列，分别为教育情怀、学科知识体系、信息技术优化教学能力、自主学习能力和反思研究能力，均有33.33%的选择百分比。对实习生从师任教素养满意度详见表5。

表5　对实习生从师任教素养满意度一览表

		非常满意	较满意	一般	较不满意	非常不满意
师德规范	计数	1	8	0	0	0
	有效行 N%	11.11%	88.89%	0.00%	0.00%	0.00%
教育情怀	计数	3	6	0	0	0
	有效行 N%	33.33%	55.56%	0.00%	0.00%	0.00%
学科知识	计数	3	5	1	0	0
	有效行 N%	33.33%	55.56%	11.11%	0.00%	0.00%
教学能力	计数	2	7	0	0	0
	有效行 N%	22.22%	77.78%	0.00%	0.00%	0.00%
信息技术	计数	3	4	2	0	0
	有效行 N%	33.33%	44.44%	22.22%	0.00%	0.00%
班级建设	计数	1	5	3	0	0
	有效行 N%	11.11%	55.56%	33.33%	0.00%	0.00%
综合育人	计数	1	7	1	0	0
	有效行 N%	11.11%	77.78%	11.11%	0.00%	0.00%
自主学习	计数	3	6	0	0	0
	有效行 N%	33.33%	66.67%	0.00%	0.00%	0.00%
国际视野	计数	1	6	2	0	0
	有效行 N%	11.11%	66.67%	22.22%	0.00%	0.00%
反思研究	计数	3	4	2	0	0
	有效行 N%	33.33%	44.44%	22.22%	0.00%	0.00%
交流合作	计数	2	6	1	0	0
	有效行 N%	22.22%	66.67%	11.11%	0.00%	0.00%
总体满意	计数	2	7	0	0	0
	有效行 N%	22.22%	77.78%	0.00%	0.00%	0.00%

2. **对实习生践行师德方面的综合满意度分析**

全部实习单位对实习生在师德规范和教育情怀项目的表现表示满意。其中对师德规范“非常满意”的占比为11.11%，“较满意”的占比为88.89%；对教育情怀“非常满意”的占比达到33.33%，“较满意”的占比为66.67%。可以看出，实习单位对实习生教育情怀的评价要稍高于对师德规范的评价。

按照“非常满意”比例*100+“较满意”比例*80+“一般”比例*60+“较不满意”比例*30+“非常不满意”比例*0的满意度分数计算公式，计算实习单位对实习生师德规范得分和教育情怀得分，再将二者按照1:1的权重进行加权平均，即可作为实习单位对实习生践行师德方面的综合评价指标，结果见表6的最后一列。

表6　实习单位对实习生践行师德方面的综合评价

	师德规范	教育情怀	践行师德综合得分
实习单位满意度得分	82.22	86.67	84.45

3. **对实习生教学能力方面综合满意度分析**

数据处理与分析过程与前项类似。从表5可以看出，实习单位对实习生的学科知识体系掌握、整合、运用能力评价为“非常满意”的占比达到33.33%，“较满意”的占比为55.56%；对教学能力的评价为“非常满意”的占比达到22.22%，“较满意”的占比为77.78%；对应用信息技术优化教学能力的评价为“非常满意”的占比达到33.33%，“较满意”的占比为44.44%，“一般”的占比为22.22%。

与前面的处理类似，我们以3:5:2的权重对这三个指标进行加权平均，获得衡量综合教学能力的评价指标，结果见表7。可以看出，应用信息技术优化教学能力满意度得分相对另外两项较低，教学能力方面的综合得分为84.66。

表7　实习单位对实习生教学能力方面的综合评价

	学科知识体系掌握、整合、运用能力	教学能力	应用信息技术优化教学能力	教学能力综合得分
实习单位满意度得分	86.67	84.44	82.21	84.66

4. **对实习生育人能力方面的综合满意度分析**

从表5可以看出，实习单位对实习生的班级建设指导能力评价为“非常满意”的占比达到11.11%，“较满意”的占比为55.56%；“一般”的占33.33%；对综合育人能力的评价为“非常满意”的占比达到11.11%，“较满意”的占比为77.78%，“一般”的占11.11%。

此处以1:1的权重对班级建设指导能力与综合育人能力满意度得分进行加权平均，得到衡量育人能力的综合评价指标，结果见表8。可以看出，班级建设指导能力和综合育人能力得分与前面其他项目得分相比较低，分别为75.56和80；育人能力方面的综合得分也相对偏低，为77.78。

表8　实习单位对实习生育人能力方面的综合评价

	班级建设指导能力	综合育人能力	育人能力综合得分
实习单位满意度得分	75.56	80	77.78

5. 对实习生发展能力方面的综合满意度分析

从表5可以看出，实习单位对实习生的自主学习能力评价为“非常满意”的占比达到33.33%，“较满意”的占比为66.67%；对国际视野的评价为“非常满意”的占比达到11.11%，“较满意”的占比为67.67%，“一般”的占22.22%；对反思研究能力的评价为“非常满意”的占比达到33.33%，“较满意”的占比为44.44%，“一般”的占22.22%；对交流合作能力的评价为“非常满意”的占比达到22.22%，“较满意”的占比为66.67%，“一般”的占11.11%。

对四项能力指标满意度得分按照4：1：3：2的权重进行加权，得到衡量综合发展能力的评价指标，结果见表9。可以看出，综合发展能力得分的综合得分为83.64。

表9　实习单位对实习生发展能力方面的综合评价

	自主学习	国际视野	反思研究	交流合作	综合发展能力
实习单位满意度	86.67	78.58	82.21	82.23	83.64

6. 对实习生从师任教素养总体满意度分析

实习单位对实习生从师任教总体满意度评价为“非常满意”的占比达到22.22%，“较满意”的占比为77.78%，换算为满意度评价得分为84.45。

7. 对实习生从师任教素养各指标满意度的对比分析

从表10和图2可以看出，有教育情怀、学科知识体系掌握、整合、运用能力和自主学习能力三个项目并列获得满意度最高得分，教学能力满意度得分排名第四；满意度得分最低的项目为班级建设指导能力。

表10　对实习生从师任教素养各项目满意度得分一览表

从师任教素养项目	满意度得分
师德规范	82.22
教育情怀	86.67
学科知识体系掌握、整合、运用能力	86.67
教学能力	84.44
应用信息技术优化教学能力	82.21

续上表

从师任教素养项目	满意度得分
班级建设指导能力	75.56
综合育人能力	80
自主学习能力	86.67
国际视野	78.58
反思研究	82.21
交流合作	82.23
总体满意度	84.45

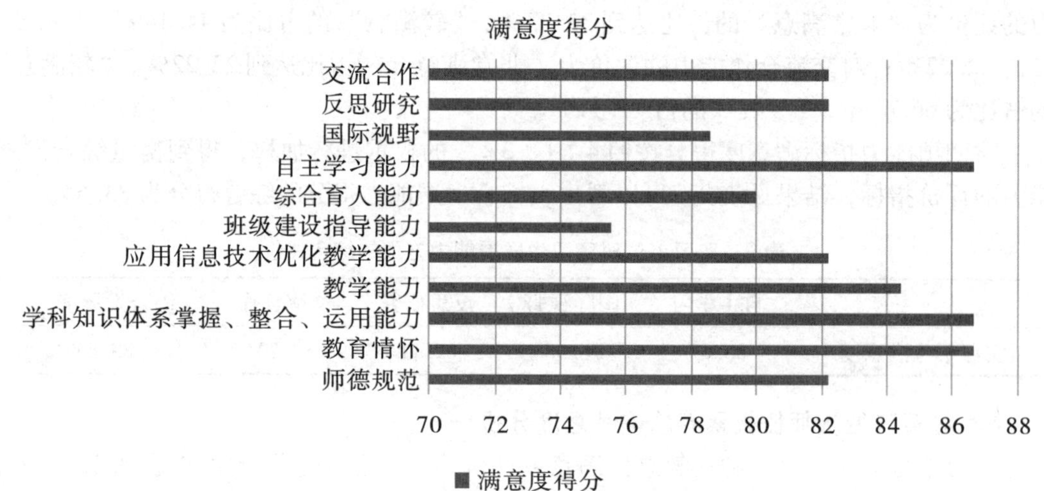

图2　对实习生从师任教素养各分项目满意度得分条形图

8. 对实习生从师任教素养四大方面满意度的对比分析

从表11可以发现，对从师任教素养四大方面的综合满意度得分排名依次为：教学能力综合得分、践行师德综合得分、发展能力综合得分和育人能力综合得分。

表11　实习单位对实习生发展能力的综合评价

	践行师德综合得分	教学能力综合得分	育人能力综合得分	发展能力综合得分
实习单位满意度得分	84.45	84.66	77.78	83.64

（六）在对实习生培养的开放式意见与建议征集中对实习生有普遍的认可

在对“您认为我校实习生迫切需要提高的素质是什么？”的回答中，实习单位意见大多表示：“没有特别要求，因为往届实习生素质都比较高”“各位实习生的教育教学基本功比较扎实”。意见主要集中于提高实习生适应能力、进一步增强奉献精神和提高吃苦耐劳的品质。提出增强奉献精神和提高吃苦耐劳品质的实习单位都是高海拔乡镇相对艰苦的实习单位。

在对“您对我校师范生培养方面的意见和建议有哪些?”的回答中，实习单位的反馈意见也集中于：“各位实习生的教育教学基本功比较扎实，希望能尽快适应现在的岗位。”

在对“您对我校援藏支教实习生管理的意见和建议有哪些?”的回答中，提得最多的意见是实习时间太短，建议作一学年的支教实习，以更好地发挥实习生的“能力”“作用”和“价值”。其他建议主要是建议增加实习生数量和对实习生进行更到位的管理。

三、分析与建议

（一）岭南师范学院“按需点单”的实习生精准选派模式有效满足实习单位需求

实习单位普遍认为实习生的到来能有效缓解师资不足、为学校增添了热情与活力，普遍认可实习生对学校的帮助，充分说明岭南师范学院“按需点单”的实习生精准选派模式是富有成效的，破除了以往普通教育实习中实习单位感觉实习生“给学校添麻烦”“实习生对学校没有帮助”的消极印象。

（二）岭南师范学院实习生从师任教素养总体受到实习单位认可

实习单位对实习生从师任教素养总体满意率为100%，没有不满意项目，各项目满意度分值均在75分以上，在开放式意见征集中也没有收到关于从师任教素养的具体意见，这对于尚未毕业的师生类专业实习生已属不易，可以认为岭南师范学院实习生从师任教素养总体受到各实习单位的充分认可。

（三）岭南师范学院实习生的教育情怀受到实习单位高度认可

教育情怀、学科知识体系掌握、整合、运用能力和自主学习能力三个项目满意度得分并列第一，均为86.67。作为在读师范生保持良好的自主学习能力尚不足称奇，年轻学生学科知识体系新、运用能力好也并不让人意外，倒是初涉教坛的实习生教育情怀的深受认可殊为不易。实习生深受认可的教育情怀很可能与岭南师范学院悠久的师范教育传统和扎实的教育情怀教育关系密切。

（四）岭南师范学院实习生在育人能力方面和国际视野尚存在短板

在育人能力方面的班级建设指导能力是满意度得分最低项目，仅有75.56分。同属育人能力方面的另一项目综合育人能力得分也不高，只有80分。班级指导是教师从事育人工作的关键能力，综合育人也是教师专业核心能力，这两项能力的培养离不开专业的训练和经验的积累。岭南师范学院在师范生的培养中需要加强相关课程建设，并配套开展到中小学担任兼职班主任等日常实践活动多予以历练。

实习生的国际视野满意度得分也在80分以下。国际视野是新时代教师发展的创新性素养，要求教师具有全球意识和开放心态，了解国外基础教育改革发展的趋势和前沿动态，尝试借鉴国际先进教育理念和经验进行教育教学。地处西藏乡镇的实习单位都认为实习生的国际视野尚不十分理想，更加反映了岭南师范学院开拓师范生国际视野的紧迫性。

（五）延长实习期是用人单位最主要的要求

“缺乏教学经验”和“支教时间太短”是实习单位认为支教实习生在支教中最主要的缺点。缺乏教学经验是实习生难以克服的共同问题，这一缺点也是和普通教师比较而产生的相对缺点。在与实习生的访谈交流中，实习生也普遍反映在教育实习前可参与教学实践的机会很少，的确是缺乏教学经验，有待学校增加低年级师范生见习和公益支教时间。支教时间太短则是实习单位最苦恼的问题，实习单位在对实习生培养的开放式意见与建议征集中普遍提出建议实习期延长为一年。

在与各实习单位负责人的访谈中，收到普遍的反馈意见也是实习生支教时间太短。虽然援藏支教实习比普遍教育实习周数更多，已实现了完整一个学期的覆盖，但西藏基础教育有其特殊的情况。一是教师紧缺，另一个学期没有支教实习生的支援，学校教学任务重压力大；二是西藏学情与实习生所熟悉的广东学生学情差异非常大，实习生进藏支教须经历一段不容易的适应期，经历三个月左右对高原气候和学情的适应后正是可以有所作为的时候，实习却也将结束，的确不利于实习生价值和作用的发挥。希望在将来能有更妥善的解决方案，将援藏支教实习期稳定为一年。

援藏支教实习对师范生成长影响调查报告

——以岭南师范学院为例

截至2019年，岭南师范学院已向西藏派出了6批共122名援藏支教实习生。为精准把握援藏支教实习对师范生成长的影响，项目组在2019年8—9月开展了援藏支教实习对师范生成长影响调查研究。

一、研究方法

（一）研究对象

面向岭南师范学院2019年参加援藏支教实习的全体学生，在实习前发放问卷27份，回收问卷27份，全部有效，问卷回收率100%。在实习后发放问卷27份，回收问卷27份，全部有效，问卷回收率100%。

（二）研究工具

1. 从师任教素养满意度问卷

本研究采用由学校招生与就业处牵头，邀请广东省中小学教师发展中心和学校教务处专家指导编写的《岭南师范学院毕业生从师任素养满意度问卷》。该问卷按教育部《普通高等学校师范类专业认证实施办法（暂行）》（教师〔2017〕13号）中的毕业要求将师范生的从师任教素养分4大类能力11个项目进行满意度考察。满意程度采用里克特5点评分（1代表“非常不满意”，5代表“非常满意”），得分越高代表对自身的从师任教素养满意度越高。

2. 教师职业认同问卷

本研究选用赵宏玉、张晓辉等（2012）编制的《免费师范生教师职业认同量表》。该量表由内在价值认同、外在价值认同、意志行为认同三个维度构成，内在价值认同是对教师职业稳定的内在属性进行的价值判断，如教书育人、师生沟通等；外在价值认同是对教师职业动态的外在属性的价值判断，如社会地位、收入待遇等；意志行为认同是个体对教师职业表现出的意志行为倾向或能动性。该量表共15个题目，问卷采用里克特5点评分（1代表“非常不认同”，5代表“非常认同”），得分越高代表职业认同水平越高。该量表已被验证具有良好的信度、效度。

3. 教师教育质量认可度问卷

本研究改编了宋萑、王恒等（2018）编制的《在校师范生教师教育质量认可度调查问卷》。其中，师范生教师教育质量认可度包括两个方面：一是结果质量认可度，即师范生对其接受的教师教育对其专业素养的增进（包含专业理念增进、专业知识增进、专业能力增进三个变量）；二是过程质量认可度，即师范生对其所受教师教育的满意度（在原问卷课程满意度、教学满意度两个变量的基础上增加了教师教育文化满意度）。满意程度采用里克特5点评分（1代表“非常不满意”，5代表“非常满意”），得分越高代表对自身的从师任教素养满意度越高。该量表已被验证具有良好的信度、效度。

运用SPSS 21.0对问卷数据进行数据处理和分析。

二、调查结果与分析

（一）实习生基本情况

实习生全部为汉族，其中81.5%为女生，18.5%为男生（详见表1），这与岭南师范学院学生男女比例基本吻合。实习学生中家庭所在地为农村的占多数为48.1%，在城市的占33.3%，在乡镇的占18.5%（见表2）；7.4%家庭经济困难，81.5%家庭经济状况一般，家庭经济良好的为11.1%。

表1　实习生性别分布情况

		频率	百分比	有效百分比	累积百分比
有效	男	5	18.5%	18.5%	18.5%
	女	22	81.5%	81.5%	100.0%
	合计	27	100.0%	100.0%	

表2　实习生家庭所在地分布情况

		频率	百分比	有效百分比	累积百分比
有效	城市	9	33.3%	33.3%	33.3%
	乡镇	5	18.5%	18.5%	51.9%
	农村	13	48.1%	48.1%	100.0%
	合计	27	100.0%	100.0%	

实习生92.6%为非独生子女（见表3）。参加援藏支教实习须获得家长同意签字，估计大多数独生子女家长出于对高原风险的畏惧，会反对学生参加。

表 3　实习生中独生子女与非独生子女的分布

		频率	百分比	有效百分比	累积百分比
是否为独生子女	是	2	7.4%	7.4%	7.4%
	否	25	92.6%	92.6%	100.0%
	合计	27	100.0%	100.0%	

支教实习生中进藏前有中共党员 3 人，支教实习期间又有 2 人发展入党。

表 4　实习生政治面貌分布情况

		频率	百分比	有效百分比	累积百分比
有效	中共党员	5	18.5%	18.5%	18.5%
	共青团员	20	74.1%	74.1%	92.6%
	群众	2	7.4%	7.4%	100.0%
	合计	27	100.0%	100.0%	

实习生中 92.6% 曾任或现任学生干部，96.3% 学习成绩在年级专业排名中上，整体具有较高的综合素质。

表 5　实习生曾任学生干部情况

		频率	百分比	有效百分比	累积百分比
是否担任学生干部	是	25	92.6%	92.6%	92.6%
	否	2	7.4%	7.4%	100.0%
	合计	27	100.0%	100.0%	

表 6　实习生学习成绩排名分布情况

		频率	百分比	有效百分比	累积百分比
有效	上	8	29.6%	29.6%	29.6%
	中	18	66.7%	66.7%	96.3%
	下	1	3.7%	3.7%	100.0%
	合计	27	100.0%	100.0%	

（二）支教实习对从教意愿的影响

研究使用了三个指标衡量实习生从教意愿的变化：一是“是否愿意在毕业后从事教师职业”。实习后该指标略有变化，实习前 100.0% 的实习生选择“是”，实习后 1 位实习生选择“否”。二是“是否将教师作为第一职业选择”。实习后，有96.3%的实习生选择“是”，比实习前增加了3.7个百分点，而且愿意在毕业后从事教师职业的实习生100%将教师作为第一职业选择。三是“是否愿意长期甚至终身从事教师职业”。实习后，有85.2%的实习生选择了“是”，比实习前增加了11.1个百分点。可见，参加援藏支教实习提高了实习生的从教意愿。

此外，研究还考察实习生到基层地区、艰苦地区从教意愿的变化，从两个指标进行衡量。一是“是否愿意毕业后担任乡村教师工作”。实习后有70.4%的实习生选择了“是”，比实习前增加了3.7个百分点。二是“是否有意愿毕业后到西藏工作”，实习后有59.3%的实习生选择了“是”，比实习前增加了18.6个百分点。援藏支教实习后，实习生到基层地区、艰苦地区从教的意愿增强。

表7　实习前后实习生从教意愿变化一览表

		是		否	
		计数	行N%	计数	行N%
是否愿意在毕业后从事教师职业	实习后	26	96.3%	1	3.7%
	实习前	27	100.0%	0	0.0%
是否将教师作为第一职业选择	实习后	26	96.3%	1	3.7%
	实习前	25	92.6%	2	7.4%
是否愿意长期甚至终身从事教师职业	实习后	23	85.2%	4	14.8%
	实习前	20	74.1%	7	25.9%
是否愿意毕业后担任乡村教师工作	实习后	19	70.4%	8	29.6%
	实习前	18	66.7%	9	33.3%
是否有意愿毕业后到西藏工作	实习后	16	59.3%	11	40.7%
	实习前	11	40.7%	16	59.3%

（三）支教实习对实习生从师任教素养满意度的影响

1. 描述性统计

比较实习生在实习前后对自身从师任教素养11个指标和4大类能力的满意度得分均值，可以发现实习后各项指标和方面的满意度得分均在3.6分以上，满意度高，且均高于实习前（见表8）。如图1所示，11个指标中，无论实习前后，满意度得分最高的指标均为教育情怀和师德规范。实习后班级建设指导能力和国际视野的满意度提升最大。

表 8　实习前后从师任教素养满意度得分对比表

		均值	N	标准差	均值的标准误
师德规范满意度	实习后	4.074 1	27	.384 90	.074 07
	实习前	3.666 7	27	.679 37	.130 74
教育情怀满意度	实习后	4.074 1	27	.474 42	.091 30
	实习前	3.703 7	27	.724 03	.139 34
学科知识体系满意度	实习后	3.888 9	27	.423 66	.081 53
	实习前	3.296 3	27	.541 71	.104 25
教学能力满意度	实习后	3.703 7	27	.541 71	.104 25
	实习前	3.185 2	27	.557 26	.107 25
应用信息技术能力满意度	实习后	3.888 9	27	.506 37	.097 45
	实习前	3.259 3	27	.712 13	.137 05
班级建设指导能力满意度	实习后	3.814 8	27	.557 26	.107 25
	实习前	2.740 7	27	.525 69	.101 17
综合育人能力满意度	实习后	3.888 9	27	.423 66	.081 53
	实习前	3.370 4	27	.492 10	.094 71
自主学习能力满意度	实习后	3.925 9	27	.549 54	.105 76
	实习前	3.481 5	27	.579 81	.111 58
国际视野满意度	实习后	3.629 6	27	.629 29	.121 11
	实习前	2.888 9	27	.640 51	.123 27
反思研究能力满意度	实习后	3.740 7	27	.655 90	.126 23
	实习前	3.259 3	27	.525 69	.101 17
交流合作能力满意度	实习后	3.888 9	27	.506 37	.097 45
	实习前	3.370 4	27	.687 70	.132 35
教师素养总体满意度	实习后	3.925 9	27	.549 54	.105 76
	实习前	3.555 6	27	.640 51	.123 27
践行师德方面满意度	实习后	4.074 1	27	.409 12	.078 74
	实习前	3.685 2	27	.652 63	.125 60
学会教学方面满意度	实习后	3.796 3	27	.428 31	.082 43
	实习前	2.766 7	27	.458 26	.088 19
学会育人方面满意度	实习后	3.851 9	27	.434 45	.083 61
	实习前	3.314 8	27	.483 34	.093 02
学会发展方面满意度	实习后	3.833 3	27	.512 91	.098 71
	实习前	3.333 3	27	.430 56	.082 86

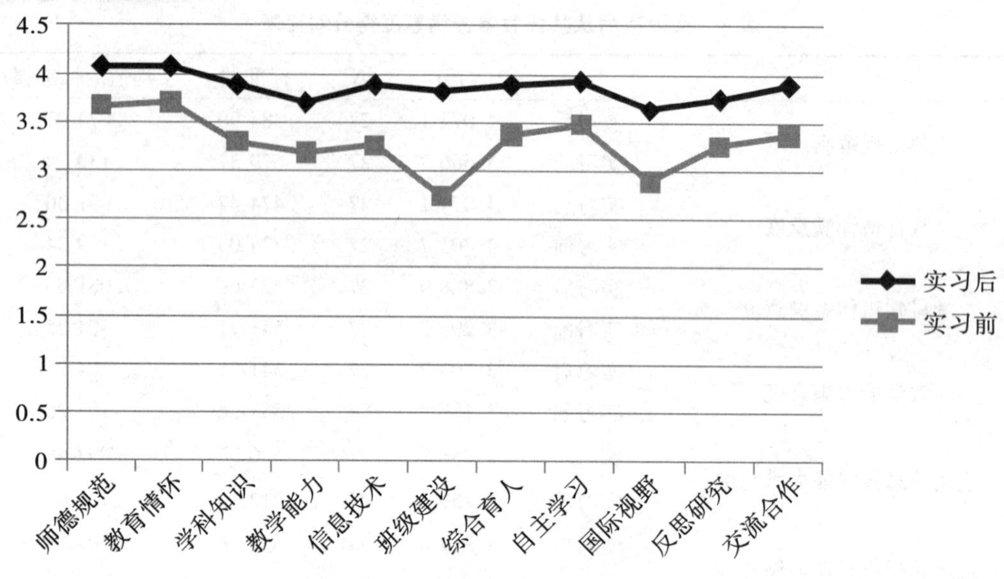

图 1　实习前后从师任教素养 11 项指标满意度得分折线图

如图 2 所示，实习后从师任教素养 4 大类能力的满意度和总体满意度比实习前均有提升，学会教学类能力的提升幅度最大，实习前后满意度得分最高的均为践行师德类能力。

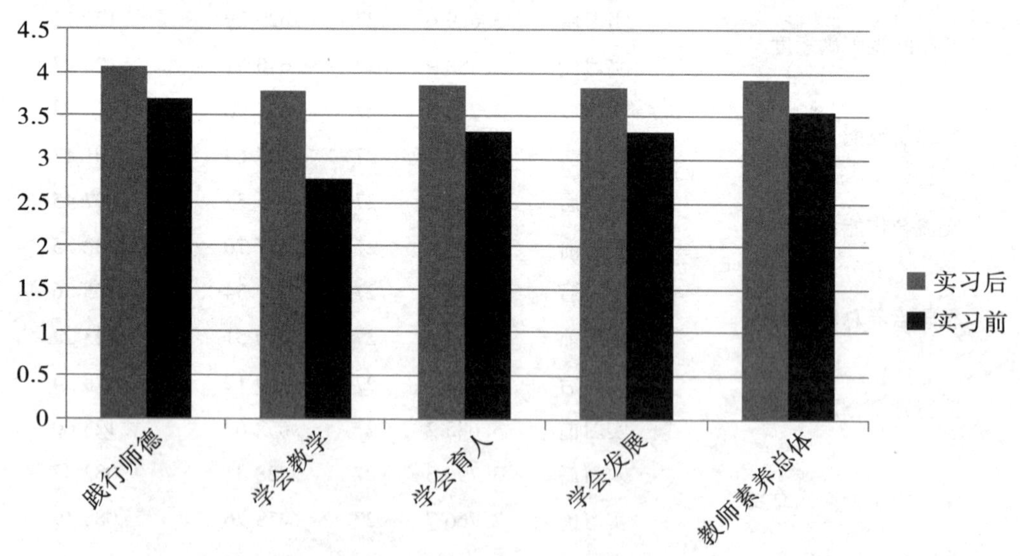

图 2　实习前后从师任教素养 4 大类能力和总体满意度得分柱形图

2. **差异检验**

因本研究为小样本调查，需先对实习前后各项得分满意度配对的差值进行正态性检验，才能选择适当的统计方法进行实习前后满意度差异的显著性检验。

实习前后11个指标和4大类能力满意度得分差值的正态性检验结果见表9。在K－S检验中，发现实习前后从师任教素养11个指标、践行师德大类及总体满意度的得分差值 sig. <0.05，不服从正态分布。实习前后学会教学、学会育人和学会发展从师任教素养3大类能力得分差值 sig. >0.05，服从正态分布。

表9　实习前后11个指标和4大类能力满意度得分差值正态性检验

	Kolmogorov－Smirnov[a]			Shapiro－Wilk		
	统计量	df	Sig.	统计量	df	Sig.
师德规范得分差值	.306	27	.000	.752	27	.000
教育情怀得分差值	.286	27	.000	.758	27	.000
学科知识体系得分差值	.306	27	.000	.752	27	.000
教学能力得分差值	.346	27	.000	.638	27	.000
应用信息技术优化教学能力差值	.286	27	.000	.758	27	.000
班级建设指导能力得分差值	.268	27	.000	.830	27	.000
综合育人能力得分差值	.283	27	.000	.782	27	.000
自主学习能力得分差值	.279	27	.000	.850	27	.001
国际视野得分差值	.226	27	.001	.860	27	.002
反思研究能力得分差值	.233	27	.001	.878	27	.004
交流合作能力差值	.257	27	.000	.855	27	.001
践行师德方面得分差值	.233	27	.001	.837	27	.001
学会教学方面得分差值	.151	27	.116	.969	27	.566
学会育人方面得分差值	.154	27	.099	.917	27	.033
学会发展方面得分差值	.154	27	.102	.957	27	.311
教师素养总体满意度得分差值	.286	27	.000	.758	27	.000

a. Lilliefors 显著水平修正

因实习前后从师任教素养11个指标、践行师德大类及总体满意度的得分差值不服从正态分布，故采用 Wilcoxon 带符号秩检验做差异检验，检验结果见表10和表11。检验结果均显示 P<0.01，说明援藏支教实习后实习生对自身从师任教素养11个指标、践行师德和从师任教素养总体的满意度显著高于实习前。

表 10　实习前后从师任教素养 11 个指标及总体满意度检验统计量[a]

	师德规范	教育情怀	学科知识	教学能力	信息技术	班级建设	综合育人	自主学习	国际视野	反思研究	交流合作	教师素养总体
Z	-2.840[b]	-2.673[b]	-4.235[b]	-3.742[b]	-3.690[b]	-4.042[b]	-3.300[b]	-2.676[b]	-3.466[b]	-2.595[b]	-2.977[b]	-2.673[b]
渐近显著性（双侧）	.005	.008	.000	.000	.000	.000	.001	.007	.001	.009	.003	.008

a. Wilcoxon 带符号秩检验

b. 基于负秩

表 11　实习前后践行师德大类满意度检验统计量[a]

	实习前践行师德方面得分 - 实习后践行师德方面得分
Z	-3.109[b]
渐近显著性（双侧）	.002

a. Wilcoxon 带符号秩检验

b. 基于正秩

实习前后学会教学、学会育人和学会发展从师任教素养 3 大类能力得分差值服从正态分布，可采用成对样本 T 检验，检验结果见表 12 和表 13。检验结果均显示 $P < 0.001$，说明援藏支教实习后实习生对自身学会教学、学会育人和学会发展 3 大类能力的满意度显著高于实习前。

表 12　3 大类能力得分成对样本统计量

		均值	N	标准差	均值的标准误
学会教学方面得分	实习后	3.796 3	27	.428 31	.082 43
	实习前	2.766 7	27	.458 26	.088 19
学会育人方面得分	实习后	3.851 9	27	.434 45	.083 61
	实习前	3.314 8	27	.483 34	.093 02
学会发展方面得分	实习后	3.833 3	27	.512 91	.098 71
	实习前	3.333 3	27	.430 56	.082 86

表 13　3 大类能力得分成对样本检验

		成对差分					t	df	Sig.（双侧）
		均值	标准差	均值的标准误	差分的 95% 置信区间				
					下限	上限			
学会教学方面	实习后得分 - 实习前得分	1.029 63	.757 43	.145 77	.730 00	1.329 26	7.063	26	.000
学会育人方面	实习后得分 - 实习前得分	.537 04	.603 29	.116 10	.298 38	.775 69	4.626	26	.000
学会发展方面	实习后得分 - 实习前得分	.500 00	.603 83	.116 21	.261 13	.738 87	4.303	26	.000

（四）支教实习对实习生教师职业认同的影响

1. 描述性统计

比较实习生在实习前后对教师职业认同三个维度和总得分均值，可以发现实习后各维度和总得分均在 4 分以上，具有较高的认可度，且均高于实习前（见表 14）。如图 3 所示，三个维度中，无论实习前后，得分最高的指标均为内在价值认同。实习后意志行为认同提升最大，均值提高了 0.607 4。

表 14　实习前后教师职业认同三个维度和总分均值、标准差对比表

		均值	标准差
内在价值认同	实习后	4.306 9	.411 19
	实习前	4.079 4	.619 33
外在价值认同	实习后	4.098 8	.401 01
	实习前	3.666 7	.554 70
意志行为认同	实习后	4.022 2	.352 28
	实习前	3.414 8	.688 20
职业认同总分	实习后	4.142 6	.298 99
	实习前	3.720 3	.535 64

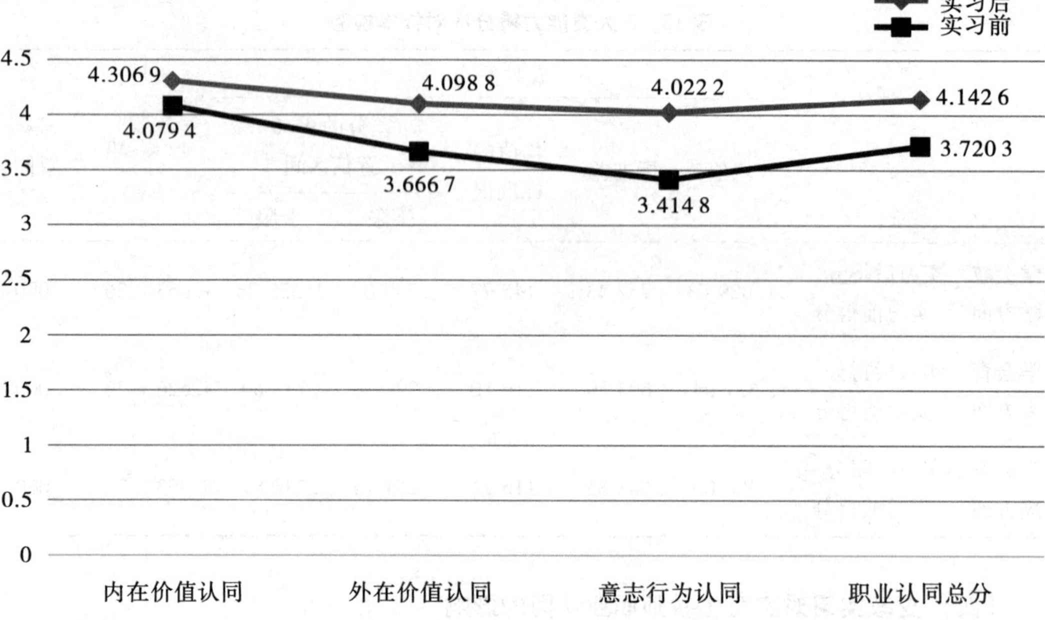

图 3　实习前后教师职业认同三个维度和总分均值折线图

2. **差异检验**

因本研究为小样本调查，需先对教师职业认同三个维度和总分实习前后差值进行正态性检验，才能选择适当的统计方法进行实习前后教师职业认同差异的显著性检验。

教师职业认同三个维度和总分实习前后的差值正态性检验结果见表 15。在 K－S 检验中，教师职业认同三个维度和总分实习前后的差值 sig. >0.05，全部服从正态分布。

表 15　教师职业认同各维度和总分实习前后差值正态性检验

	Kolmogorov－Smirnov[a]			Shapiro－Wilk		
	统计量	df	Sig.	统计量	df	Sig.
内在价值认同差值	.109	27	.200*	.968	27	.548
外在价值认同差值	.166	27	.054	.933	27	.082
意志行为认同差值	.140	27	.186	.919	27	.037
职业认同总分差值	.101	27	.200*	.982	27	.902

*. 这是真实显著水平的下限

a. Lilliefors 显著水平修正

教师职业认同各维度和总分实习前后的差值服从正态分布，可采用成对样本 T 检验，检验结果见表 16。检验结果显示除内在价值认同外，教师职业认同其余各维度和总分 P<0.01，说明援藏支教实习后实习生对教师职业的认同度及对教师职业的外在价

值认同、意志行为认同显著高于实习前。

表16　实习前后教师职业认同成对样本检验

		成对差分					t	df	Sig.（双侧）
		均值	标准差	均值的标准误	差分的95%置信区间				
					下限	上限			
内在价值认同	实习后得分-实习前得分	.227 51	.609 01	.117 20	-.013 40	.468 43	1.941	26	.063
外在价值认同	实习后得分-实习前得分	.432 10	.618 90	.119 11	.187 27	.676 93	3.628	26	.001
意志行为认同	实习后得分-实习前得分	.607 41	.585 68	.112 71	.375 72	.839 09	5.389	26	.000
职业认同总分	实习后得分-实习前得分	.422 34	.490 26	.094 35	.228 40	.616 28	4.476	26	.000

（五）支教实习对实习生教师教育质量认可度的影响

1. 描述性统计

比较实习生在实习前后对岭南师范学院教师教育质量认可度各维度均值，可以发现实习后各维度得分均在4.1分以上，具有较高的认可度，且全部高于实习前（见表17）。如图4所示，7个维度中，实习前得分最高的是教师教育文化满意度，达4.037，是唯一一个超4分的维度；专业理念增进满意度和教师教育实践满意度并列第二，教师教育课程设置满意度得分最低；实习后教师教育实践满意度跃居第一，教师教育文化满意度第二，对教师教育课程设置满意度增幅最大，均值提高了0.666 7。

表17　实习前后教师教育质量认可度各维度均值、标准差对比表

		N	均值	标准差
专业理念增进满意度	实习后	27	4.222 2	.577 35
	实习前	27	3.888 9	.506 37

续上表

		N	均值	标准差
专业能力增进满意度	实习后	27	4.222 2	.577 35
	实习前	27	3.777 8	.751 07
专业知识增进满意度	实习后	27	4.185 2	.557 26
	实习前	27	3.851 9	.533 76
教师教育课程设置满意度	实习后	27	4.111 1	.640 51
	实习前	27	3.444 4	.933 70
教师教育教学满意度	实习后	27	4.222 2	.640 51
	实习前	27	3.777 8	.577 35
教师教育实践满意度	实习后	27	4.370 4	.564 88
	实习前	27	3.888 9	.751 07
教师教育文化满意度	实习后	27	4.259 3	.594 37
	实习前	27	4.037 0	.587 14

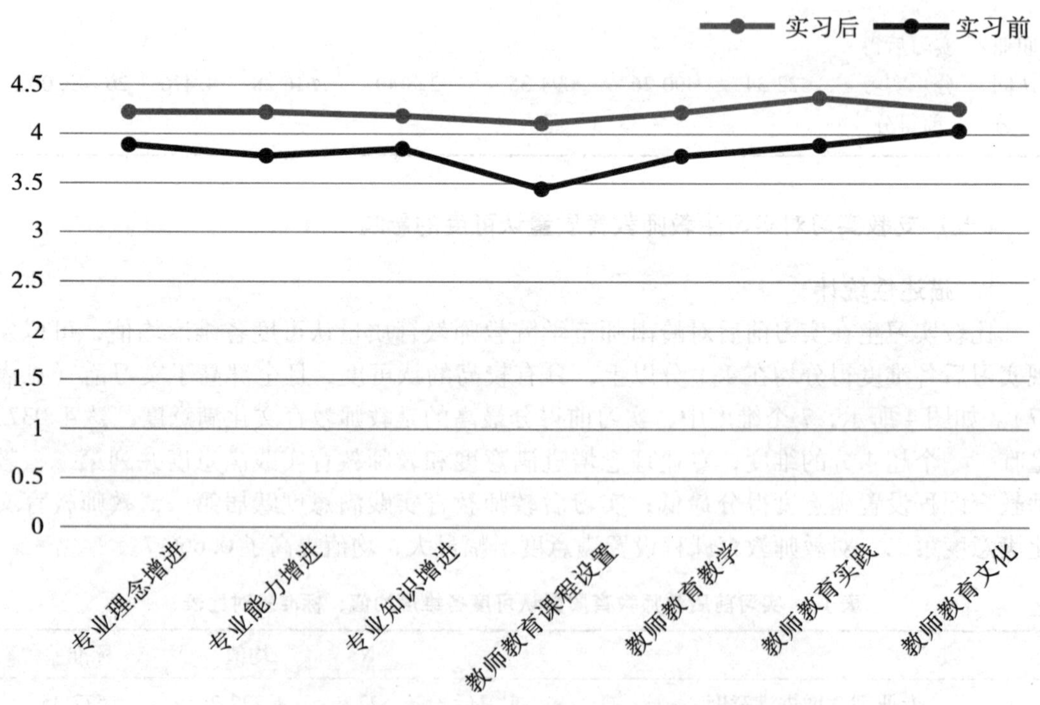

图4　实习前后教师教育质量认可度各维度均值折线图

2. **差异检验**

因本研究为小样本调查，需先对教师教育质量认可度各维度实习前后得分差值进行正态性检验，才能选择适当的统计方法进行实习前后教师教育质量认可度差异的显著性检验。

教师教育质量认可度各维度实习前后得分的差值正态性检验结果见表18。在K－S检验中，教师教育质量认可度各维度实习前后得分的差值sig. <0.05，全部不服从正态分布。故采用Wilcoxon带符号秩检验做差异检验，检验结果见表19。除教师教育文化满意度外，其余各维度检验结果均显示P<0.01，说明援藏支教实习后实习生对学校专业理念增进、专业知识增进、专业能力增进、教师教育课程设置、教师教育教学、教师教育实践的认可度显著高于实习前。

表18　教师教育质量认可度各维度实习前后得分的差值正态性检验

	Kolmogorov－Smirnov[a]			Shapiro－Wilk		
	统计量	df	Sig.	统计量	df	Sig.
专业理念增进方面得分差值	.297	27	.000	.761	27	.000
专业知识增进方面得分差值	.297	27	.000	.761	27	.000
专业能力增进方面得分差值	.279	27	.000	.850	27	.001
教师教育课程设置满意度得分差值	.201	27	.007	.881	27	.005
教师教育教学满意度得分差值	.279	27	.000	.850	27	.001
教师教育实践满意度得分差值	.261	27	.000	.872	27	.003
教师教育文化满意度得分差值	.255	27	.000	.795	27	.000

a. Lilliefors显著水平修正

表19　实习前后教师教育质量认可度各维度检验统计量[a]

	实习前专业理念增进方面得分－实习后在专业理念增进方面得分	实习前在专业知识增进方面得分－实习后在专业知识增进方面得分	实习前在专业能力增进方面得分－实习后在专业能力增进方面得分	实习前教师教育课程设置满意度得分－实习后教师教育课程设置满意度得分	实习前教师教育教学满意度得分－实习后教师教育教学满意度得分	实习前教师教育实践满意度得分－实习后教师教育实践满意度得分	实习前教师教育文化满意度得分－实习后教师教育文化满意度得分
Z	－2.496[b]	－2.496[b]	－2.676[b]	－2.990[b]	－2.676[b]	－2.504[b]	－1.604[b]
渐近显著性（双侧）	.013	.013	.007	.003	.007	.012	.109

a. Wilcoxon带符号秩检验

b. 基于正秩

（六）实习生对岭南师范学院教师教育质量认可度、自身从师任教素养满意度、教师职业认同度和从教意愿关系

为探寻实习生对岭南师范学院教师教育质量认可度、自身从师任教素养满意度、教师职业认同度和从教意愿之间的联系，对援藏支教实习后实习生的相关数据进行相关分析研究。

1. 教师教育质量认可度与从师任教素养满意度相关分析

对实习生的从师任教素养满意度主要维度和教师教育质量认可度的各维度进行相关分析（见表20），结果发现：从师任教素养4大类能力和总体满意度两两之间均呈显著正相关；教师教育质量认可度各个维度两两之间均呈显著正相关；教师教育认同度中专业理念增进满意度与从师任教素养总体满意度、学会教学能力满意度和学会发展能力满意度两两之间呈显著正相关，专业知识增进满意度与学会发展能力满意度显著正相关，专业能力增进满意度与学会教学能力满意度、学会发展能力满意度两两之间显著正相关，教师教育课程设置满意度与学会教学能力满意度、学会育人能力满意度、学会发展能力满意度两两之间显著正相关，教师教育教学满意度、教师教育实践满意度、教师教育文化与学会发展能力满意度之间显著正相关；教师教育质量认可度各维度与践行师德满意度之间相关均不显著。

表20 教师教育质量认可度与从师任教素养满意度之间相关

	1	2	3	4	5	6	7	8	9	10	11	12
1. 从师任教素养	1											
2. 践行师德	.795**	1										
3. 学会教学	.799**	.594**	1									
4. 学会育人	.758**	.659**	.834**	1								
5. 学会发展	.746**	.602**	.661**	.782**	1							
6. 专业理念增进	.418*	.335	.392*	.366	.662**	1						
7. 专业知识增进	.298	.191	.374	.277	.502**	.824**	1					

续上表

	1	2	3	4	5	6	7	8	9	10	11	12
8. 专业能力增进	.296	.172	.392*	.366	.597**	.885**	.824**	1				
9. 教师教育课程设置	.352	.188	.492**	.545**	.597**	.763**	.694**	.867**	1			
10. 教师教育教学	.267	.228	.354	.261	.457*	.797**	.742**	.797**	.594**	1		
11. 教师教育实践	.216	.126	.372	.232	.460*	.681**	.751**	.799**	.626**	.827**	1	
12. 教师教育文化	.179	.155	.261	.229	.500**	.834**	.778**	.834**	.629**	.954**	.849**	1

*. 在 0.05 水平（双侧）上显著相关

**. 在 0.01 水平（双侧）上显著相关

2. 从师任教素养满意度和教师职业认同度相关分析

对实习生的从师任教素养满意度主要维度和教师职业认同度的各维度进行相关分析（见表21），结果发现：从师任教素养总体满意度及各维度与教师外在价值认同两两相关均不显著，从师任教素养总体满意度与教师职业认同度中的教师教育认同度中的内在价值认同、意志行为认同两两之间呈显著正相关，践行师德满意度、学会教学满意度、学会发展满意度与教师教育认同度中的内在价值认同、意志行为认同、职业认同总得分两两之间呈显著正相关，学会育人满意度与教师教育认同度中的内在价值认同、职业认同总得分两两之间呈显著正相关。

表21　从师任教素养满意度和教师职业认同度之间相关

	1	2	3	4	5	6	7	8	9
1. 内在价值认同	1								
2. 外在价值认同	.464*	1							
3. 意志行为认同	.414*	.274	1						
4. 职业认同总分	.829**	.768**	.705**	1					
5. 从师任教素养	.445*	-.024	.406*	.353	1				
6. 践行师德	.480*	-.007	.468*	.401*	.795**	1			

续上表

	1	2	3	4	5	6	7	8	9
7. 学会教学	.493**	.137	.449*	.464*	.799**	.594**	1		
8. 学会育人	.556**	.161	.274	.434*	.758**	.659**	.834**	1	
9. 学会发展	.439*	.033	.426*	.383*	.746**	.602**	.661**	.782**	1

*. 在0.05水平（双侧）上显著相关

**. 在0.01水平（双侧）上显著相关

3. 教师教育质量认可度和教师职业认同度相关分析

对实习生的教师教育质量认可度和教师职业认同度的各维度进行相关分析（见表22），结果发现：内在价值认同与教师教育课程设置满意度、教师教育教学满意度、教师教育实践满意度两两之间呈显著正相关，外在价值认同与教师教育课程设置满意度显著正相关，意志行为认同与教师教育质量认可度中除教师教育课程设置以外各维度两两之间呈显著正相关，教师职业认同总分与教师教育质量认可度各维度两两之间呈显著正相关。

表22 教师教育质量认可度和教师职业认同度之间相关

	1	2	3	4	5	6	7	8	9	10	11
1. 专业理念增进	1										
2. 专业知识增进	.824**	1									
3. 专业能力增进	.855**	.824**	1								
4. 教师教育课程设置	.763**	.694**	.867**	1							
5. 教师教育教学	.797**	.742**	.797**	.594**	1						
6. 教师教育实践	.681**	.751**	.799**	.626**	.827**	1					
7. 教师教育文化	.834**	.778**	.834**	.629**	.954**	.849**	1				
8. 内在价值认同	.350	.342	.373	.471*	.440*	.414*	.336	1			
9. 外在价值认同	.289	.317	.289	.405*	.261	.172	.211	.464*	1		
10. 意志行为认同	.618**	.605**	.542**	.364	.523**	.498**	.486*	.414*	.274	1	
11. 职业认同总分	.532**	.536**	.513**	.540**	.524**	.462*	.439*	.829**	.768**	.705**	1

*. 在0.05水平（双侧）上显著相关

**. 在0.01水平（双侧）上显著相关

4. **教师职业认同与从教意愿与相关分析**

对实习生的从教意愿各维度和教师职业认同各维度进行相关分析（见表23），结果发现从教意愿各维度中除愿意毕业后到西藏工作选项外两两之间均呈显著正相关；教师职业认同各维度中内在价值认同、意志行为认同显著正相关；意志行为认同与乡村从教意愿显著正相关。

表23　教师教育质量认可度和教师职业认同度之间相关

	1	2	3	4	5	6	7	8	9
1. 愿意在毕业后从事教师职业	1								
2. 是否将教师作为第一职业选择	1.000**	1							
3. 是否愿意长期甚至终身从事教师职业	.470*	.470*	1						
4. 是否愿意毕业后担任乡村教师	.302	.302	.414*	1					
5. 是否有意愿毕业后到西藏工作	-.163	-.163	-.134	.287	1				
6. 内在价值认同	.149	.149	.133	.149	.124	1			
7. 外在价值认同	.049	.049	.105	.232	-.047	.464*	1		
8. 意志行为认同	.013	.013	.328	.417*	.097	.414*	.274	1	
9. 职业认同总分	.095	.095	.237	.336	.074	.829**	.768**	.705**	1

*. 在0.05水平（双侧）上显著相关

**. 在0.01水平（双侧）上显著相关

5. **教师教育质量认可度、从师任教素质满意度以意志行为认同为中介影响基层从教意愿的效应模型**

根据教师职业认同中仅有意志行为认同与从教意愿中的基层从教意愿显著正相关的结果倒推，意志行为认同应可影响基层从教意愿。再梳理教师教育质量认可度和从师任教素质满意度与意志行为认同显著正相关的维度，构建教师教育质量认可度、从师任教素质满意度以意志行为认同为中介影响基层从教意愿的效应模型（见图5）。

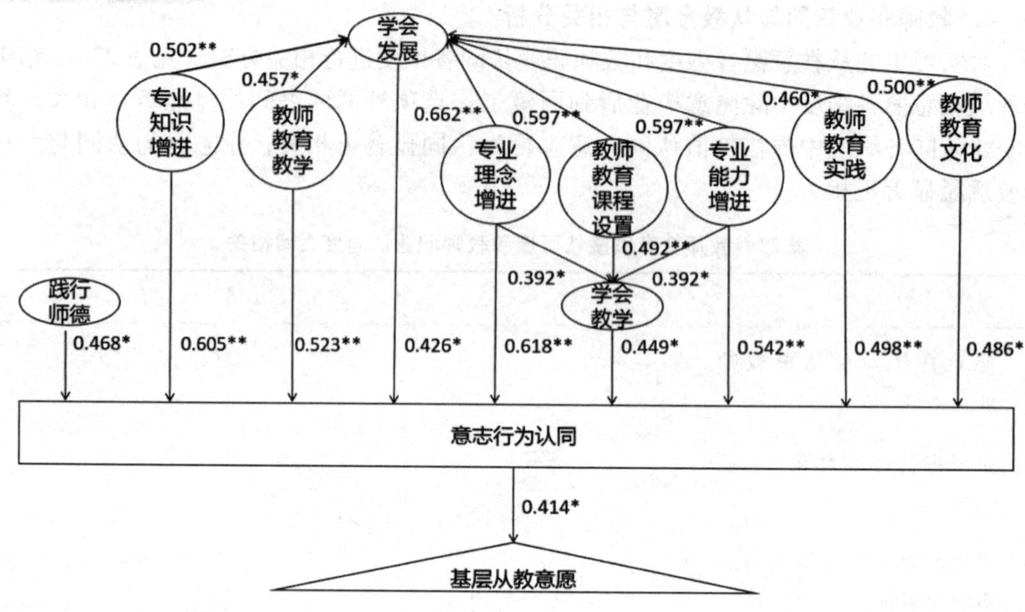

图5　教师教育质量认可度、从师任教素质满意度以意志行为认同为中介影响基层从教意愿的效应结构模型

三、结论与讨论

（一）支教实习显著提升对学校教师教育质量认可度，学校教师教育文化和实践最受学生认可

参加援藏支教实习显著提升了师范生对学校教师教育质量的认可度，实习后认可度各维度平均得分均超过4分，最高达到4.370 4分。宋萑等人面向全国12个省（市、自治区）32 105名师范生的调查中，各维度平均得分最高也仅有3.94分。这说明，经过援藏支教实习，师范生对岭南师范学院教师教育质量的认可度，高于全国师范生平均水平。

实习前，师范生对岭南师范学院教师教育文化认可度最高，反映了该校教师教育整体氛围和文化养成比教学和实践更加突出。实习后，对教师教育实践满意度跃居各维度第一，说明作为教师教育实践重要组成部分的援藏支教实习深受参与学生认可。实习后，实习生对教育教师教育文化的满意度提升不大，估计主要源于援藏支教实习远离师范院校，无从感受校园教师教育文化。实习前，师范生对教师教育质量认可度最低的是教师教育课程设置。实习后，师范生对教师教育课程设置的满意度有了各维度中最大幅的提升，很有可能是在支教实习的实践中充分感受和认识所学课程的作用，从而理解和认同学校教师教育课程的设置。但是实习后，教师教育课程设置的满意度仍是各维度中最低的。张世晶等面向广东省三所地方综合院校开展的师范生对教师教育类课程的态度调查或可解释其中原因。该调查发现，师范生普遍对教师教育课程和教学持负面评价，对课程有泛泛而谈、教学方法单一等诟病。[1]学校还需进一步研究和改进教师教育课程设置。

（二）支教实习有效提升师范生从师任教素养满意度，践行师德能力满意度最高

参加援藏支教实习后，对自身从师任教素养 11 个指标、4 大类能力及总体素养的满意度得分均值均显著高于实习前，说明援藏支教实习对于师范生从师任教素养满意度的提升有显著的促进。实习前后，教育情怀和师德规范保持在 11 个指标中满意度最高，践行师德能力也保持在 4 个大类中满意度最高，说明岭南师范学院对师范生的师德教育成效明显，走在师范生从师任教各素养培养的前列。

从师任教素养 11 个指标中，班级建设能力是实习前满意度得分最低指标，反映了师范生在教育支教实习前对班级建设能力的培养最为欠缺。经过支教实习，班级建设能力满意度的提升最大，又反映了在援藏支教实习中实习生有机会担任班主任工作直接参与班级建设带来的实践提升突出效果。国际视野满意度在实习前是满意度得分第二低的指标，实习后是满意度得分最低指标，说明岭南师范学院对师范生国际视野的培养是特别有待加强的短板。支教实习后，教学能力的满意度虽然也比实习前有提升，但却成了 11 个指标中满意度得分第二低的指标，说明通过援藏支教实习，实习生“教然后知困”，在实践检验中更加充分地体会到自己教学能力离实际教学需要的差距。反思研究能力满意度在实习前是满意度第四低指标，实习后是满意度第三低的指标，学校需要予以重视，加强教育与训练。

从师任教素养 4 大类能力中，无论实习前后，满意度得分最高的均为践行师德类能力，再次验证岭南师范学院对师范生师德教育的质量。实习后，学会教学能力在 4 个大类中满意度提升最大，说明援藏支教实习有效提升师范生教学能力。

（三）支教实习显著提升师范生教师职业认同，对意志行为认同的提升最为突出

援藏支教实习生对教师职业认同总体水平较高，实习后各维度和总分均值均在 4 分以上。与赵宏玉[2]、Hong[3]等学者的研究发现经过教育实习后师范生职业认同显著下降的状况不同，援藏支教实习后实习生外在价值认同、意志行为认同和职业认同总分都提升显著，说明援藏支教实习与普通教育实习不同，不是对于师范生的教师理想状态形成打击，而是促进师范生教师理想有进一步的升华，有效提高师范生的教师职业认同。援藏支教实习对意志行为认同的提升尤为显著，均值提高了 0.607 4，且具有非常高的显著水平。虽然实习后内在职业认同的提升并不显著，但均值保持在职业认同各维度中的最高值。

（四）支教实习有助于提高师范生从教意愿，师范生从教意愿高于其他研究统计

师范生从教意愿是教育情怀的重要体现，与未来爱教崇教、坚守教坛的职业行为紧密联系。援藏支教实习后，师范生从教意愿明显增强，“将教师作为第一职业选择”“愿意长期甚至终身从事教师职业”“愿意毕业后担任乡村教师工作”“有意愿毕业后到西藏工作”的比例均有提高。

北京师范大学宋萑等人的调查研究显示，82.5%的师范生愿意从教，但把教师当作第一职业选择的师范生只有58.0%[4]。丁钢等在对27所高等师范院校的调查中发现，81.5%的师范生高考第一志愿是师范类专业，但这些学生中有约一半考虑过毕业后不做老师[5]。相比之下，岭南师范学院师范生援藏支教实习后有96.3%愿意从教且把教师作为第一职业选择，有85.2%愿意长期甚至终身从教，有70.4%愿意毕业后担任乡村教师工作，有59.3%有意愿毕业后到西藏工作，这些比例较全国研究的平均水平高了很多，展现了该校学生坚定而高尚的教育情怀。

（五）教师教育以意志行为认同为中介影响师范生基层从教意愿

基层从教意愿的增强是当前师范生教育情怀培养的关键。本研究发现，教师职业认同度的意志行为认同与基层从教意愿显著正相关。提升师范生的意志行为认同，很有可能有助于增强师范生的基层从教意愿。在本研究中，师范生对教师教育质量的认可度与从教意愿之间没有显著的相关，但多个维度与教师职业认同度中的意志行为认同显著正相关，与从师任教素养满意度多个维度显著正相关。从师任教素养满意度4大类能力中3大类与意志行为认同显著正相关。由此可见教师教育的质量并非与师范生的基层从教意愿毫无联系，而是以意志行为认同为中介影响师范生基层从教意愿。教师教育要更多地在实践中深化师范生对教师职业的意志行为认同，可以更好地增强师范生基层从教意愿。

参考文献：

[1] 张世晶，肖冬玲，王虹茹，等．师范生对教师教育类课程的态度及其影响因素——以广东省三所师范院校为例［J］．岭南师范学院学报，2016（1）：141－149.

[2] 赵宏玉，张晓辉．教育政策对免费师范生从教动机、职业认同的影响［J］．北京师范大学学报（社会科学版）2015（4）：51－58.

[3] Hong，J．Y．Pre－sercice and beginning teachers professional identity and its relation to dropping out of the profession［J］．Teaching and Teacher Education，2010（26）：1 530－1 543.

[4] 宋萑，王恒，张倩．师范生教师教育质量认可度及其对从教意愿的影响研究［J］．湖南师范大学教育科学学报 2018（2）：48－54.

[5] 丁钢．中国高等师范院校师范生培养状况调查与政策分析报告［M］．上海：华东师范大学出版社，2014：7－35.

“援藏良驹”驰骋在高原

——岭南师范学院进藏就业毕业生发展现状与援藏动因调查报告

选聘内地高校优秀毕业生落户西藏就业，是人才援藏的重要举措。一直以来，岭南师范学院是广东高校毕业生进藏就业的大户。该校进藏就业的毕业生在服务期满后绝大多数扎根当地，继续服务西藏，“献完青春献子孙”，被人民日报称为“援藏良驹”。成长在南粤的“良驹”在雪域高原是否适应，个人发展状况如何，是什么驱使他们进藏就业？带着这些问题，项目组在学校开展教育援藏32周年、中华人民共和国成立70周年、西藏民主改革60周年之际，开展了岭南师范学院进藏就业毕业生发展现状与援藏动因调查研究。

一、研究方法

（一）研究对象

面向岭南师范学院仍在藏工作的24名毕业生（排除援藏干部，援藏教师和已离藏者）通过网络发放问卷，回收问卷21份，全部有效，问卷回收率87.5%。

（二）研究工具

1. 高校毕业生发展现状调查问卷

本研究采用由学校招生与就业处组织专家编写的高校毕业生发展现状调查问卷。该问卷分为客观指标和主观评价两大维度。客观指标包括职称、职务和工作荣誉三项指标；主观评价包括工作满意度、经济待遇满意度、政治地位满意度和社会地位满意度，满意程度采用里克特5点评分（1代表“非常不满意”，5代表“非常满意”），得分越高代表对发展现状满意度越高。

2. 内地高校毕业生进藏就业项目评价问卷

本研究自编《内地高校毕业生进藏就业项目评价问卷》，分为进藏就业影响、进藏就业所面对问题与缺陷、进藏就业意志三个维度。

3. 教师教育质量认可度与对进藏就业影响问卷

本研究改编了宋萑、王恒等（2018）编制的《在校师范生教师教育质量认可度调查问卷》。其中，师范生教师教育质量认可度包括两个方面：一是结果质量认可度，即师范生对其接受的教师教育对其专业素养的增进（包含专业理念增进、专业知识增进、专业能力增进三个变量）；二是过程质量认可度，即师范生对其所受教师教育的满意度（在原问卷课程满意度、教学满意度两个变量的基础上增加了教师教育文化满意度）。满意程度采用里克特5点评分（1代表“非常不满意”，5代表“非常满意”），得分越高代表对自身的从师任教素养满意度越高。该量表已被验证具有良好的信度、效度。在该调查问卷的基础上添加了三个选项，考察学校援藏传统与文化对毕业生选择进藏就业的影响。

运用SPSS 21.0对问卷数据进行数据处理和分析。

二、调查结果与分析

（一）进藏就业毕业生基本情况

1. 男女性别和专业类别构成

接受调查的毕业生中仅有一人为少数民族，其余全部为汉族；以女性居多，占66.7%，男性占33.3%（详见表1），男女比例与岭南师范学院学生男女比例大致相仿。

表1 进藏就业毕业生性别分布

		频率	百分比	有效百分比	累积百分比
有效	女	14	66.7%	66.7%	66.7%
	男	7	33.3%	33.3%	100.0%
	合计	21	100.0%	100.0%	

进藏就业毕业生就读专业类别理工科最多，占近半数，文科占33.3%（见表2）。

表2 进藏就业毕业生专业类别分布

		频率	百分比	有效百分比	累积百分比
有效	文科	7	33.3%	33.3%	33.3%
	理工	10	47.6%	47.6%	81.0%
	艺术	3	14.3%	14.3%	95.2%
	体育	1	4.8%	4.8%	100.0%
	合计	21	100.0%	100.0%	

2. 原家庭背景

进藏就业毕业生中90.5%是非独生子女（见表3），原家庭所在地（在岭南师范学院就读期间）以在农村的居多占52.4%（见表4），原家庭经济状况以一般的居多占57.1%，原家庭经济困难的有33.3%（见表5）。在这样家庭经济状况背景下，毕业生放弃在广东相对优厚的就业条件选择进藏就业实属不易。

表3 进藏就业毕业生是否为独生子女情况

		频率	百分比	有效百分比	累积百分比
有效	是	2	9.5%	9.5%	9.5%
	否	19	90.5%	90.5%	100.0%
	合计	21	100.0%	100.0%	

表4 进藏就业毕业生原家庭所在地分布

		频率	百分比	有效百分比	累积百分比
有效	城市	6	28.6%	28.6%	28.6%
	乡镇	4	19.0%	19.0%	47.6%
	农村	11	52.4%	52.4%	100.0%
	合计	21	100.0%	100.0%	

表5 进藏就业毕业生原家庭家庭经济状况

		频率	百分比	有效百分比	累积百分比
有效	良好	2	9.5%	9.5%	9.5%
	一般	12	57.1%	57.1%	66.7%
	困难	7	33.3%	33.3%	100.0%
	合计	21	100.0%	100.0%	

进藏就业毕业生家长最初对孩子进藏就业的意见中大力支持的仅占33.3%，大部分情况是“开始不同意，反复劝说才支持”，占42.9%，详见表6，可见毕业生选择进藏支教，更多是由自己诞生意愿，而后说服家长，受家庭影响较小。根据毕业生原家庭经济状况对家长最初对进藏就业意见进行分类发现，持“大力支持”意见的家长全部集中在经济困难家庭（见表7）；根据毕业生性别对家长最初对进藏就业意见进行的分类统计发现，男性毕业生获得支持的比例更大，女性毕业生面对的家长阻力更强，具体见表8。

表6　进藏就业毕业生家长对进藏就业最初意见

		频率	百分比	有效百分比	累积百分比
有效	开始不同意，反复劝说才支持	9	42.9%	42.9%	42.9%
	大力支持	7	33.3%	33.3%	76.2%
	强烈反对	1	4.8%	4.8%	81.0%
	无所谓	4	19.0%	19.0%	100.0%
	合计	21	100.0%	100.0%	

表7　进藏就业毕业生家长对进藏就业最初意见按家庭经济状况分类

			家长最初意见				合计
			强烈反对	开始不同意反复劝说才支持	无所谓	大力支持	
家庭经济状况	良好	计数	0	2	0	0	2
		家庭经济状况中的百分比	0.0%	100.0%	0.0%	0.0%	100.0%
	一般	计数	1	5	2	4	12
		家庭经济状况中的百分比	8.3%	41.7%	16.7%	33.3%	100.0%
	困难	计数	0	2	2	3	7
		家庭经济状况中的百分比	0.0%	28.6%	28.6%	42.9%	100.0%
合计		计数	1	9	4	7	21
		家庭经济状况中的百分比	4.8%	42.9%	19.0%	33.3%	100.0%

表 8　进藏就业毕业生家长对进藏就业最初意见按毕业生性别分类

			家长最初意见				合计
			开始不同意反复劝说才支持	大力支持	强烈反对	无所谓	
性别	女	计数	8	3	1	2	14
		性别中的百分比	57.1%	21.4%	7.1%	14.3%	100.0%
	男	计数	1	4	0	2	7
		性别中的百分比	14.3%	57.1%	0.0%	28.6%	100.0%
合计		计数	9	7	1	4	21
		性别中的百分比	42.9%	33.3%	4.8%	19.0%	100.0%

毕业生进藏工作后，让家长进一步了解了西藏和孩子现实的工作和生活状况，让部分家长改变了对孩子进藏就业的态度。表示“大力支持”的学生家长比例从33.3%上升到61.9%，另有14.3%的家长表示支持，但希望孩子将来回内地发展。值得注意的是持“强烈反对”意见的家长比例也有所上升，从进藏前的4.8%上升到9.5%，详见表9。可见进藏就业毕业生在藏和继续留藏工作依然面对较大的家庭阻力。

表 9　目前进藏就业毕业生家长对进藏就业意见

		频率	百分比	有效百分比	累积百分比
有效	大力支持	13	61.9%	61.9%	61.9%
	强烈反对	2	9.5%	9.5%	71.4%
	无所谓	3	14.3%	14.3%	85.7%
	支持，但是希望回内地发展	3	14.3%	14.3%	100.0%
	合计	21	100.0%	100.0%	

3. 在校就读表现

进藏就业毕业生进藏前33.3%为中共党员，47.6%为共青团员（见表10），66.7%曾担任学生干部（见表11），学业年级专业排名100%在中等以上（见表12），71.4%曾获奖学金（见表13），总体表现优秀。

表10　进藏就业毕业生进藏前政治面貌分布

		频率	百分比	有效百分比	累积百分比
有效	中共党员	7	33.3%	33.3%	33.3%
	共青团员	10	47.6%	47.6%	81.0%
	群众	4	19.0%	19.0%	100.0%
	合计	21	100.0%	100.0%	

表11　进藏就业毕业生进藏前是否担任学生干部情况

		频率	百分比	有效百分比	累积百分比
有效	是	14	66.7%	66.7%	66.7%
	否	7	33.3%	33.3%	100.0%
	合计	21	100.0%	100.0%	

表12　进藏就业毕业生进藏前学业成绩在年级专业排名情况

		频率	百分比	有效百分比	累积百分比
有效	上	5	23.8%	23.8%	23.8%
	中	16	76.2%	76.2%	100.0%
	合计	21	100.0%	100.0%	

表13　进藏就业毕业生进藏前是否曾获校奖学金情况

		频率	百分比	有效百分比	累积百分比
有效	是	15	71.4%	71.4%	71.4%
	否	6	28.6%	28.6%	100.0%
	合计	21	100.0%	100.0%	

（二）进藏就业毕业生在藏发展状况

参加调查的进藏就业毕业生进藏时间见表14，最早于2002年进藏，最新进藏的是2019年，期间因西藏专面向内地高校的专项招聘一度停顿而没有毕业生进藏。

表 14　进藏就业毕业生进藏时间分布

		频率	百分比	有效百分比	累积百分比
有效	2002 年	4	19.0%	19.0%	19.0%
	2003 年	4	19.0%	19.0%	38.1%
	2004 年	1	4.8%	4.8%	42.9%
	2016 年	1	4.8%	4.8%	47.6%
	2017 年	5	23.8%	23.8%	71.4%
	2018 年	5	23.8%	23.8%	95.2%
	2019 年	1	4.8%	4.8%	100.0%
	合计	21	100.0%	100.0%	

1. **进藏就业毕业生发展状况客观指标**

进藏就业毕业生工作单位主要集中在教育系统，占 81%；在教育系统中又主要集中在小学和高级中学，分别占 33.3% 和 28.6%，具体分布见表 15。进藏就业毕业生当前主要工作职务为单位职员，占 81%；担任单位中层领导的占 14.3%；担任单位副职领导的占 4.8%；暂无担任单位正职领导，详见表 16。

表 15　进藏就业毕业生工作单位类型分布

		频率	百分比	有效百分比	累积百分比
有效	党政机关	4	19.0%	19.0%	19.0%
	完全中学	1	4.8%	4.8%	23.8%
	高级中学	6	28.6%	28.6%	52.4%
	初级中学	3	14.3%	14.3%	66.7%
	小学	7	33.3%	33.3%	100.0%
	合计	21	100.0%	100.0%	

表 16　进藏就业毕业生工作职务分布

		频率	百分比	有效百分比	累积百分比
有效	单位职员	17	81.0%	81.0%	81.0%
	单位中层领导	3	14.3%	14.3%	95.2%
	单位副职领导	1	4.8%	4.8%	100.0%
	合计	21	100.0%	100.0%	

进藏就业毕业生中有33.3%已获高级教师职称，详见表17和图1。根据进藏年份对进藏就业毕业生职称的分类统计发现，毕业生进藏时间越早，现职称越高，2002年进藏的毕业生100%获得高级教师职称，2004年以前进藏的毕业生100%获得一级教师以上职称，无职称情况主要集中在近年新进藏毕业生，详见表18。

表17　进藏就业毕业生职称分布①

		频率	百分比	有效百分比	累积百分比
有效	无	7	33.3%	33.3%	33.3%
	二级教师	5	23.8%	23.8%	57.1%
	一级教师	2	9.5%	9.5%	66.7%
	高级教师	7	33.3%	33.3%	100.0%
	合计	21	100.0%	100.0%	

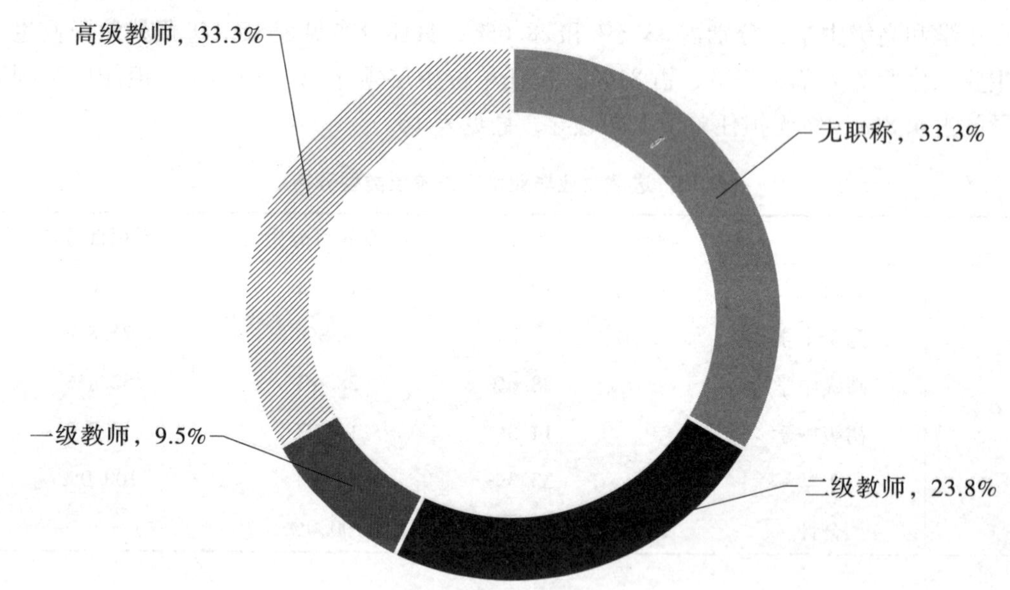

图1　进藏就业毕业生职称分布图②

①② 因百分比只四舍五入精确到小数点后一位数，故合计总数接近但并不等于100%。

表 18　根据进藏年份对进藏就业毕业生职称的分类统计

			职称				合计
			无	二级教师	一级教师	高级教师	
进藏年份	2002 年	计数	0	0	0	4	4
		进藏年份中的百分比	0.0%	0.0%	0.0%	100.0%	100.0%
	2003 年	计数	0	0	1	3	4
		进藏年份中的百分比	0.0%	0.0%	25.0%	75.0%	100.0%
	2004 年	计数	0	0	1	0	1
		进藏年份中的百分比	0.0%	0.0%	100.0%	0.0%	100.0%
	2016 年	计数	0	1	0	0	1
		进藏年份中的百分比	0.0%	100.0%	0.0%	0.0%	100.0%
	2017 年	计数	2	3	0	0	5
		进藏年份中的百分比	40.0%	60.0%	0.0%	0.0%	100.0%
	2018 年	计数	4	1	0	0	5
		进藏年份中的百分比	80.0%	20.0%	0.0%	0.0%	100.0%
	2019 年	计数	1	0	0	0	1
		进藏年份中的百分比	100.0%	0.0%	0.0%	0.0%	100.0%
合计		计数	7	5	2	7	21
		进藏年份中的百分比	33.3%	23.8%	9.5%	33.3%	100.0%

统计进藏就业毕业生个人获得的最高工作荣誉情况，发现 90.5% 的毕业生都获得过单位奖项以上的荣誉，4.8% 获得国家级荣誉。38.1% 获得省部级荣誉，获得市厅级奖励的最多，占 42.9%。根据进藏年份对进藏就业毕业生最高工作荣誉级别分类统计发现，没有获得过工作荣誉的主要集中在近两年新进藏毕业生，详见表 20。最高工作

荣誉的获得情况，可反映进藏就业毕业生工作业绩深受认可。

表 19　进藏就业毕业生获最高工作荣誉情况①

		频率	百分比	有效百分比	累积百分比
有效	无	2	9.5%	9.5%	9.5%
	单位奖项	1	4.8%	4.8%	14.3%
	市厅级	9	42.9%	42.9%	57.1%
	省部级	8	38.1%	38.1%	95.2%
	国家级	1	4.8%	4.8%	100.0%
	合计	21	100.0%	100.0%	

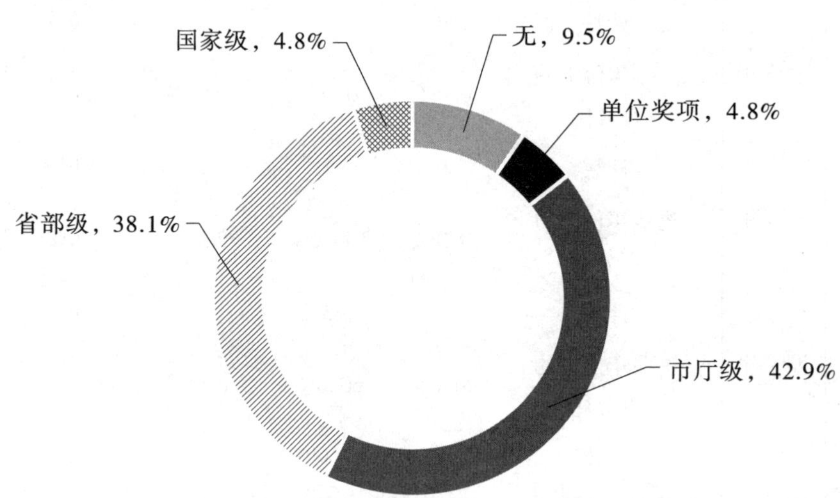

图 2　进藏就业毕业生获最高工作荣誉级别分布图②

表 20　根据进藏年份对进藏就业毕业生获最高工作荣誉级别分类统计

			最高工作荣誉					合计
			无	单位奖项	市厅级	省部级	国家级	
进藏年份	2002	计数	0	0	2	1	1	4
		进藏年份中的百分比	0.0%	0.0%	50.0%	25.0%	25.0%	100.0%

①② 因百分比只四舍五入精确到小数点后一位数，故合计总数接近但并不等于100%。

续上表

			最高工作荣誉					合计
			无	单位奖项	市厅级	省部级	国家级	
进藏年份	2003	计数	0	0	2	2	0	4
		进藏年份中的百分比	0.0%	0.0%	50.0%	50.0%	0.0%	100.0%
	2004	计数	0	0	0	1	0	1
		进藏年份中的百分比	0.0%	0.0%	0.0%	100.0%	0.0%	100.0%
	2016	计数	0	0	1	0	0	1
		进藏年份中的百分比	0.0%	0.0%	100.0%	0.0%	0.0%	100.0%
	2017	计数	0	1	1	3	0	5
		进藏年份中的百分比	0.0%	20.0%	20.0%	60.0%	0.0%	100.0%
	2018	计数	1	0	3	1	0	5
		进藏年份中的百分比	20.0%	0.0%	60.0%	20.0%	0.0%	100.0%
	2019	计数	1	0	0	0	0	1
		进藏年份中的百分比	100.0%	0.0%	0.0%	0.0%	0.0%	100.0%
合计		计数	2	1	9	8	1	21
		进藏年份中的百分比	9.5%	4.8%	42.9%	38.1%	4.8%	100.0%

2. 进藏就业毕业生发展状况主观评价

进藏就业毕业生对自身发展状况各维度的满意度评分均在3.6分以上（见表21），满意度较高（5分满分），其中工作满意度最高，政治地位满意度其次（见图3）。对经济待遇、政治地位和社会地位的满意度没有选择不满意的个案。对工作满意度仅有2个作“较不满意”选项的个案，分别来自2016年和2017年进藏样本。对未来发展仅有1例表示“较没信心”，这1例样本与2017年进藏对工作满意度选择“较不满意”选项的为同一个案。

表 21　进藏就业毕业生发展状况满意度自评

	N	极小值	极大值	均值	标准差
工作满意度	21	2.00	5.00	3.857 1	.792 82
经济待遇满意度	21	3.00	5.00	3.666 7	.658 8
政治地位满意度	21	3.00	5.00	3.714 3	.783 76
社会地位满意度	21	3.00	5.00	3.666 7	.658 28
未来发展信心	21	2.00	5.00	3.619 0	.740 01
有效的 N（列表状态）	21				

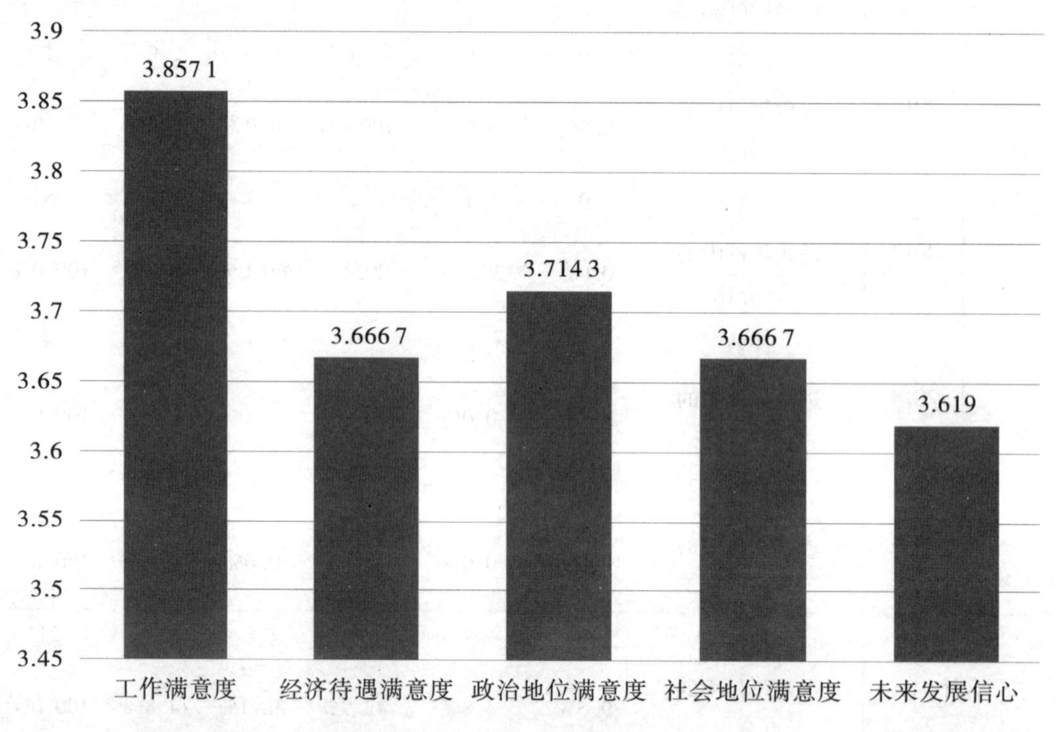

图 3　发展状况满意度自评柱形图

（三）进藏就业毕业生对进藏就业认识

1. 进藏就业影响

被问及进藏就业对当地发展的作用时，所有接受调查的进藏就业毕业生评价都是正面评价，没有选择“较没有帮助”“完全没有帮助”的个案，有 23.8% 认为“非常有帮助”，有 71.4% 认为“有一定帮助”，具体分布见表 22 和图 4。

表 22　进藏就业对于当地发展的作用

		频率	百分比	有效百分比	累积百分比
有效	说不清楚	1	4.8%	4.8%	4.8%
	有一定帮助	15	71.4%	71.4%	76.2%
	非常有帮助	5	23.8%	23.8%	100.0%
	合计	21	100.0%	100.0%	

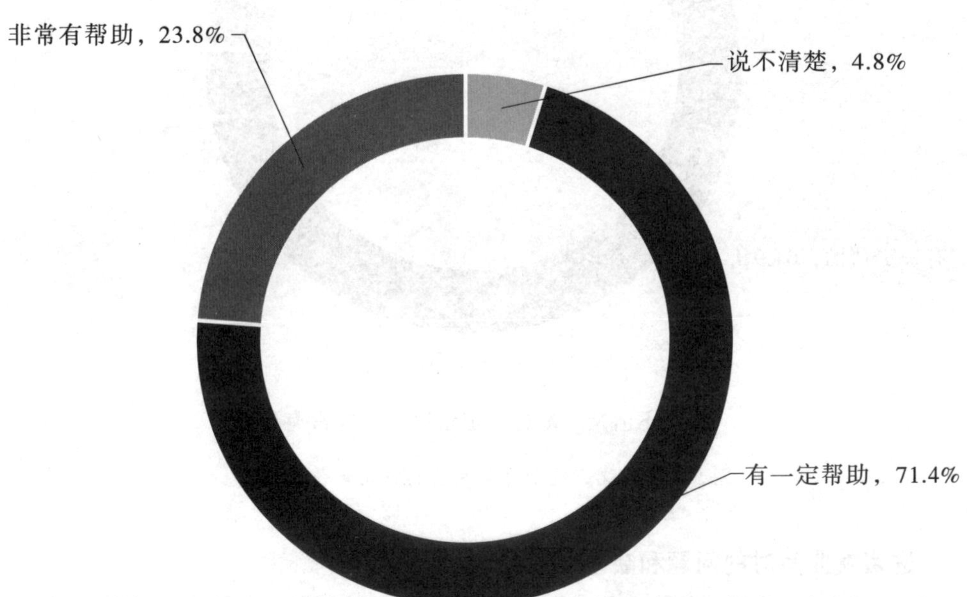

图 4　进藏就业对于当地发展的作用评价环形图

进藏就业毕业生关于进藏就业对自身发展作用的评价也都是正面评价，没有选择“较没有帮助”“完全没有帮助”的个案，有 14.3% 认为“非常有帮助”，有 61.9% 认为“有一定帮助”，具体分布见表 23 和图 5。

表 23　进藏就业对于自身发展的作用

		频率	百分比	有效百分比	累积百分比
有效	说不清楚	5	23.8%	23.8%	23.8%
	有一定帮助	13	61.9%	61.9%	85.7%
	非常有帮助	3	14.3%	14.3%	100.0%
	合计	21	100.0%	100.0%	

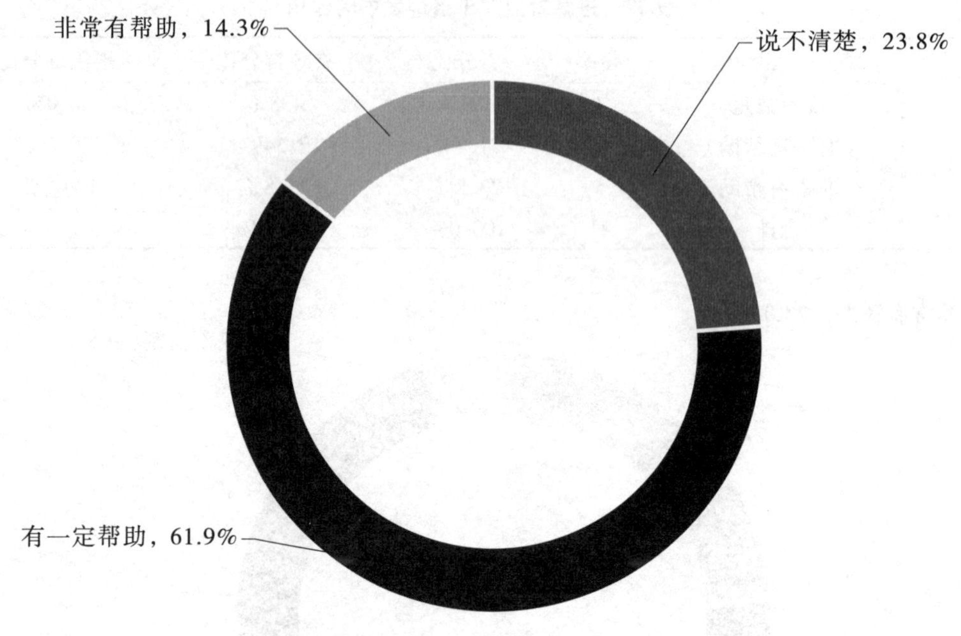

图5 进藏就业对于自身发展的作用评价环形图

2. 进藏就业面对的问题和缺陷

关于西藏专项招聘毕业生入职之初面临的最主要问题，最多的进藏就业毕业生认为是“自身工作能力不足”，占38.1%；选择“对当地情况了解不足”的占33.3%，居第二；选择“保障体系不健全”的占19%，排第三，详见表24。关于西藏专项招聘毕业生相对于当地毕业生最欠缺的方面，33.3%的进藏就业毕业生认为是“经验不足”，28.6%认为是“对当地文化了解不足”，23.8%认为是“语言不通”，详见表25。面对入职之初的困难和问题，进藏就业毕业生更多地倾向于在自身找原因，而不是怨天尤人，表现了良好的品格。对于问题和欠缺两个维度的调查，也反映了进藏就业毕业生的确对当地了解不足，需要今后在毕业生进藏工作之前加强关于对本土文化风俗等方面的适应性培训。对毕业生进藏前对西藏了解情况的调查也印证了这一点，没有毕业生选择对西藏“非常了解”，仅有23.8%较了解，19.0%较不了解，4.8%完全不了解，详见表26。

表 24 西藏专项招聘毕业生入职之初面临的最主要问题

		频率	百分比	有效百分比	累积百分比
有效	自身工作能力不足	8	38.1%	38.1%	38.1%
	保障体制不健全	4	19.0%	19.0%	57.1%
	对当地情况了解不足	7	33.3%	33.3%	90.5%
	融入困难	1	4.8%	4.8%	95.2%
	无	1	4.8%	4.8%	100.0%
	合计	21	100.0%	100.0%	

表 25 西藏专项招聘毕业生相对于当地毕业生最欠缺

		频率	百分比	有效百分比	累积百分比
有效	处理与当地人际关系的能力不足	2	9.5%	9.5%	9.5%
	经验不足	7	33.3%	33.3%	42.9%
	对当地文化了解不足	6	28.6%	28.6%	71.4%
	语言不通	5	23.8%	23.8%	95.2%
	无	1	4.8%	4.8%	100.0%
	合计	21	100.0%	100.0%	

表 26 进藏就业毕业生进藏前对西藏了解程度

		频率	百分比	有效百分比	累积百分比
有效	完全不了解	1	4.8%	4.8%	4.8%
	较不了解	4	19.0%	19.0%	23.8%
	一般	11	52.4%	52.4%	76.2%
	较了解	5	23.8%	23.8%	100.0%
	合计	21	100.0%	100.0%	

3. 进藏就业意志

超过八成的进藏就业毕业生计划在服务期满后继续留藏工作（见表27），反映了岭南师范学院毕业生扎根援藏的良好传统。对于“如果再给一次选择的机会，是否还选择进藏工作?”的问题，也有81%的进藏就业毕业生选择了“是”（见表28），说明绝大多数的进藏就业毕业生无悔最初的选择，无悔援藏。

表 27　服务期满个人计划去向

		频率	百分比	有效百分比	累积百分比
有效	继续留藏服务	17	81.0%	81.0%	81.0%
	出藏重新择业	4	19.0%	19.0%	100.0%
	合计	21	100.0%	100.0%	

表 28　如果再给一次选择的机会，是否还选择进藏工作

		频率	百分比	有效百分比	累积百分比
有效	是	17	81.0%	81.0%	81.0%
	否	4	19.0%	19.0%	100.0%
	合计	21	100.0%	100.0%	

初步假设可能是工作的满意度影响了进藏就业毕业生选择是否继续留藏服务。根据毕业生是否选择继续留藏服务，对其工作满意度进行分类统计（见表29）发现：对工作较不满意的所有个案均选择了继续留藏服务，选择出藏重新择业的个案主要集中在对工作较满意的样本中，说明工作的满意度并不直接影响毕业生选择是否继续留藏。毕业生选择是否继续留藏应另有原因。

表 29　根据毕业生是否选择继续留藏服务对其工作满意度分类统计

			工作满意度				合计
			较不满意	一般	较满意	非常满意	
服务期满去向	继续留藏服务	计数	2	1	11	3	17
		服务期满去向中的百分比	11.8%	5.9%	64.7%	17.6%	100.0%
	出藏重新择业	计数	0	1	3	0	4
		服务期满去向中的百分比	0.0%	25.0%	75.0%	0.0%	100.0%
合计		计数	2	2	14	3	21
		服务期满去向中的百分比	9.5%	9.5%	66.7%	14.3%	100.0%

再做其他维度的数据梳理发现，毕业生是否选择继续留藏服务与其家长现在对其进藏就业的意见具有相关关系。根据毕业生是否选择继续留藏服务对其家长现在意见分类统计（见表30）可发现：获家长大力支持的毕业生100%选择继续留藏服务，选

择出藏重新择业的毕业生对应的家长意见多是“强烈反对”“希望孩子回内地发展”或“无所谓”。家长支持与否与毕业生是否选择继续留藏服务应该存在密切相关。

表 30　根据毕业生是否选择继续留藏服务对其家长现在意见分类统计

<table>
<tr><th colspan="3" rowspan="2"></th><th colspan="4">家长现在意见</th><th rowspan="2">合计</th></tr>
<tr><th>大力支持</th><th>强烈反对</th><th>无所谓</th><th>其他：支持，但是希望回内地发展</th></tr>
<tr><td rowspan="4">服务期满去向</td><td rowspan="2">继续留藏服务</td><td>计数</td><td>13</td><td>1</td><td>2</td><td>1</td><td>17</td></tr>
<tr><td>服务期满去向中的百分比</td><td>76.5%</td><td>5.9%</td><td>11.8%</td><td>5.9%</td><td>100.0%</td></tr>
<tr><td rowspan="2">出藏重新择业</td><td>计数</td><td>0</td><td>1</td><td>1</td><td>2</td><td>4</td></tr>
<tr><td>服务期满去向中的百分比</td><td>0.0%</td><td>25.0%</td><td>25.0%</td><td>50.0%</td><td>100.0%</td></tr>
<tr><td colspan="2" rowspan="2">合计</td><td>计数</td><td>13</td><td>2</td><td>3</td><td>3</td><td>21</td></tr>
<tr><td>服务期满去向中的百分比</td><td>61.9%</td><td>9.5%</td><td>14.3%</td><td>14.3%</td><td>100.0%</td></tr>
</table>

（四）进藏就业毕业生对母校教师教育质量认可度及影响评价

进藏就业毕业生对岭南师范学院教师教育质量认可度各维度均值均在 4.2 分以上，认可度很高（5 分满分），且全部高于实习前（见表 31）。如图 6 所示，7 个维度中，得分最高的是教师教育文化满意度，达 4.523 8；专业知识增进满意度和教师教育实践满意度并列第二；专业能力增进满意度得分最低，次低为教师教育课程设置。

表 31　对岭南师范学院教师教育质量认可度描述统计

	N	极小值	极大值	均值	标准差
专业理念增进	21	3.00	5.00	4.428 6	.597 61
专业知识增进	21	3.00	5.00	4.428 6	.597 61
专业能力增进	21	3.00	5.00	4.238 1	.700 34
教师教育课程设置	21	3.00	5.00	4.381 0	.669 04
教师教育教学	21	3.00	5.00	4.428 6	.597 61
教师教育实践	21	4.00	5.00	4.428 6	.507 09
教师教育文化	21	4.00	5.00	4.523 8	.511 77
有效的 N（列表状态）	21				

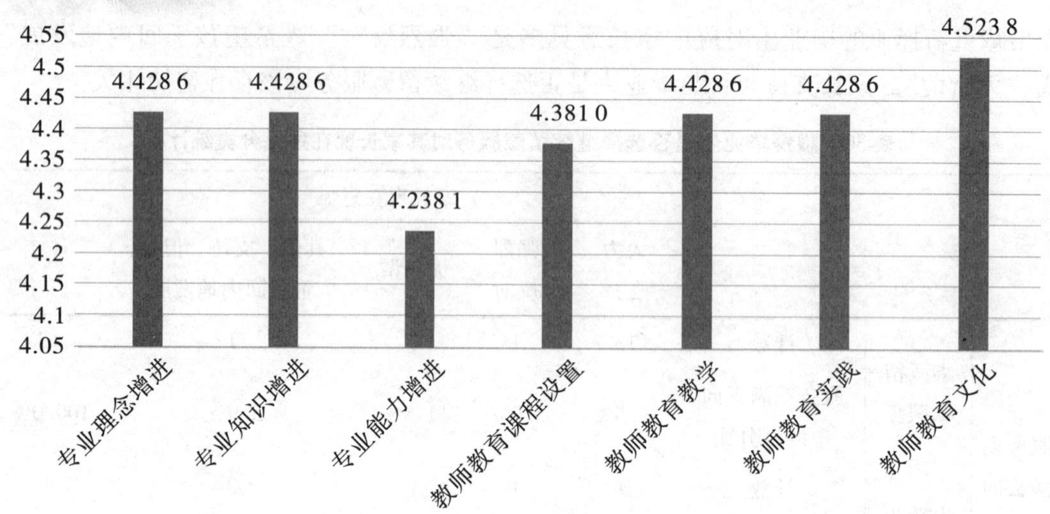

图6　教师教育质量认可度各维度均值柱形图

76.2%的进藏就业毕业生在选择进藏就业前就了解岭南师范学院的援藏传统，85.7%的毕业生不能排除学校的援藏传统和文化对自己选择进藏就业的影响，详见表32和表33。

表32　选择进藏工作前是否了解学校援藏传统

		频率	百分比	有效百分比	累积百分比
有效	是	16	76.2%	76.2%	76.2%
	否	5	23.8%	23.8%	100.0%
	合计	21	100.0%	100.0%	

表33　学校的援藏传统和文化是否对选择进藏工作有影响

		频率	百分比	有效百分比	累积百分比
有效	完全没影响	1	4.8%	4.8%	4.8%
	较没影响	2	9.5%	9.5%	14.3%
	说不准	4	19.0%	19.0%	33.3%
	较大影响	5	23.8%	23.8%	57.1%
	影响很大	9	42.9%	42.9%	100.0%
	合计	21	100.0%	100.0%	

根据毕业生进藏年份对是否了解学校援藏传统和学校的援藏传统是否对选择进藏

工作有影响进行分类统计发现（见表34和表35）：选择进藏工作前不了解学校援藏传统的个案和认为学校援藏传统对自己选择进藏工作没有影响的个案集中在2002年进藏毕业生中。这与岭南师范学院在2002年后才开始大力宣传本校毕业生援藏传统有密切关系。

表34 根据毕业生进藏年份对是否了解学校援藏传统的分类统计

			是否了解学校援藏传统		合计
			是	否	
进藏年份	2002年	计数	0	4	4
		进藏年份中的百分比	0.0%	100.0%	100.0%
	2003年	计数	4	0	4
		进藏年份中的百分比	100.0%	0.0%	100.0%
	2004年	计数	1	0	1
		进藏年份中的百分比	100.0%	0.0%	100.0%
	2016年	计数	1	0	1
		进藏年份中的百分比	100.0%	0.0%	100.0%
	2017年	计数	4	1	5
		进藏年份中的百分比	80.0%	20.0%	100.0%
	2018年	计数	5	0	5
		进藏年份中的百分比	100.0%	0.0%	100.0%
	2019年	计数	1	0	1
		进藏年份中的百分比	100.0%	0.0%	100.0%
合计		计数	16	5	21
		进藏年份中的百分比	76.2%	23.8%	100.0%

表 35　根据毕业生进藏年份对学校援藏传统是否影响选择进藏工作分类统计

			援藏传统影响					合计
			完全没影响	较没影响	说不准	较大影响	影响很大	
进藏年份	2002 年	计数	1	2	1	0	0	4
		进藏年份中的百分比	25.0%	50.0%	25.0%	0.0%	0.0%	100.0%
	2003 年	计数	0	0	0	2	2	4
		进藏年份中的百分比	0.0%	0.0%	0.0%	50.0%	50.0%	100.0%
	2004 年	计数	0	0	0	0	1	1
		进藏年份中的百分比	0.0%	0.0%	0.0%	0.0%	100.0%	100.0%
	2016 年	计数	0	0	0	1	0	1
		进藏年份中的百分比	0.0%	0.0%	0.0%	100.0%	0.0%	100.0%
	2017 年	计数	0	0	3	0	2	5
		进藏年份中的百分比	0.0%	0.0%	60.0%	0.0%	40.0%	100.0%
	2018 年	计数	0	0	0	2	3	5
		进藏年份中的百分比	0.0%	0.0%	0.0%	40.0%	60.0%	100.0%
	2019 年	计数	0	0	0	0	1	1
		进藏年份中的百分比	0.0%	0.0%	0.0%	0.0%	100.0%	100.0%
合计		计数	1	2	4	5	9	21
		进藏年份中的百分比	4.8%	9.5%	19.0%	23.8%	42.9%	100.0%

对选择进藏工作主要原因的多项选择中，被选择最多的选项依次是："对西藏的向往""自身的理想信念，实现人生的价值""个人兴趣""祖国的需求"和"母校的传统与教育"，响应百分比和个案百分比详见表 36。

表 36　选择进藏工作主要原因频率分布

		响应		个案百分比
		N	百分比	
进藏工作主要原因	自身的理想信念，实现人生的价值	12	19.4%	57.1%
	祖国的需求	7	11.3%	33.3%
	母校的传统与教育	7	11.3%	33.3%
	福利待遇的吸引	4	6.5%	19.0%
	对西藏的向往	17	27.4%	81.0%
	个人兴趣	12	19.4%	57.1%
	家庭影响	1	1.6%	4.8%
	对象或配偶在西藏	2	3.2%	9.5%
总计		62	100.0%	295.2%

三、结论与讨论

（一）进藏就业毕业生综合素质优良

进藏就业毕业生中以党员、团员居多，大部分曾担任学生干部，学业成绩全部在中等以上，七成以上曾获校奖学金，确系优中选优的“援藏良驹”。“援藏良驹”大部分来自乡村，多出自经济状况一般和困难家庭，能吃苦耐劳。“援藏良驹”意志坚定，多数克服了与家长意见相左等重重困难坚持进藏就业。

（二）进藏就业毕业生在藏成长成为单位骨干

进藏就业毕业生中已有 4.8% 担任单位副职领导，14.3% 担任单位中层领导，33.3% 获高级教师职称，4.8% 获国家级荣誉，38.1% 获得省部级荣誉，42.9% 获得市厅级奖励。从这些客观指标可以判断：进藏就业毕业生到藏有效地缓解了西藏人才资源紧缺问题，把握住难能可贵的机遇快速成长成为各单位的管理和教学骨干。对比岭南师范学院招生与就业处 2018 年面向粤西基础教育展开的毕业生发展状况调查数据：2.3% 的毕业生担任单位副职领导、9.3% 担任单位中层领导，9.74% 获得高级职称，4.8% 获得过国家级荣誉、4.26% 获得省部级荣誉、24.92% 获得市厅级奖励，可以发现进藏就业毕业生发展状况要优于在粤西基础教育战线就业毕业生，具体对比见图 7。

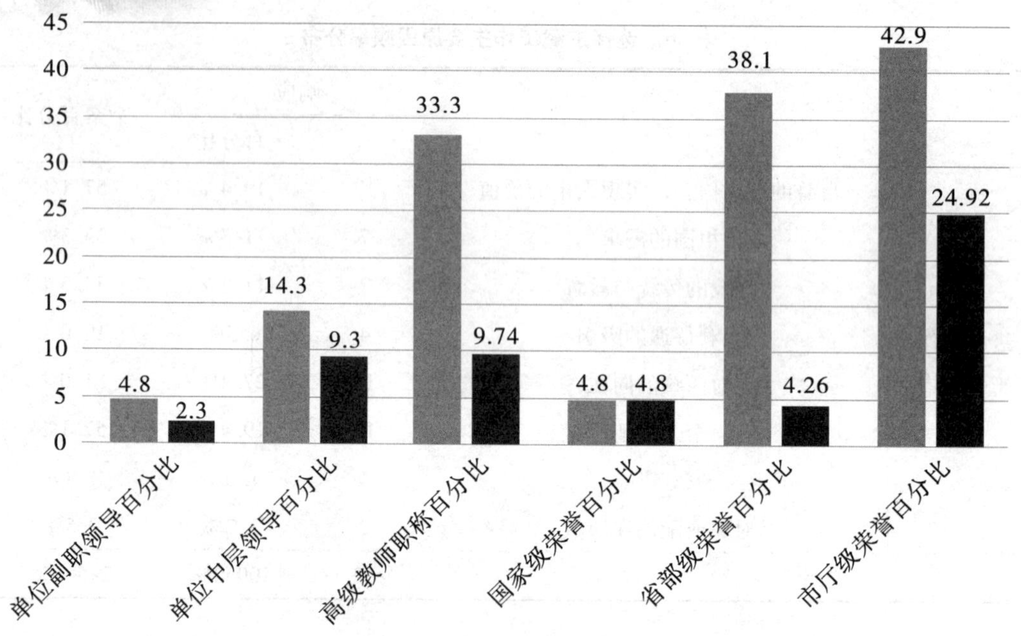

图7　进藏就业毕业生与在粤西基础教育工作毕业生发展现状客观指标对比图

（三）大部分进藏就业毕业生无悔援藏、立志扎根

从进藏就业对当地发展和自身发展的评价反馈来看，进藏就业实现了对西藏发展和个人发展的双促进，让青春之花绽放在祖国最需要的地方，在实现中国梦的伟大实践中书写别样精彩的人生。大部分进藏就业毕业生倾向于选择扎根西藏，但家长的反对意见、高原环境对身体的伤害以及西藏较高的物价水平和初级职称阶段较低的收入水平之间的矛盾也让他们十分纠结。或可参考对服兵役家庭给予优待政策的做法，对进藏就业毕业生所在家庭给予相应的帮扶，以消除后顾之忧。建议给内地高校进藏就业毕业生定期安排回内地体检和疗养，加强人文关怀和医疗保障，更好地保护人才资源。

（四）学校教育是毕业生选择进藏就业的最主要外因，文化教育展现潜移默化的强大力量

绝大部分进藏就业毕业生在进藏之前对西藏了解并不深入，但却产生了对西藏的强烈向往，这离不开学校援藏传统和文化的影响。调查结果也充分验证：大部分进藏就业毕业生了解学校的援藏传统和文化，并受这一传统和文化的影响而选择进藏工作。

在对选择进藏工作主要原因的调查统计也验证了这一点。远在千里之外并不十分了解的西藏之所以能成为个人的向往，个人的兴趣和个人的理想信念，必然有重要外因的影响。选择进藏工作主要原因选项中被选择最多的外因就是“母校的传统与教育”。正是母校的传统和教育这个最主要、最有力的外因，让西藏成为个人的向往，个人的兴趣和个人的理想信念所向，最终让毕业生通过进藏工作将满足祖国需要和实现个人价值完美地统一起来。

进藏就业毕业生对岭南师范学院教师教育质量极高的认同度也从另一个侧面反映了学校教育对学生选择进藏就业的影响。《岭南师范学院援藏支教实习对师范生成长影响调查报告》发现教师教育以意志行为认同为中介影响师范生基层从教意愿。进藏就业毕业生对岭南师范学院教师教育质量极高的认同度就反映了良好的教师教育引导和鼓舞师范生到基层去，到艰苦的地方去从师任教。进藏就业毕业生在教师教育质量的各个维度中特别推崇和认同母校的教师教育文化，更进一步说明了岭南师范学院的教师教育文化特别能拂动他们的心弦，从而代代传承“援藏良驹”的接力棒。

附　录

一、岭南师范学院援藏大事记

1987 年，我校（时为雷州师范专科学校）政史系毕业生龙家玘奔赴西藏工作。

2002 年 6 月，我校（1991 年 12 月，学校更名为湛江师范学院）杨楚洵、钟戊华、李再超、屠艳荣和刘秀政 5 位毕业生赴藏支教，成为当年广东高校毕业生援藏 8 人中的主力军。

2002 年 7 月，我校（原雷州师范专科学校）89 届校友陈观如赴西藏林芝墨脱县任县委书记。

2003 年 3 月，西藏林芝教育局党委副书记、副局长连向伟到我校招聘毕业生。

2003 年 3 月，《人民日报》、人民网、南方网、中国教育和科研计算机网等媒体纷纷以《“粤西过江龙”西藏受青睐林芝教委千里寻“良驹”》为题，报道我校学生援藏的消息。

2003 年 6 月，我校古桂云、冯敏芝、郭振、王春霞、张恩、林涯 6 名毕业生选择到西藏林芝任教。

2003 年 8—9 月，《湛江日报》设专栏跟踪报道我校援藏毕业生在藏的系列故事，并刊登了《初到世界屋脊》《开学第一天》《这里的月亮一样圆》等一系列文章。

2004 年 5 月，我校李霞、谢秀梅、黎锦波、巫绍明 4 名毕业生签约到西藏任教。

2004 年 6 月，人民网刊载了《无悔选择：湛江师范学院四名毕业生赴西藏支教》。

2004 年 7 月，《人民日报》、中国教育在线网刊载了《湛江师范学院——毕业生钟情雪域高原》。

2005 年 4 月，《湛江日报》开辟“援藏支教系列报道”专栏，率先启动湛江新闻媒体对我校援藏事迹的系列宣传报道。

2005 年 4 月，西藏林芝民族艺术团到我校演出。

2009 年 7 月，学校党委梁英书记带队赴藏慰问考察，并与林芝教育局签订协议，我校在林芝广东实验学校建立教育实践基地。这是我校在西藏建立的首个教育实践基地。

2009 年 10 月，学校李江凌副校长率队赴西藏林芝参加“林芝广东实验学校湛江师范学院教育教学基地”挂牌仪式，并开展教育教学活动，慰问校友。

2010 年 1 月，西藏林芝广东实验学校教师培训班在我校开班。学校党委梁英书记、刘海涛副书记、李江凌副校长和西藏林芝教育局郑健辉副局长、西藏林芝广东实验学校劳明宇校长等参加了典礼。

2010 年 10 月，学校党委刘海涛副书记带队赴西藏林芝送教上门。

2012 年 2 月，西藏林芝教育考察团在林芝教育局周鹏程副书记、副局长带领下到我校开展为期 5 天的学习培训和教育考察活动。

2012 年 11 月，学校李永全副校长带队赴西藏林芝广东实验学校送教上门。

2013 年 8 月，学校罗海鸥校长率队赴林芝送教上门，并与林芝教育局签订了教育帮扶合作协议书，同意选派优秀学生赴林芝支教实习，并向对口帮扶单位林芝广东实验学校捐助 10 万元奖教奖学金。

2014 年 6 月，我校（2014 年 4 月，学校更名为岭南师范学院）收到林芝教育局发来的邀请函，请求我校选派支教实习生。8 月，我校选派第一批共 10 名支教实习生到西藏林芝开展一学期的援藏支教实习。

2014 年 7 月，我校美术学院郭伟、郭超、杨明三名毕业生参加“2014 年全国大学生志愿服务西部计划”进藏服务。

2016 年 1 月，西藏林芝教育管理者和中小学校长培训班在我校开班。西藏林芝教体局吴珍珠副书记、副局长，湛江市教育局周伟武副局长和我校黄钢副校长等出席会议。

2016 年 3 月，我校到西藏林芝开展中小学教师培训需求调研。

2016 年 3 月，我校选派第二批共 20 名支教实习生到西藏林芝波密县、工布江达县支教一年。

2016 年 7 月，我校毕业生张贤彬志愿进藏工作，成为西藏林芝波密县教师。

2016 年 11 月，学校邵乐喜副校长进藏与西藏林芝波密县、工布江达县签订建立教育实习基地协议，三方各投入 5 万元作为前期建设经费。

2016 年 11 月，《南方日报》、光明网、《湛江日报》等媒体发表《岭师新实习基地落户海拔 3 000 米高原》《岭南师范学院把实习基地建到了雪域高原》《“援藏良驹”的藏地情缘》等通讯报道。

2017 年 1 月，西藏林芝教研员能力提升培训班在我校开班。西藏林芝教体局冯成志副书记出席开班仪式。

2017 年 4 月，我校选派第三批共 15 名支教实习生到西藏林芝工布江达县支教一学期。

2017 年 6 月，我校张日莲、黄天、钱小梅、招小艳、王跃明、贾俊兵、吴芬香 7 名毕业生志愿进藏工作，其中 6 人曾参加援藏支教实习。

2017 年 7 月，在我校援藏 30 周年之际，广东省教育厅党组成员、副厅长王创率领广东13所高校赴藏与林芝、昌都两市签约共建大学生思想政治教育实践基地，将我校自发的援藏行为，上升为省教育厅主导、相关高校参与的政府援藏项目。学校党委黄达海副书记代表13所高校发言，介绍我校援藏工作的做法和经验。

2017年8月，我校选派第四批共12名支教实习生到西藏林芝工布江达县支教一学期。

2017年9月，学校举行庆祝中华人民共和国成立68周年暨迎新生文艺晚会，7 000多名大一新生与远在千里之外的援藏校友视频连线，共同唱响《歌唱祖国》。

2017年12月，我校举办援藏30周年座谈会暨与工布江达县共建大学生实践基地签约仪式。我校党委黄达海副书记和西藏林芝工布江达县委何立副书记、常务副县长等出席会议。

2018年3月，学校党委黄达海副书记带队送第五批共41名支教实习生进藏，出席学校与林芝工布江达县共建大学生社会实践基地挂牌仪式，向林芝广东实验学校捐资6万元共建书香校园，西藏电视台全程跟踪摄制播出专题片《粤藏情缘》。

2018年7月，我校张金锋、李柳婷、高汉仙、陈雯琪4位毕业生志愿进藏工作。

2018年8月，《中国教育报》在头版以“岭南师院：打出教育援藏‘组合拳’”为题，报道了我校教育援藏的做法。

2019年3月，我校“传承三十一载‘援藏良驹’的荣光——教育援藏的实践与探索”入选教育部高校思想政治工作精品项目。

2019年7月，我校毕业生焦钰侨志愿进藏工作。

2019年8月，学校党委黄达海副书记带队送第六批共28名支教实习生进藏，拍摄纪录片《援藏良驹》，与工布江达县教体局初步达成精准教育援藏意向。

2020年7月，我校毕业生郑月霞、李昭桐志愿进藏工作。

2020年8月，学校第七批共29名支教实习生到西藏林芝广东实验学校和工布江达县开展精准支教，纪录片《援藏良驹》在欢送会上首发。

2020年12月，广东广播电视台《脱贫攻坚万里行》纪录片宣传报道我校在海拔最高的娘蒲乡中心小学实施的“精准支教”。

二、媒体报道连接

①湛江晚报（2002. 7. 2，1版）：湛江师院5位毕业生书写青春华章——走，到西藏教书，记者颜丽，通讯员何敏辉、梁桢、陈雪芬。

②南方日报（2002. 7. 3，A3版）：湛江师范学院5名毕业生志愿赴藏任教，记者蔡日锦。

③中国教育报（2002. 7. 10，8版）：7月，他们选择了西藏，何敏辉、梁桢、陈

雪芬。

④湛江日报（2002.7.11，11 版）：湛师 5 名毕业生援藏支教，记者潘伟茂、黎祎。

⑤湛江日报（2002.7.21，1 版）：无悔的选择　燃烧的人生——湛师 5 名毕业生的援藏之路，记者潘伟茂、黎祎。

⑥人民日报（2003.3.18，4 版）：“粤西过江龙”西藏受青睐　林芝教委千里寻“良驹”，区志滔、岳西。

⑦湛江日报－南方网（2003.6.25）：湛师 2003 届毕业生热情援藏最终 6 名签约，作者阮小远、梁桢、区志滔、朱翠衡。

⑧湛江晚报（2003.6.26，7 版）：青春，在高原挥洒——湛江师范学院 2002 届援藏毕业生近况速写，记者卓朝兴，通讯员梁桢、区志滔、朱翠衡。

⑨湛江晚报（2003.7.1，6 版）：青春献给党　红心耀西藏——记湛师援藏大学生中的共产党员，记者卓朝兴，通讯员梁桢、区志滔、朱翠衡。

⑩湛江日报（2004.4.22，1 版）：湛师四毕业生将赴藏从教，记者吴建韬，通讯员华建、志聪、健瑜。

⑪人民网（2004.6.23）：无悔选择：湛江师范学院四名毕业生赴西藏支教，作者吴齐强、岳西、刘志聪、吴华建。

⑫人民日报（2004.7.14，11 版）：毕业生钟情雪域高原，黎祎、刘志聪。

⑬湛江晚报（2005.4.18，6 版）：湛师毕业生到西藏就业占广东省高校援藏毕业生 70%，记者卓朝兴，通讯员陈恕平、刘志聪。

⑭湛江晚报（2014.9.14，02 版）：新学期岭师 10 名大学生援藏支教，另有 3 名毕业生入选“西部计划”赴藏工作，记者卓朝兴、关天冲。

⑮南方网－南方快报（2016.9.30）：岭师 20 名支教志愿者与西藏林芝师生喜迎国庆，记者刘晓蕙，通讯员关天冲。

⑯湛江晚报（2016.10.2，02 版）：“我们在雪域高原祝福祖国母亲”，记者卓朝兴、关天冲。

⑰湛江晚报（2016.10.18，06 版）：藏湛大爱接力　学子返湛治疗，记者卓朝兴、潘银宜、钟韵柔、关天冲、殷翊展。

⑱湛江晚报（2016.6.22，19 版）：大三学子西藏支教实习——访岭南师范学院支教援藏学子，记者李莉，通讯员蔡珮恩。

⑲南方日报（2016.11.13，A04 版）：续写 14 年支教情缘　岭师新实习基地落户海拔 3 000 米高原，记者刘晓蕙、关天冲。

⑳光明网（2016.11.18）：岭南师范学院把实习基地建到了雪域高原，记者雷爱侠，通讯员关天冲。

㉑湛江日报（2016.11.14，A02 版）：岭师千里赴藏建实习基地“援藏良驹”的藏

地情缘，记者刘金凤，通讯员关天冲。

㉒湛江晚报（2017.6.27，15版）：走，援藏去！七名“90后”学子援藏前吐露心声，记者卓朝兴，通讯员梁燕飞、关天冲。

㉓南方+（2017.8.16）：点赞！这群学生毕业后没有选择在珠三角就业，记者杜玮淦。

㉔湛江日报（2017.8.18，A04版）：教育“援藏之花”绽放雪域高原　岭南师范学院30年接力续写“援藏良驹”荣光，记者何有凤，通讯员关天冲。

㉕湛江晚报（2017.8.27，03版）：岭师援藏模式升级为政府援藏项目　省遴选13所高校共建实践基地，记者卓朝兴，通讯员林明远、关天冲。

㉖新华网（2017.10.7）：广东大学生“接力”赴西藏支教，记者郑天虹。

㉗光明网（2017.9.30）：岭师学子粤藏千里连线贺国庆，记者雷爱侠。

㉘湛江晚报（2017.10.7，02版）：岭师7 000多名新生与援藏校友——千里连线祝福祖国，记者卓朝兴、梁燕飞。

㉙湛江日报（2018.3.15，A05版）岭师援藏30年不间断　41名志愿者赴藏支教，记者何有凤，通讯员梁燕飞。

㉚湛江晚报（2018.3.19，07版）：青春在雪域高原绽放芳华，记者卓朝兴，通讯员洪玉燕、梁燕飞。

㉛湛江电视台（2018.3.26）：41名岭南师范学院支教实习生抵达西藏，记者吴秋亮，通讯员关天冲。

㉜光明网（2018.3.26）：岭南师院：支教传承“援藏良驹”的家国情怀，记者雷爱侠，通讯员关天冲。

㉝中国西藏网（2018.3.27）：岭南师院：支教传承“援藏良驹”的家国情怀。

㉞中国教育报（2018.8.2日1版）：近百名学生赴藏支教，名师现场传经送宝——岭南师院：打出教育援藏“组合拳”，记者刘盾，通讯员关天冲、黎鉴远。

㉟凤凰网-广东综合（2019.5.2）：高原上的青春接力　岭南师院再吹响援藏支教动员令，作者陈文富、谢胜强，通讯员关天冲。

㊱南方+（2019.5.3）：到雪域高原去！五四青年节岭南师院吹响援藏支教动员令，记者杜玮淦，通讯员关天冲。

㊲光明日报-光明网（2019.5.4）：岭南师范学院赴藏支教大学生发起青春“接力”援藏支教动员令，记者雷爱侠，通讯员张海。

㊳羊城晚报-羊城派（2019.5.4）：到雪域高原追逐梦想！再发青春“接力”援藏支教动员令，作者袁增伟、关天冲。

㊴湛江晚报（2019.8.22，05版）：传承32载“援藏良驹”精神　岭师28名支教实习生出征，记者卓朝兴，通讯员叶咏荃、梁燕飞。

㊵南方+（2019.8.28）：持续32年不间断！岭南师范学院再派28名师范生进藏支教，记者杜玮淦，通讯员关天冲。

㊶南方日报（2019.8.29，A09版）：岭南师院28名支教实习生进藏支教，一体化支教模式为藏区教育"造血"，记者杜玮淦，通讯员关天冲。

㊷凤凰网（2019.8.28）：岭南师院：传承"援藏良驹"精神　大学生赴雪域高原支教，作者陈文富、刘晓佳、黄广坚、李妙丹、陈侃，通讯员关天冲。

㊸湛江日报（2019.8.28，A3版）：传承"援藏良驹"精神　岭师大学生支教在雪域高原，记者何有凤，通讯员关天冲。